浙江改革开放四十年研究系列

国企改革发展
浙江的探索与实践

黄中伟 傅德荣 等 ◎ 著

中国社会科学出版社

图书在版编目(CIP)数据

国企改革发展：浙江的探索与实践／黄中伟等著. —北京：中国社会科学出版社，2018.10

（浙江改革开放四十年研究系列）

ISBN 978 - 7 - 5203 - 3357 - 3

Ⅰ.①国… Ⅱ.①黄… Ⅲ.①国企改革—研究—浙江 Ⅳ.①F279.275.5

中国版本图书馆 CIP 数据核字（2018）第 237566 号

出 版 人	赵剑英
责任编辑	喻 苗
责任校对	冯英爽
责任印制	王 超

出　　版	中国社会科学出版社
社　　址	北京鼓楼西大街甲 158 号
邮　　编	100720
网　　址	http://www.csspw.cn
发 行 部	010 - 84083685
门 市 部	010 - 84029450
经　　销	新华书店及其他书店

印刷装订	北京君升印刷有限公司
版　　次	2018 年 10 月第 1 版
印　　次	2018 年 10 月第 1 次印刷

开　　本	710×1000　1/16
印　　张	15.75
插　　页	2
字　　数	234 千字
定　　价	68.00 元

凡购买中国社会科学出版社图书，如有质量问题请与本社营销中心联系调换
电话：010 - 84083683
版权所有　侵权必究

浙江省文化研究工程指导委员会

主　任：车　俊

副主任：葛慧君　郑栅洁　陈金彪　周江勇
　　　　　成岳冲　陈伟俊　邹晓东

成　员：胡庆国　吴伟平　蔡晓春　来颖杰
　　　　　徐明华　焦旭祥　郭华巍　徐宇宁
　　　　　鲁　俊　褚子育　寿剑刚　盛世豪
　　　　　蒋承勇　张伟斌　鲍洪俊　许　江
　　　　　蔡袁强　蒋国俊　马晓晖　张　兵
　　　　　马卫光　陈　龙　徐文光　俞东来
　　　　　陈奕君　胡海峰

浙江文化研究工程成果文库总序

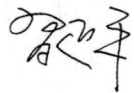

有人将文化比作一条来自老祖宗而又流向未来的河,这是说文化的传统,通过纵向传承和横向传递,生生不息地影响和引领着人们的生存与发展;有人说文化是人类的思想、智慧、信仰、情感和生活的载体、方式和方法,这是将文化作为人们代代相传的生活方式的整体。我们说,文化为群体生活提供规范、方式与环境,文化通过传承为社会进步发挥基础作用,文化会促进或制约经济乃至整个社会的发展。文化的力量,已经深深熔铸在民族的生命力、创造力和凝聚力之中。

在人类文化演化的进程中,各种文化都在其内部生成众多的元素、层次与类型,由此决定了文化的多样性与复杂性。

中国文化的博大精深,来源于其内部生成的多姿多彩;中国文化的历久弥新,取决于其变迁过程中各种元素、层次、类型在内容和结构上通过碰撞、解构、融合而产生的革故鼎新的强大动力。

中国土地广袤、疆域辽阔,不同区域间因自然环境、经济环境、社会环境等诸多方面的差异,建构了不同的区域文化。区域文化如同百川归海,共同汇聚成中国文化的大传统,这种大传统如同春风化雨,渗透于各种区域文化之中。在这个过程中,区域文化如同清溪山泉潺潺不息,在中国文化的共同价值取向下,以自己的独特个性支撑着、引领着本地经济社会的发展。

从区域文化入手,对一地文化的历史与现状展开全面、系统、扎实、有序的研究,一方面可以藉此梳理和弘扬当地的历史传统和文化资源，繁荣和丰富当代的先进文化建设活动，规划和指导未来的文化发展蓝图，增强文化软实力，为全面建设小康社会、加快推进社会主义现代化提供思想保证、精神动力、智力支持和舆论力量；另一方面，这也是深入了解中国文化、研究中国文化、发展中国文化、创新中国文化的重要途径之一。如今，区域文化研究日益受到各地重视，成为我国文化研究走向深入的一个重要标志。我们今天实施浙江文化研究工程，其目的和意义也在于此。

千百年来，浙江人民积淀和传承了一个底蕴深厚的文化传统。这种文化传统的独特性，正在于它令人惊叹的富于创造力的智慧和力量。

浙江文化中富于创造力的基因，早早地出现在其历史的源头。在浙江新石器时代最为著名的跨湖桥、河姆渡、马家浜和良渚的考古文化中，浙江先民们都以不同凡响的作为，在中华民族的文明之源留下了创造和进步的印记。

浙江人民在与时俱进的历史轨迹上一路走来，秉承富于创造力的文化传统，这深深地融汇在一代代浙江人民的血液中，体现在浙江人民的行为上，也在浙江历史上众多杰出人物身上得到充分展示。从大禹的因势利导、敬业治水，到勾践的卧薪尝胆、励精图治；从钱氏的保境安民、纳土归宋，到胡则的为官一任、造福一方；从岳飞、于谦的精忠报国、清白一生，到方孝孺、张苍水的刚正不阿、以身殉国；从沈括的博学多识、精研深究，到竺可桢的科学救国、求是一生；无论是陈亮、叶适的经世致用，还是黄宗羲的工商皆本；无论是王充、王阳明的批判、自觉，还是龚自珍、蔡元培的开明、开放，等等，都展示了浙江深厚的文化底蕴，凝聚了浙江人民求真务实的创造精神。

代代相传的文化创造的作为和精神，从观念、态度、行为方式和价值取向上，孕育、形成和发展了渊源有自的浙江地域文化传统和与时俱进的浙江文化精神，她滋育着浙江的生命力、催生着浙江的凝聚力、激发着浙江的创造力、培植着浙江的竞争力，激励着浙江人民永不自满、永不停息，在各个不同的历史时期不断地超越自我、创业奋进。

悠久深厚、意韵丰富的浙江文化传统，是历史赐予我们的宝贵财富，也是我们开拓未来的丰富资源和不竭动力。党的十六大以来推进浙江新发展的实践，使我们越来越深刻地认识到，与国家实施改革开放大政方针相伴随的浙江经济社会持续快速健康发展的深层原因，就在于浙江深厚的文化底蕴和文化传统与当今时代精神的有机结合，就在于发展先进生产力与发展先进文化的有机结合。今后一个时期浙江能否在全面建设小康社会、加快社会主义现代化建设进程中继续走在前列，很大程度上取决于我们对文化力量的深刻认识、对发展先进文化的高度自觉和对加快建设文化大省的工作力度。我们应该看到，文化的力量最终可以转化为物质的力量，文化的软实力最终可以转化为经济的硬实力。文化要素是综合竞争力的核心要素，文化资源是经济社会发展的重要资源，文化素质是领导者和劳动者的首要素质。因此，研究浙江文化的历史与现状，增强文化软实力，为浙江的现代化建设服务，是浙江人民的共同事业，也是浙江各级党委、政府的重要使命和责任。

2005年7月召开的中共浙江省委十一届八次全会，作出《关于加快建设文化大省的决定》，提出要从增强先进文化凝聚力、解放和发展生产力、增强社会公共服务能力入手，大力实施文明素质工程、文化精品工程、文化研究工程、文化保护工程、文化产业促进工程、文化阵地工程、文化传播工程、文化人才工程等"八项工程"，实施科教兴国和人才强国战略，加快建设教育、科技、卫生、体育等"四个强省"。作为文化建设"八项工程"之一的文化研究工程，其任务就是系统研究浙江文化的历史成就和当代发展，深入挖掘浙江文化底蕴、研究浙江现象、总结浙江经验、指导浙江未来的发展。

浙江文化研究工程将重点研究"今、古、人、文"四个方面，即围绕浙江当代发展问题研究、浙江历史文化专题研究、浙江名人研究、浙江历史文献整理四大板块，开展系统研究，出版系列丛书。在研究内容上，深入挖掘浙江文化底蕴，系统梳理和分析浙江历史文化的内部结构、变化规律和地域特色，坚持和发展浙江精神；研究浙江文化与其他地域文化的异同，厘清浙江文化在中国文化中的地位和相互影响的关系；围绕浙江生动的当代实践，深入解读浙江现象，总结浙江经验，指导浙江发展。在研究力量上，通过课题组织、出版资助、重点研究基地建设、加强省内外大院名校合作、整合各地各部门力量等途径，形成上下联动、学界互动的整体合力。在成果运用上，注重研究成果的学术价值和应用价值，充分发挥其认识世界、传承文明、创新理论、咨政育人、服务社会的重要作用。

我们希望通过实施浙江文化研究工程，努力用浙江历史教育浙江人民、用浙江文化熏陶浙江人民、用浙江精神鼓舞浙江人民、用浙江经验引领浙江人民，进一步激发浙江人民的无穷智慧和伟大创造能力，推动浙江实现又快又好发展。

今天，我们踏着来自历史的河流，受着一方百姓的期许，理应负起使命，至诚奉献，让我们的文化绵延不绝，让我们的创造生生不息。

2006 年 5 月 30 日于杭州

浙江文化研究工程(第二期)序

车俊

  文化是一个国家、一个民族的灵魂。文化兴国运兴,文化强民族强。没有高度的文化自信,没有文化的繁荣昌盛,就没有中华民族伟大复兴。文化研究肩负着继承文化传统、推动文化创新、激发文化自觉、增强文化自信的历史重任和时代担当。

  浙江是中华文明的重要发祥地,文源深、文脉广、文气足。悠久深厚、意蕴丰富的浙江文化传统,是浙江改革发展最充沛的养分、最深沉的力量。2003年,时任浙江省委书记的习近平同志作出了"八八战略"重大决策部署,明确提出要"进一步发挥浙江的人文优势,积极推进科教兴省、人才强省,加快建设文化大省"。2005年,作为落实"八八战略"的重要举措,习近平同志亲自谋划实施浙江文化研究工程,并亲自担任指导委员会主任,提出要通过实施这一工程,用浙江历史教育浙江人民、用浙江文化熏陶浙江人民、用浙江精神鼓舞浙江人民、用浙江经验引领浙江人民。

  12年来,历届省委坚持一张蓝图绘到底,一年接着一年干,持续深入推进浙江文化研究工程的实施。全省哲学社会科学工作者积极响应、踊跃参与,将毕生所学倾注于一功,为工程的顺利实施提供了强大智力支持。经过这些年的艰苦努力和不断积淀,第一期"浙江文化研究工程"圆满完成了规划任务。通过实施第一期"浙江文化研究工程",一大批优秀学术研究成果涌现出来,一大批优秀哲学社会科学人才成长起来,我省哲学社会科学研究水平站上了新高度,这不仅为优秀传统文化创造性转化、创新性发展作出了浙江探索,也为加快构建中国特色哲学社会科学提供了浙江素材。可以说，浙江文化研究工程，已经成为浙江文化大省、文化强省建设的有力抓手，成为浙江社会主义文化建设的一块"金字招牌"。

新时代，历史变化如此深刻，社会进步如此巨大，精神世界如此活跃，文化建设正当其时，文化研究正当其势。党的十九大深刻阐明了新时代中国特色社会主义文化发展的一系列重大问题，并对坚定文化自信、推动社会主义文化繁荣兴盛作出了全面部署。浙江省第十四次党代会也明确提出"在提升文化软实力上更进一步、更快一步，努力建设文化浙江"。在承接第一期成果的基础上，实施新一期浙江文化研究工程，是坚定不移沿着"八八战略"指引的路子走下去的具体行动，是推动新时代中国特色社会主义文化繁荣兴盛的重大举措，也是建设文化浙江的必然要求。新一期浙江文化研究工程将延续"今、古、人、文"的主题框架，通过突出当代发展研究、历史文化研究、"浙学"文化阐述三方面内容，努力把浙江历史讲得更动听、把浙江文化讲得更精彩、把浙江精神讲得更深刻、把浙江经验讲得更透彻。

新一期工程将进一步传承优秀文化，弘扬时代价值，提炼浙江文化的优秀基因和核心价值，推动优秀传统文化基因和思想融入经济社会发展之中，推动文化软实力转化为发展硬实力。

新一期工程将进一步整理文献典籍，发掘学术思想，继续对浙江文献典籍和学术思想进行系统梳理，对濒临失传的珍贵文献和经典著述进行抢救性发掘和系统整理，对历代有突出影响的文化名家进行深入研究，帮助人们加深对中华思想文化宝库的认识。

新一期工程将进一步注重成果运用，突出咨政功能，深入阐释红船精神、浙江精神，积极提炼浙江文化中的治理智慧和思想，为浙江改革发展提供学理支持。

新一期工程将进一步淬炼"浙学"品牌，完善学科体系，不断推出富有主体性、原创性的研究成果，切实提高浙江学术的影响力和话语权。

文化河流奔腾不息，文化研究逐浪前行。我们相信，浙江文化研究工程的深入实施，必将进一步满足浙江人民的精神文化需求，滋养浙江人民的精神家园，夯实浙江人民文化自信和文化自觉的根基，激励浙江人民坚定不移沿着习近平总书记指引的路子走下去，为高水平全面建成小康社会、高水平推进社会主义现代化建设凝聚起强大精神力量。

目　录

绪论　习近平关于国有企业改革发展的思想方略 …………（1）
　　第一节　习近平推动浙江国企改革发展的深刻背景 ………（1）
　　第二节　习近平推动浙江国企改革发展的思想方略 ………（7）
　　第三节　党的十八大以来习近平关于国企改革发展的
　　　　　　思想方略 …………………………………………（16）

第一章　浙江国企改革发展的辉煌历程和基本经验 ………（25）
　　第一节　浙江现象：浙江国企改革发展走在全国前列 ……（26）
　　第二节　浙江路径：回望 40 年浙江国企改革发展历程 …（38）
　　第三节　浙江经验：浙江国企改革发展的重要启示 ………（56）

第二章　坚持市场导向，发力供给侧结构性改革 …………（68）
　　第一节　浙江国企市场导向改革的生动实践 ………………（69）
　　第二节　融入市场发挥国有经济的主导作用 ………………（76）
　　第三节　发挥供给侧结构性改革的重要作用 ………………（85）

第三章　构筑大平台，服务重大发展战略 …………………（94）
　　第一节　"大港口"带动海洋经济大发展 ……………………（94）
　　第二节　"大交通"拓展开放发展新格局 …………………（104）
　　第三节　"大能源"引领发展方式转变 ……………………（109）
　　第四节　"大粮食"构建粮食安全保障体系 ………………（118）
　　第五节　"大资本"推动国有经济混合发展 ………………（123）

第四章　创新驱动发展，培育现代产业新动能 …………… (131)
   第一节　科技创新引领先进制造业发展 ……………… (131)
   第二节　产业创新培育新兴市场业态 …………………… (141)
   第三节　金融创新支持实体经济发展 …………………… (148)
   第四节　服务创新加大生产性服务供给 ………………… (155)

第五章　以管资本为主，建立现代治理体系 ……………… (168)
   第一节　浙江国有资产管理体制的改革实践 …………… (168)
   第二节　以管资本为主建立国有资本运营管理体系 …… (174)
   第三节　以管资本为主完善国有资本监督管理体系 …… (181)
   第四节　党建引领，提升国企现代治理水平 …………… (184)

第六章　谱写新时代浙江国企改革发展新华章 …………… (198)
   第一节　浙江国企改革发展的理论思考 ………………… (198)
   第二节　新时代国企改革发展的新使命 ………………… (204)
   第三节　实现浙江国企改革发展新跨越 ………………… (207)

参考文献 ……………………………………………………… (228)

后　记 ………………………………………………………… (235)

绪论　习近平关于国有企业改革发展的思想方略

中国国有企业是以国家或地方政府出资建立发展起来的经济组织，是社会主义公有制的主要形式，在国民经济中占有举足轻重的地位。改革与发展是国有企业与生俱来的主题。2016年7月，习近平在全国国有企业改革座谈会上做出重要指示："国有企业是壮大国家综合实力、保障人民共同利益的重要力量，必须理直气壮做强做优做大，不断增强活力、影响力、抗风险能力，实现国有资产保值增值。要坚定不移深化国有企业改革，着力创新体制机制，加快建立现代企业制度，发挥国有企业各类人才积极性、主动性、创造性，激发各类要素活力。"这既是对全国国企改革发展的要求，也是习近平主政浙江期间推动国企改革发展的一条重要经验。

第一节　习近平推动浙江国企改革发展的深刻背景

2002年10月到2007年3月习近平主政浙江工作的5年，是浙江改革发展的重要时期，也是浙江国有企业改革发展的重要时期。一方面，浙江国有企业经过改革开放以来20多年的发展，形成了与民营企业共同发展、相得益彰的良好局面；另一方面，浙江国有企业也出现体制机制僵化问题，亟待进一步深化改革；同时，还面临着世情、国情、省情以及市场环境深刻变化带来的机遇和挑战。所有这些，构成了习近平推动浙江国企改革发展的深刻背景。

一 改革开放以来浙江国有企业取得长足发展

自1978年改革开放以来,在全国各地纷纷掀起改革发展的大潮中,浙江像一颗璀璨的明珠光芒四射。改革开放的时代背景为浙江的全面崛起创造了前所未有的发展机遇,为浙江国企改革发展提供了良好的外部环境。这期间,浙江不仅民营经济发展迅猛,在全国刮起了一阵强劲的浙江民企风潮,而且国有经济发展也不甘落后,两者各领风骚、相得益彰,集中体现了浙江市场经济的活力和改革发展的成就。

改革开放之初的1978年,浙江国有经济的比重为38.6%,集体经济的比重为55.7%,个私经济的比重为5.7%,国有经济比重在当时的全国各省区市中是最低的。后来经过多种所有制经济竞相发展,浙江国有经济比重虽然有所下降,2000年降至20%左右,包括集体经济、个私经济在内的民营经济达到80%左右,但国有经济的影响力、竞争力、控制力大为增强,其经济总量规模和经济效益在全国各省区市中的位次不断提升。

根据浙江省统计局公布的第一次经济普查数据,浙江国有企业呈现出比重低、总量大,布局与结构合理,效益良好和增量活跃的特点。一是比重低。2004年年底,浙江国有企业在企业数、就业人数和营业收入三项指标占全部企业的比重分别为1.81%、3.74%和8.42%,这三项比重在全国各省区市排名中均列居后位。二是总量大。浙江国有企业经济总量在全国排名居于前列。根据国有资产监督管理委员会的统计,2004年,浙江的国有企业户数在全国排名居第11位,但国有企业的总资产、净资产、国有资产总量和营业收入几项指标在全国各省区市中都位居前4名、前5名之列。三是地位高。浙江国有企业在重要行业和关键领域占据支配地位。2004年年底,浙江国有控股企业法人单位数为9927个,其中13.37%集中在第二产业,这些企业中又有近30%的企业集中在关系国计民生和带有自然垄断性的工业基础设施领域,包括烟草、石油、钢铁、电力、自来水等行业。而从全国看,有19.77%的企业集中在第二产业,其中只有15%的企业分布在工业基础设施领域,大多数企业集中在第三产业。

四是效益好。2004年，浙江国有经济运营效益在全国各省区市中居于前列，净利润仅次于上海和广东，在全国排名第3位；盈利面全国排名位居第2位，净资产利润率在全国排名第2位；人均税利水平达到8万元/人以上的较高水平，是不少省区市的2—4倍。

习近平到浙江工作后，高度重视和推动国有企业的改革发展，多次强调民营经济和国有经济相互促进、共同发展，是浙江经济发展的一大优势。2003年7月10日，他在省委十一届四次全会上充分肯定了浙江国有企业发展取得的成就。他说，"根据2001年的测算，与1978年相比，全省国有及国有控股工业企业总资产增长了39.9倍，利税总额增长了12倍。目前，全省经营性国有资产总量（不含金融企业）列全国第六；利税总额、企业盈利面均列全国第三；总资产报酬率、净资产利润率分列全国第一和第二；不良资产占权益比重为全国最低"①。

2006年1月16日，习近平在中央电视台经济频道"中国经济大讲堂"的演讲中说道："民营经济的发展为浙江国有企业改革乃至整个宏观领域的改革提供了动力源泉。民营经济的发展不仅没有陷国有经济于绝境，反而为国有经济的改革与发展创造了优越的外部条件，实现了不同所有制经济的相互融合、相得益彰、共同发展。这就是说蛋糕做大了，蓄水池做大了，国有企业相应地也就壮大了。这个民营企业多的地方、先发的地方，民营经济的一些市场属性对国有企业在客观上有着很大的影响，起着促进观念更新的作用，制度参照的作用，市场开拓的作用，参与改制、分流人员的作用。我们用数字说话，目前浙江国有经济总量比改革开放之初增加了42倍，国有企业的主要经济指标跻身全国前列，全省国有企业资产总额居全国第5位，总资产报酬率居全国第1位，净资产利润率居全国第2位，利润总额居全国第3位。现在从全省来说，国有经济主要集中在大中型国有企业特别是省属20多家企业集团，市县国有经济更多地表现为混

---

① 习近平：《干在实处　走在前列——推进浙江新发展的思考与实践》，中共中央党校出版社2006年版，第80页。

合所有制经济的形态。"①

二 浙江国企改革发展面临的宏观环境变化

进入新世纪,浙江面临难得的发展机遇,具备了进一步发展的基础,同时也面临新的问题和挑战。

首先,经过改革开放 20 多年的发展,浙江积累了比较雄厚的物质基础。改革开放初期的 1978 年,浙江经济总量只有 123.72 亿元,到 2002 年达到 8003.67 亿元,年均实际增长 12.6%,是全国经济增长最快的省份之一;浙江经济总量在全国的排名,由 1978 年的第 12 位提升到第 4 位;浙江经济总量占全国的比重,也由 1978 年的 3.39% 提高到 6.65%。其他如城乡居民收入、财政收入、外贸出口创汇等指标也位居全国前列,成为全国举足轻重的经济大省。

其次,浙江经过改革开放 20 多年的发展,形成或正在形成诸多发展优势。如体制机制先发的民营经济、块状特色产业、专业市场、县域经济、小城镇经济等优势,有城乡发展比较协调、生态建设比较好、山海并利的资源条件等优势,也有位于长三角、接轨上海、软硬环境建设等区位条件优势,还有科技、教育、文化、卫生、体育等基础较好、文化底蕴深厚的人文优势等。尤其是形成了"走遍千山万水、说尽千言万语、想尽千方百计、尝遍千辛万苦"的"四千精神"和"白天当老板、晚上睡地板、还要辛辛苦苦看黑板"的"三板精神",形成了"自强不息、坚韧不拔、勇于创新、讲求实效"的浙江精神。

再次,浙江发展遇到诸多"成长的烦恼"和"发展中的问题"。山越高越难爬,车越快越难开,前进的道路并不平坦。进入新世纪,随着世情、国情、省情的深刻变化,浙江保持经济快速发展的难度加大,深化改革的阻力加大,扩大开放的风险加大,资源环境的制约加大,维护社会稳定的任务加重,社会经济成分、组织形式、就业方式、利益关系和分配方式日益多元化。正如习近平所说,浙江省经济

---

① 习近平:《干在实处　走在前列——推进浙江新发展的思考与实践》,中共中央党校出版社 2006 年版,第 86 页。

在快速发展中，遇到了成长的烦恼，正在生产的缺电，正在建设的缺钱，正在招商的缺地。同时，民营经济长期存在的技术水平、质量档次、人才匮乏等一些先天不足，也一再暴露出来。

最后，中央提出全面建设小康社会和科学发展观的新要求。2000年10月，党的十五届五中全会提出，从21世纪开始，中国进入了全面建设小康社会，加快推进社会主义现代化的新的发展阶段。党的十六大以来，党中央又提出了科学发展观，要求"坚持以人为本，树立全面、协调、可持续的发展观，促进经济社会和人的全面发展"，按照"统筹城乡发展、统筹区域发展、统筹经济社会发展、统筹人与自然和谐发展、统筹国内发展和对外开放"的要求推进各项事业的改革和发展。同时，浙江广大干部群众对全面建设小康社会和贯彻落实科学发展观，推动浙江新世纪新发展也有许多新的期盼和诉求。

对此，习近平在大量调查研究基础上，基于对新世纪浙江省面临的重要战略机遇期宏观背景的正确认识和把握，基于对浙江经济社会发展现实基础的正确认识和把握，基于对浙江省加快全面建设小康社会、提前基本实现现代化战略目标的正确认识和把握，在2003年7月10日省委十一届四次全会上，提出发挥"八个优势"，推进"八项举措"的"八八战略"，这是新时期推进浙江新发展的顶层设计和系统谋划，也是浙江国有企业改革发展的重大背景和根本遵循。

三　浙江国企遇到"成长的烦恼"和"发展中的问题"

进入新世纪，经过改革开放20多年的发展，浙江国有企业在快速发展的同时，也出现了许多新的矛盾和问题，遇到新的发展瓶颈和挑战。随着我国2001年12月11日正式加入了世贸组织，这在有利于中国融入世界经济体系、享受多边贸易带来的好处、发挥经济比较优势、扩大出口贸易、扩大就业机会等的同时，也带来按照国际经济规则、放开国内市场、直接面对国外企业激烈竞争的压力和挑战。随着社会主义市场体制不断完善，随着计划、价格、金融、财税等体制改革的深入，随着民营经济、外资经济的快速发展，国有企业的体制机制与市场经济要求不相适应的矛盾日益突出。在新的市场经济环境和市场竞争格局下，旧体制掩盖下国有企业长期低效率运行的问题进一步凸显出来，国有企业效益普遍低下，亏损企业增加，亏损面扩大，大批职工下岗，一些企业亏损严重，甚至难以为继。

从浙江看，尽管经过努力，国有企业实现了"三年脱困"的目标，国有企业经营状况有所改善。但国有资产的产权界定、职责行使等方面的改革进展缓慢，政企不分、政资不分的问题仍然十分突出，长期实行的国有资产和国有企业多头管理模式，严重制约着国有企业活力的释放和效益的提升。尤其是省属国有企业，改革步履维艰，产权制度改革进展缓慢，法人治理结构不尽合理，产业结构布局离散，国有资产监管营运体制有待进一步完善。如，国有资产管理不规范，当时哪个企业要卖了，要改掉了，领导批一下就行了，随意性比较大，没有一个程序上的规范。企业卖掉改制时，不是公开招标，而是按照账面资产内部转让。账面资产觉得不行，再打八折，若一次性付款就再打八折，造成一些企业经营者一夜暴富。再如，当时的省属国有企业有多个分管领导，一个领导直接分管几个企业，各自为政，甚至作为工作经费的"小金库"，哪个也不愿意进行真正的改革。

针对这种情况，省里的老同志、老领导以及企业员工对于省属企业的改革发展很不满意，意见很大。认为省属国有企业改革没有取得预期效果。2003年中央巡视组到浙江巡视后，向浙江省委常委会反馈的第一个问题就是省属企业改革发展滞后，要求浙江加快推进国企改革发展。

然而，浙江国有企业改革怎么改？谁来改？改什么？当时省里存在多种不同的声音。有的同志认为，浙江国有经济规模小、比重低、质量差，发展国有经济难有作为；有的同志认为，浙江民营经济发达，这是浙江发展经验和优势，应该发挥这个优势，让国有企业逐步退出，改制为民营企业；也有的同志认为，要按照中央的部署成立国资委，把各个国有企业都管起来，省政府各分管领导可对分管领域的国有企业进行直接分管。

后来，习近平在大力调查研究的基础上，综合各方面意见，明确提出要按照中央的要求和部署，成立省国有资产监督管理委员会，组织精干力量，加强领导，主要有两条：一是切实增强国有经济活力和竞争力、确保国有资产不能流失;二是取消省政府各分管领导对企业的直接管理权。由此,开启了浙江国企改革发展的新篇章。

第二节　习近平推动浙江国企改革发展的思想方略

根据中央深化国企改革的要求和中央巡视组反馈的意见,2004年年初开始,习近平集中精力研究谋划浙江国企改革发展问题。5、6月间,习近平亲自带调查组深入省物产、能源、石化建材、轻纺、机电、中大、交通、国信、旅游等省属企业集团和杭州市的王星记扇厂、杭州汽轮动力集团、张小泉剪刀厂、青春宝集团等企业调研,广泛听取深化改革、加快发展的意见建议。在调研中习近平指出,要充分认识省属国有企业改革的重要性和紧迫性,充分认识省属国有企业改革的艰巨性和复杂性,以省属授权经营企业集团为重点,以投资主体多元化为主要内容,加快推进新一轮的省属国有企业改革;要明确目标,分类指导,分步实施;要完善政策,一企一策,不搞一刀切。接着,习近平于2004年6月和2007年1月,先后两次主持召开全省国企改革发展会议,系统谋划了总体要求、三年目标、三宜原则、五个坚持、五个围绕等为主要内容的国有企业改革发展路线图,形成了思路清晰的推动浙江国企改革发展的思想方略,为浙江国企改革发展绘制了行之有道的宏伟蓝图。

一　明确把浙江国企改革发展纳入"八八战略"的顶层设计

"八八战略"是2003年7月10日,习近平在省委十一届四次全会提出的"进一步发挥'八个方面的优势',推进'八个方面的举措'"的简称,是推进浙江新发展的顶层设计和系统谋划,具有高度思想性、能动实践性、精神传承性和战略延续性,具有强大的生命力和影响力。"八八战略"的第一条是,进一步发挥浙江的体制机制优势,大力推动以公有制为主体的多种所有制经济共同发展,不断完善社会主义市场经济体制。在这条中,习近平明确强调,"坚持'两个毫不动摇',推动国有经济不断发展壮大,推动个私经济不断上规模、上水平"。① 由此，习近平明确提出了"两个毫不动摇"和"两个推动"的改革发展思想。

在这次会议上，习近平进一步阐明了国企改革发展的重要性和紧迫性。他说："在民营先发、市场先发的同时，我省国有经济的资产结构和资产质量不断优化，在全省国民经济中的主导作用更加突出，一大批国有企业或企业集团成为行业排头兵和领头羊。很多不知情的人以为浙江只是个私经济发展快，其实浙江的公有制经济也发展得很好。……正因为多种所有制经济在市场竞争中相互促进，共同发展，才形成了我省的体制机制优势。十六大报告强调'必须毫不动摇地巩固和发展公有制经济''必须毫不动摇地鼓励、支持和引导非公有制经济发展'。这为浙江进一步发挥多种所有制经济共同发展的优势，加快建立完善社会主义市场经济体制，提供了良好的机遇，开辟了广阔的通途。对浙江这方面的优势，我们一定要继续保持并不断发展。"②

"八八战略"是习近平主政浙江期间思想理论的核心，是推动浙江新发展的工作主线和行动纲领。习近平把"推动国有经济不断发展壮大"作为"八八战略"第一条的重要内容，摆到重要战略位置，充分表明他对国有企业改革发展的高度重视和坚定信心。

二 明确坚持"两个毫不动摇"，增强国有经济控制力影响力带动力的总体要求

浙江国企改革发展的出发点、指导思想和总体要求，关系到国企改革发展的方向、前途和命运。对此，习近平有着清醒的头脑和坚定的认识。他再三强调，浙江国有企业改革发展总的指导思想和总要求是，坚持"两个毫不动摇"，做强做优做大省属国有企业，不断发展壮大国有经济，增强国有经济的控制力、影响力、带动力。

2003年3月15日，习近平在《经济日报》发表署名文章《坚持

---

① 习近平：《干在实处　走在前列——推进浙江新发展的思考与实践》，中共中央党校出版社2006年版，第71页。
② 同上书，第81页。

"两个毫不动摇"再创浙江多种所有制经济发展新优势》,明确指出,"我们将切实按照'两个毫不动摇'的要求,进一步推进浙江国有经济再创新优势,推进浙江个私经济再上新台阶,努力营造各类市场主体公平竞争的外部环境,着力提高国有经济和个私经济的整体素质,努力把公有制经济和非公有制经济统一于现代化经济的进程中,使各种所有制经济在市场竞争中发挥各自优势,相互促进,共同发展"。这是习近平到浙江工作后,最先提出的按照"两个毫不动摇"的要求,形成"两个推进"的思想,即推进浙江国有经济再创新优势,推进浙江个私经济再上新台阶,并把"两个毫不动摇"和"两个推进",作为"再创浙江多种所有制经济发展新优势"的重要战略部署。

接着,在2003年7月10日省委十一届四次全会上,习近平明确把"两个毫不动摇"和"两个推动",作为"八八战略"的重要内容,摆到重要战略位置。强调要"坚持'两个毫不动摇',推动国有经济不断发展壮大,推动个私经济不断上规模、上水平"。2004年6月23日,习近平主持召开浙江省属国有企业改革座谈会,提出总体要求是,按照"两个毫不动摇"的要求,从整体上搞好搞活省属国有企业,进一步增强国有经济的竞争力、控制力。2007年1月26日,习近平再次主持召开浙江省属国有企业负责人座谈会,进一步强调,要按照"两个毫不动摇"方针,认真落实中央有关精神,加大改革力度,全面完成新一轮省属国有企业改革"三年目标",进一步做大做强做优省属国有企业,增强国有经济的控制力、影响力、带动力,为全省经济又好又快发展和社会主义和谐社会建设作出更大贡献。

在如何进一步推动国有经济不断发展壮大、做强做优做大省属国有企业问题上,习近平明确提出,"在发展多种所有制经济中搞活国有经济"。[①] 他认为,民营企业多的地方、先发的地方,民营经济的一些市场属性对国有企业在客观上有着很大的影响,起着促进观念更新的作用,制度参照的作用,市场开拓的作用,参与改制、分流人员

---

① 习近平:《干在实处 走在前列——推进浙江新发展的思考与实践》,中共中央党校出版社2006年版,第86页。

的作用。所以，要把多种所有制经济做大，把蛋糕做大，把蓄水池做大，国有企业相应地也就壮大了。

三　明确推进省属国有企业改革发展的"三宜"原则

2004年上半年，习近平在对浙江国有企业的调研中，一直在思考国有企业如何实行产权多元化改革，如何做强做优做大，如何增强国有经济的控制力、影响力、带动力等问题。于是，在大量调查研究的基础上，省委、省政府提出"宜强则强、宜留则留、宜退则退"的"三宜"原则，明确以产权多元化作为国企改革的主要内容。后来，这"三宜"原则一直是浙江国企改革发展的基本原则。

据《省国资委2005年工作总结中的五点体会》记载，第一条就是必须按照省委、省政府"宜强则强、宜留则留、宜退则退"的原则，指导推进企业的改制发展工作。总结指出，习近平同志提出的"三宜"原则，确定省属企业改革和发展的指针，是对省属企业改革指导思想、工作目标和基本原则的高度概括，是解决改革过程中出现各种困难和问题的有力武器。在推进改革中，面对错综复杂的问题和各种困难，我们正是由于坚持"三宜"原则，并进一步深化、细化、具体化，逐家研究分析企业的现状和发展前景，才进一步统一了各方思想，厘清了改革思路，加强了分类指导，从而有力地推进改革发展工作。

2006年1月26日，习近平在听取省国资委工作汇报时强调指出，今年是省属国有企业改革重点突破的一年。改革总体框架要定准，方向要定好，宜强则强、宜留则留、宜退则退，实行一企一策。有的企业要进行产权多元化改革，做强做大。有的企业该退则退，但不能使国有资产流失，更不能化公为私，损公肥私。总之，要把改革的基本框架定好，具体实施过程中要水到渠成，有的可以一气呵成，一步到位；有的可以分阶段、分步骤进行。对有的企业改革动力不足的原因要具体分析，必要的话可以从外部介入推动改革。

2007年1月26日，在省属国有企业负责人座谈会上，习近平首先强调，围绕完成三年目标，切实抓好省属国有企业改革的组织实施，继续按照"宜强则强、宜留则留、宜退则退"的原则，进一步推进省属国有企业的产权多元化改革,做大做强做优省属国有企业。

由上可见,习近平提出的"三宜"原则,是针对浙江国有企业改革发展实际情况提出的,是对省属企业改革指导思想、工作目标和基本原则的高度概括,是确定省属企业改革发展的指针,是解决改革过程中出现各种困难和问题的有力武器,具有高度的思想性和灵活的策略性,具有长期的指导意义。

四 明确推进省属国有企业改革发展的"三年目标"

目标是活动的预期目的,为活动指明方向,具有维系组织各个方面关系、构成系统组织方向核心的作用。对国企改革发展目标的设定,是引领国企改革发展的重要环节。

习近平高度重视浙江国企改革发展的目标设定,2004年6月23日,他在浙江省属国有企业改革座谈会上提出:"今后一个时期,省属国企改革的主要目标是:通过三年左右的努力,基本完成以投资主体多元化为主要内容的新一轮省属国有企业改革,完善国有资本有进有退、合理流动的机制;继续调整和优化国有经济布局和结构,推动国有资产向重点领域和优势企业集中;加快建立现代企业制度,推动企业体制机制创新,在完善公司法人治理结构、转换企业经营机制方面取得新进展;基本建立权利、义务、责任相统一,管资产和管人、管事相结合的国有资产监管体系。"[①]

实际上,对这一目标设想,习近平早在2003年3月15日《经济日报》发表的《坚持"两个毫不动摇"再创浙江多种所有制经济发展新优势》的文章中就明确提出来了。他在文章中指出:"对于国有经济,下一步,一是要全面完成以产权制度改革和转换职工劳动关系为主要内容的国有、城镇集体企业改革,完善企业内部的分配激励机制,加强企业管理,进一步完善法人治理结构,建立现代企业制度。二是建立健全省市两级权利、义务和责任相统一,管资产和管人、管事相结合的国有资产管理体制。三是加快国有经济布局的战略性调

---

① 习近平:《干在实处 走在前列——推进浙江新发展的思考与实践》,中共中央党校出版社2006年版,第87页。

整,进一步'做优做强'国有经济。把推动国企改革和促进企业整合、增强企业活力结合起来,对现有国有企业,进行分类指导,发展壮大一批、优化重组一批、关闭退出一批。在重点领域和优势行业,加快培育一批具有国际竞争力的大企业大集团。四是大胆探索国有经济的多种实现形式。加大外资、民资进入,大力发展混合所有制经济。同时,加强对非经营性国有资产的管理,区别类型,深入推进事业单位改革。"① 这四个方面的目标要求与上述三年目标要求,思路上一致,精神上完全契合。

五 明确国企改革发展"五个坚持"的工作要求

目标是工作的指南,工作是实现目标的抓手。习近平不仅提出国企改革发展的总体要求和主要目标,还明确提出了工作指导意见。2004年6月23日,他在浙江省属国有企业改革座谈会上,详细阐述了国企改革发展在工作指导上必须做好的"五个坚持"②。

1. 坚持突出发展,充分发挥国有经济的主导作用。改革的目的是发展。加快省属国有企业改革,必须围绕发展这个主题,通过资产重组和结构调整,进一步优化国有资产的布局和结构,培育一批具有国际竞争力的大企业大集团,提高省属国有企业的整体素质,实现国有资产的保值增值,更好地体现和发挥国有经济的主导作用。这是省属国有企业改革的出发点和落脚点,也是衡量省属国有企业改革是否成功的重要标志。突出发展,从单个企业而言,就是要按照现代企业制度的要求,积极进行规范的股份制改造,实现产权多元化,转变企业经营机制,增强企业活力,提高综合实力和市场竞争力;从省属国有企业和国有资产整体而言,就是要通过推动国有资产布局和结构的战略性调整,促进国有资产向重点领域集中,向优势企业集中,进一步增强省属国有企业的整体竞争力、影响力和带动力。

---

① 习近平:《干在实处 走在前列——推进浙江新发展的思考与实践》,中共中央党校出版社2006年版,第87—89页。
② 同上书,第87页。

2. 坚持积极稳妥，不断探索省属国有企业改革的新路子。改革开放以来，浙江省国有企业改革进展比较快，走在全国前列，并创造了一些成功经验。但是必须看到，当前浙江省省属国有企业改革正处于攻坚阶段，经过多年的改革和探索，容易解决的问题基本已经解决，剩下的都是绕不开、躲不过的重点难点问题。解决这些问题，必须求真务实，勇于探索，牢牢抓住改革的关键环节，突破体制上的瓶颈，着力在推进产权主体多元化、公司法人治理结构、构建国有资产管理体制等方面取得突破性进展，大力发展混合所有制经济，积极探索公有制的多种有效实现形式。同时，浙江省省属国有企业改革任务重、难度大，社会影响面广，绝不可能速战速决，一蹴而就。我们必须精心制定改革方案，积极稳妥地推进各项改革，切实做到成熟一家、改制一家、成功一家，使我们的改革经得起实践和历史的检验。

3. 坚持分类指导，采取多种有效形式推动改制。省属国有企业情况千差万别。就省级授权经营企业集团来说，行业特点、企业规模、资产质量、经营业绩也各不相同。因此，在推进改革时，必须坚持因企制宜、分类指导，针对不同类型的企业采取不同的改制方式，不搞一刀切，不搞单一模式，从实际出发，积极探索和实践。有的可以继续保持国有独资或绝对控股，加快完善法人治理结构，建立长效激励机制；有的可以通过招标招募等办法引进战略投资者，实现产权主体多元化；有的可以进一步突出主业，优化配置资源，整合相关产业和资产，提高核心竞争力；有的可以产权转让、兼并拍卖或让经营层控股，整体转制。但是，无论采用什么形式，都要有利于经营机制转变，有利于建立现代企业制度，有利于优化国有经济布局和结构，有利于国有资产保值增值，有利于浙江的发展。

4. 坚持以人为本，切实维护好广大职工的权益。坚持以人为本，切实维护好广大职工权益，是推进省属国有企业改革的根本原则，也是执政为民的充分体现。省属国有企业改革将涉及近 19 万在职职工和 6 万离退休职工，其中，24 家授权经营企业集团的在职职工为 13.78 万人，离退休职工为 5.15 万人。我们必须十分注意处理好改革、发展、稳定的关系，把改革的力度、推进的速度和职工可承受的程度统一起来，确保改革在稳定的前提下稳妥进行。要牢固树立以人为本的思想，充分尊重职工的民主权利，做到改革方案经过职代会审议，职工安置方案经过职代会通过，让改革的成果惠及广大职工。要切实把职工的合法利益放在第一位，充分考虑职工的承受能力，解决好改制企业职工和离退休职工的基本生活和社会保障问题，解决好职工身份的转换问题，解决好职工的就业问题，决不能轻易地把职工向社会一推了事。只有广大职工的利益维护好了，他们的积极性调动起来了，我们的改革才能顺利推进。

5. 坚持规范操作，严格防止国有资产流失。去年以来，国家先后出台了《关于规范国有企业改制工作的意见》和《企业国有产权转让管理暂行办法》，这两个文件对国有企业改制和国有产权转让的主要环节都作了明确的规定，我们要认真贯彻执行。在具体操作过程中，为推进改革，可以制定和实施一些必要的配套政策，但必须守住一条"底线"，就是一定要有效防止国有资产流失。要抓住三个"关键环节"：一是全过程规范。从企业改革方案到组织实施；从国有资产的核定、评估，到国有资产的转让，每一个环节、每一个步骤都必须严格按程序办，规范运作。二是全方位公开。要坚持公开透明、阳光操作，引进市场经济的办法，做到公开、公平、公正，绝不能出现估低贱卖、暗箱操作、自卖自买的现象。要充分发挥产权交易机构和国内外中介机构的作用，积极探索市场发现价格、决定价格的机制。三是全社会监督。不但要发挥好国资委的监督管理作用，还要充分发挥人大、政协、新闻界等方方面面的作用，形成全社会对省属国有企业改革的有效监督机制。

这"五个坚持"，从突出发展主题，到积极稳妥原则，到分类指导方法，再到以人为本目的，最后到规范操作程序，内容全面，逻辑严密，浑然一体，为浙江国企改革发展明确了目标任务和政策举措。

六 明确国企改革发展"五个围绕五个切实"的重点领域

始于 2004 年 6 月部署的省属国有企业新一轮改革发展，到 2006 年已近三年。如何总结这三年的工作，研究部署下一步的改革发展，2007 年 1 月 26 日，习近平主持召开浙江省属国有企业负责人座谈会。会议在听取省国资委和杭钢、省建设、省物产、长广等集团公司负责人发言后,习近平发表题为"全面完成三年改革目标,进一步增强省属国企控制力影响力带动力"的讲话。

习近平强调指出,全面完成省属国有企业改革三年目标,意义重大。要坚持以科学发展观统领全局,按照"两个毫不动摇"方针,认真落实中央有关精神,加大改革力度,全面为全省经济又好又快发展和社会主义和谐社会建设作出更大贡献。

习近平指出,近年来浙江省扎实推进国有经济布局的战略性调整,加快省属国有企业改革和国资监管体系建设,企业活力进一步增强,经济效益明显提高,国有资产保值增值,新一轮省属国有企业改革取得阶段性成果。既要看到改革任务的艰巨性和长期性,又要看到改革取得的巨大成绩和良好基础,进一步坚定搞好省属国有企业的信心和决心,坚定不移地推进省属国有企业改革和发展。

在这次会议上,习近平重点提出了"五个围绕五个切实"的工作重点和要求。

要围绕完成三年目标,切实抓好省属国有企业改革的组织实施,继续按照"宜强则强、宜留则留、宜退则退"的原则,进一步推进省属国有企业的产权多元化改革,做大做强做优省属国有企业。在改革中要切实维护好广大职工的合法权益,促进和谐企业建设。

要围绕建立现代企业制度的要求,切实加强企业管理体制创新,逐步建立和完善法人治理结构,进一步理顺以资产为纽带的母子公司管理体系,进一步深化企业劳动、人事、分配等制度改革,进一步健全和完善各项规章制度,科学规范年薪、公务消费等制度,重点搞好成本管理、资金管理、质量管理。

要围绕转变增长方式,切实提高企业自主创新能力,把提高自主创新能力摆在突出位置,加大技术研发投入,加强技术中心建设,加快创建拥有自主品牌和持续创新能力的创新型企业,加快转入低投入、低消耗、低排放和高效率的集约型增长轨道,为全省的创新型省份和资源节约型社会建设作出贡献。

要围绕实现国有资产保值增值的任务,切实国资监管体系建设,进一步健全国有资产管理的组织体系、制度体系、责任体系和监督体系,完善经营业绩考核制度,理顺国资监管机构与政府公共管理部门和所出资企业三方之间的权责关系,创新国资监管的有效形式和手段,充分调动企业经营管理人员的积极性和创造性。

要围绕把党的政治优势转化为国有企业的核心竞争力,切实加强国有企业党建工作,深入开展省属国有企业"四好"领导班子创建活动,不断改进和完善党组织发挥作用的方式和途径,努力把政治优势转化为企业内在的组织优势和管理优势,转化为企业的现实竞争力。继续加强国有企业党风廉政建设和反腐败工作,确保廉洁从业等各项规定真正落到实处。[①]

这"五个围绕五个切实",为浙江下一步国企改革发展,进一步厘清了工作思路和明确了重点任务。

总体上说,习近平主政浙江时期关于国有企业改革发展的思想方略,是习近平"八八战略"思想的重要组成部分,是习近平新时代中国特色社会主义思想重要组成部分,是习近平新时代中国特色社会主义经济思想的重要组成部分,是浙江一任接一任、一届接一届地抓国有企业改革发展的根本遵循和行动指南。

第三节 党的十八大以来习近平关于国企改革发展的思想方略

党的十八大以来,以习近平同志为核心的党中央高度重视国有企业改革发展,以前所未有的决心和力度,作出一系列重大决策部署,顶层设计、整体谋划、分类指导、协同推进,进一步发展完善了关于国企改革发展的思想方略,为国有企业改革发展指明了方向,提供了根本遵循。

一 必须理直气壮做强做优做大国有企业

2012年12月,新任总书记习近平,离京考察的第一站就选在广东深圳,他在调研中深刻指出,"中国的改革已经进入攻坚期和深水

---

① 参见《习近平在省属国有企业负责人座谈会上强调全面完成省属国企三年改革目标进一步增强控制力影响力带动力》,《浙江日报》2007年1月27日。

区,必须以更大的政治勇气和智慧,不失时机深化重要领域改革"。其中,国有企业改革就是已经进入攻坚期和深水区的重要领域。后来,他每到全国各地考察中,总要安排时间对当地的国有企业进行调查研究,深入了解国有企业发展中取得的成绩、存在的问题、面临的机遇挑战,有针对性地指出国企改革发展的目标方向和破解问题的举措。

要敢打市场牌、改革牌、创新牌。2013年8月,习近平在沈阳机床集团调研时指出,老工业基地很多企业浴火重生的实践说明,无论是区域、产业还是企业,要想创造优势、化危为机,必须敢打市场牌、敢打改革牌、敢打创新牌。习近平强调,创新是企业的动力之源,质量是企业的立身之本,管理是企业的生存之基,必须抓好创新、质量、管理,在激烈的市场竞争中始终掌握主动。

深化国有企业改革是大文章。2014年3月,习近平在参加全国人大上海代表团审议时指出,深化国企改革是大文章,国有企业不仅不能削弱,而且还要加强。习近平强调,加强国有企业是在深化改革中通过自我完善,在凤凰涅槃中浴火重生,而不是抱残守缺、不思进取、不思改革,确实要担当社会责任树立良好形象,在推动改革措施上加大力度。

深化国企改革改革关键是公开透明。2014年3月,习近平参加安徽代表团审议时说,发展混合所有制经济,基本政策已明确,关键是细则,成败也在细则。要吸取过去国企改革经验和教训,不能在一片改革声浪中把国有资产变成谋取暴利的机会。改革关键是公开透明。

坚持"两个不动摇"和"三个有利于"标准。2015年7月,习近平在长春召开部分省区党委主要负责同志座谈会时指出,要深化国有企业改革,完善企业治理模式和经营机制,真正确立企业市场主体地位,增强企业内在活力、市场竞争力、发展引领力。他在吉林东北工业集团长春一东离合器股份有限公司调研时指出,国有企业是推进现代化、保障人民共同利益的重要力量,要坚持国有企业在国家发展中的重要地位不动摇,坚持把国有企业搞好、把国有企业做大做强做优不动摇。习近平进一步强调,推进国有企业改革,要有利于国有资本保值增值,有利于提高国有经济竞争力,有利于放大国有资本功能。这坚持"两个不动摇"和"三个有利于"标准，为国有企业改革确立了价值判断的标准。

必须理直气壮做强做优做大国有企业。 2016年7月4日，全国国有企业改革座谈会在京召开，习近平作出重要指示强调，国有企业是壮大国家综合实力、保障人民共同利益的重要力量，必须理直气壮做强做优做大，不断增强活力、影响力、抗风险能力，实现国有资产保值增值。要坚定不移深化国有企业改革，着力创新体制机制，加快建立现代企业制度，发挥国有企业各类人才积极性、主动性、创造性，激发各类要素活力。要按照创新、协调、绿色、开放、共享的发展理念的要求，推进结构调整、创新发展、布局优化，使国有企业在供给侧结构性改革中发挥带动作用。要加强监管，坚决防止国有资产流失。

国有企业要当好"三个排头兵"。 2017年4月，习近平在广西调研时说，一个国家一定要有一个正确的战略选择，中国这么一个大国，必须发展实业，做实体经济，不能够脱实向虚，我们还要继续推进工业现代化。习近平指出，创新是引领发展的第一动力，要加强知识、人才积累，不断突破难题、攀登高峰，国有企业要做落实新发展理念的排头兵、做创新驱动发展的排头兵、做实施国家重大战略的排头兵。这"三个排头兵"，是进入新时代对国有企业改革发展的新要求，要求国有企业在落实新理念、培育新动能、实施新战略等方面成为引领者和开路先锋。

国有企业要成为深化供给侧结构性改革的生力军。 2017年12月，习近平到山东考察徐工集团重型机械有限公司时强调，国有企业是中国特色社会主义的重要物质基础和政治基础，是中国特色社会主义经济的"顶梁柱"。要按照党的十九大部署推动国有企业深化改革、提高经营管理水平，使国有企业成为贯彻新发展理念、全面深化改革的骨干力量，成为我们党执政兴国的重要支柱和依靠力量。习近平强调，国有企业要成为深化供给侧结构性改革的生力军，瞄准国际标准提高发展水平，促进中国产业迈向全球价值链中高端。

国企一定要改革，抱残守缺不行。 2018年6月，习近平在山东考察时说，谁说国企搞不好？要搞好就一定要改革，抱残守缺不行，改革能成功，就能变成现代企业。希望大家再接再厉，一鼓作气，一气呵成，一以贯之，朝着你们既定的目标奋勇直前。他在考察中集来福士海洋工程有限公司烟台基地时指出，基础的、核心的东西是讨不来买不来的，要靠我们自力更生、自主创新来实现。

总之，党的十八大以来，习近平多次就国企改革发展发表重要讲话，不仅纠正了社会对于国企改革的一些错误认识，更为正确推进国企改革指明了方向、提供了遵循、划定了红线、明确了底线、确定了标准，也进一步坚定了做强做优做大国有企业的信心。

二 整体设计精心谋划国有企业改革发展的路线图

党的十八大以来，习近平在大量调查研究、听取方方面面意见的基础上，多次主持召开会议或领导起草有关国有企业改革发展的指导性意见，研究制定有针对性的政策举措，整体设计、精心谋划国有企业改革发展的路线图，牢牢把握国有企业改革发展的大方向。

《中共中央关于全面深化改革若干重大问题的决定》（以下简称《决定》）有关国有企业改革的精神。2013年11月，党的十八届三中全会通过的《决定》明确提出，发挥国有经济主导作用，不断增强国有经济活力、控制力、影响力。其重要形式就是积极发展混合所有制经济。国有资本、集体资本、非公有资本等交叉持股、相互融合的混合所有制经济，是基本经济制度的重要实现形式，有利于国有资本放大功能、保值增值、提高竞争力，有利于各种所有制资本取长补短、相互促进、共同发展。允许更多国有经济和其他所有制经济发展成为混合所有制经济。国有资本投资项目允许非国有资本参股。允许混合所有制经济实行企业员工持股，形成资本所有者和劳动者利益共同体。同时，明确提出，推动国有企业完善现代企业制度。国有企业属于全民所有，是推进国家现代化、保障人民共同利益的重要力量。国有企业总体上已经同市场经济相融合，必须适应市场化、国际化新形势，以规范经营决策、资产保值增值、公平参与竞争、提高企业效率、增强企业活力、承担社会责任为重点，进一步深化国有企业改革。并对准确界定不同国有企业功能、健全协调运转、有效制衡的公司法人治理结构、合理增加市场化选聘比例等提出了具体要求。

"中央全面深化改革领导小组会议"有关国有企业改革的精神。2013年12月30日，中央政治局决定成立中央全面深化改革领导小组（以下简称"中央深改组"），总体设计、统筹协调、整体推进、督促落实全面深化改革问题，习近平亲自担任组长。中央深改组成立以来，多次研究推动国有企业改革发展问题。2014年8月，习近平在中央深改组第四次会议上明确指出，国有企业特别是中央管理企业，在关系国家安全和国民经济命脉的主要行业和关键领域占据支配地位，是国民经济的重要支柱，在我们党执政和我国社会主义国家政权的经济基础中也是起支柱作用的，必须搞好。2015年6月，习近平在中央深改组第十三次会议上强调，坚持党的领导是中国国有企业的独特优势。把国有企业做强做优做大，不断增强国有经济活力、控制力、影响力、抗风险能力。会议审议通过了《关于加强和改进企业国有资产监督防止国有资产流失的意见》。习近平指出，防止国有资产流失，要坚持问题导向，立足机制制度创新，强化国有企业内部监督、出资人监督和审计、纪检巡视监督以及社会监督，加快形成全面覆盖、分工明确、协同配合、制约有力的国有资产监督体系。

《中共中央、国务院关于深化国有企业改革的指导意见》精神。为进一步贯彻落实党的十八届三中全会《决定》精神，2015年8月24日，中共中央、国务院制定发布高规格的《关于深化国有企业改革的指导意见》（以下简称《指导意见》）。《指导意见》提出坚持问题导向，继续推进国有企业改革，切实破除体制机制障碍，坚定不移做强做优做大国有企业。《指导意见》共分8章30条，从改革的总体要求到分类推进国有企业改革、完善现代企业制度和国有资产管理体制、发展混合所有制经济、强化监督防止国有资产流失、加强和改进党对国有企业的领导、为国有企业改革创造良好环境条件等方面，全面提出了新时期国有企业改革的目标任务和重大举措。《指导意见》提出，到2020年在重要领域和关键环节取得决定性成果，形成更符合中国基本经济制度和社会主义市场经济要求的国资管理体制、现代企业制度、市场化经营机制，国有经济活力、控制力、影响力、抗风险能力明显增强。这是新时期指导和推进中国国企改革的纲领性文件，具有十分重要的指导意义。

《中共中央关于制定国民经济和社会发展第十三个五年规划的建议》有关国有企业改革的精神。2015年10月29日，党的十八届五中全会通过的《中共中央关于制定国民经济和社会发展第十三个五年规划的建议》明确提出，深化国有企业改革，增强国有经济活力、控制力、影响力、抗风险能力。分类推进国有企业改革，完善现代企业制度。完善各类国有资产管理体制，以管资本为主加强国有资产监管，防止国有资产流失。健全国有资本合理流动机制，推进国有资本布局战略性调整，引导国有资本更多投向关系国家安全、国民经济命脉的重要行业和关键领域，坚定不移把国有企业做强做优做大，更好地服务于国家战略目标。

上述中央文件阐述的国有企业改革发展的重大意义、总体要求、目标任务、政策举措等，都是习近平关于国有企业改革发展思想方略的重要体现和重要组成部分，必须一以贯之地落实到位。

三　在深化国有企业改革中加强和完善党的领导

党的十八大以来，习近平高度重视全面加强和完善党的领导，一再强调，中国特色社会主义最本质的特征是中国共产党领导，中国特色社会主义制度的最大优势是中国共产党领导。坚持和完善党的领导，是党和国家的根本所在、命脉所在，是全国各族人民的利益所在、幸福所在。党政军民学，东西南北中，党是领导一切的。

对国有企业加强和完善党的领导，习近平尤为重视。2015年6月，习近平在中央深改组第十三次会议上强调，坚持党的领导是我国国有企业的独特优势。要坚持党的建设与国有企业改革同步谋划、党的组织及工作机构同步设置，实现体制对接、机制对接、制度对接、工作对接，确保党的领导、党的建设在国有企业改革中得到体现和加强。2016年10月10日，中央召开高规格的全国国有企业党的建设工作会议，习近平出席会议并发表重要讲话，全面系统深刻地阐述了国有企业加强和完善党的领导的独特意义和总体要求。

使国有企业成为"六个重要力量"。习近平指出，要通过加强和完善党对国有企业的领导、加强和改进国有企业党的建设，使国有企业成为党和国家最可信赖的依靠力量，成为坚决贯彻执行党中央决策部署的重要力量,成为贯彻新发展理念、全面深化改革的重要力量,成为实施"走出去"战略、"一带一路"建设等重大倡议和战略的重要力量,成为壮大综合国力、促进经济社会发展、保障和改善民生的重要力量,成为我们党赢得具有许多新的历史特点的伟大斗争胜利的重要力量。

党的领导是国有企业的"根"和"魂"。习近平指出,坚持党的领导、加强党的建设,是我国国有企业的光荣传统,是国有企业的"根"和"魂",是我国国有企业的独特优势。新形势下,国有企业坚持党的领导、加强党的建设,总的要求是:坚持党要管党、从严治党,紧紧围绕全面解决党的领导、党的建设弱化、淡化、虚化、边缘化问题;坚持党对国有企业的领导不动摇,发挥企业党组织的领导核心和政治核心作用,保证党和国家方针政策、重大部署在国有企业贯彻执行;坚持服务生产经营不偏离,把提高企业效益、增强企业竞争实力、实现国有资产保值增值作为国有企业党组织工作的出发点和落脚点,以企业改革发展成果检验党组织的工作和战斗力;坚持党组织对国有企业选人用人的领导和把关作用不能变,着力培养一支高素质企业领导人员队伍;坚持建强国有企业基层党组织不放松,确保企业发展到哪里,党的建设就跟进到哪里,党支部的战斗堡垒作用就体现在哪里,为做强做优做大国有企业提供坚强组织保证。

中国特色现代国有企业制度的"特"就特在党的领导。习近平强调,坚持党对国有企业的领导是重大政治原则,必须一以贯之;建立现代企业制度是国有企业改革的方向,也必须一以贯之。中国特色现代国有企业制度,"特"就特在把党的领导融入公司治理各环节,把企业党组织内嵌到公司治理结构之中,明确和落实党组织在公司法人治理结构中的法定地位,做到组织落实、干部到位、职责明确、监督严格。

国有企业党组织发挥领导核心和政治核心作用。习近平指出,党对国有企业的领导是政治领导、思想领导、组织领导的有机统一。国有企业党组织发挥领导核心和政治核心作用,归结到一点,就是把方向、管大局、保落实。要明确党组织在决策、执行、监督各环节的权责和工作方式,使党组织发挥作用组织化、制度化、具体化。要处理好党组织和其他治理主体的关系,明确权责边界,做到无缝衔接,形成各司其职、各负其责、协调运转、有效制衡的公司治理机制。

加强对国有企业领导人员的党性教育。习近平强调，党和人民把国有资产交给企业领导人员经营管理，是莫大的信任。要加强对国有企业领导人员的党性教育、宗旨教育、警示教育，严明政治纪律和政治规矩，引导他们不断提高思想政治素质、增强党性修养，从思想深处拧紧螺丝。要突出监督重点，强化对关键岗位、重要人员特别是一把手的监督管理，完善"三重一大"决策监督机制，严格日常管理，整合监督力量，形成监督合力。

坚持全心全意依靠工人阶级的方针。习近平指出，坚持全心全意依靠工人阶级的方针，是坚持党对国有企业领导的内在要求。要健全以职工代表大会为基本形式的民主管理制度，推进厂务公开、业务公开，落实职工群众知情权、参与权、表达权、监督权，充分调动工人阶级的积极性、主动性、创造性。企业在重大决策上要听取职工意见，涉及职工切身利益的重大问题必须经过职代会审议。要坚持和完善职工董事制度、职工监事制度，鼓励职工代表有序参与公司治理。

国有企业领导人员要坚定理想信念。习近平强调，国有企业领导人员是党在经济领域的执政骨干，是治国理政复合型人才的重要来源，肩负着经营管理国有资产、实现保值增值的重要责任。国有企业领导人员必须做到对党忠诚、勇于创新、治企有方、兴企有为、清正廉洁。国有企业领导人员要坚定信念、任事担当，牢记自己的第一职责是为党工作，牢固树立政治意识、大局意识、核心意识、看齐意识，把爱党、忧党、兴党、护党落实到经营管理各项工作中。面对日趋激烈的国内外市场竞争，国有企业领导人员要迎难而上、开拓进取，带领广大干部职工开创企业发展新局面。

营造尊重企业家价值、鼓励企业家创新、发挥企业家作用的浓厚社会氛围。习近平指出，要坚持党管干部原则，保证党对干部人事工作的领导权和对重要干部的管理权，保证人选政治合格、作风过硬、廉洁不出问题。要让国有企业领导人员在工作一线摸爬滚打、锻炼成长，把在实践中成长起来的良将贤才及时选拔到国有企业领导岗位上来。对国有企业领导人员，既要从严管理，又要关心爱护，树立正向激励的鲜明导向，让他们放开手脚干事、甩开膀子创业。要大力宣传优秀国有企业领导人员的先进事迹和突出贡献，营造尊重企业家价值、鼓励企业家创新、发挥企业家作用的浓厚社会氛围。

全面从严治党要在国有企业落实落地。习近平强调，全面从严治党要在国有企业落实落地，必须从基本组织、基本队伍、基本制度严起。要同步建立党的组织、动态调整组织设置。要把党员日常教育管理的基础性工作抓紧抓好。企业党组织"三会一课"要突出党性锻炼。要让支部成为团结群众的核心、教育党员的学校、攻坚克难的堡垒。要把思想政治工作作为企业党组织一项经常性、基础性工作来抓，把解决思想问题同解决实际问题结合起来，既讲道理，又办实事，多做得人心、暖人心、稳人心的工作。

各级党委要把国有企业党的建设纳入整体工作部署和党的建设总体规划。习近平指出，各级党委要抓好国有企业党的建设，把党要管党、从严治党落到实处。各级党委要把国有企业党的建设纳入整体工作部署和党的建设总体规划。国有企业党委（党组）要履行主体责任。要加强国有企业党风廉政建设和反腐败工作，把纪律和规矩挺在前面，持之以恒落实中央八项规定精神，抓好巡视发现问题的整改，严肃查处侵吞国有资产、利益输送等问题。

上述习近平的重要讲话，从坚持和发展中国特色社会主义、巩固党的执政基础执政地位的高度，深刻回答了事关国有企业改革发展和党的建设的一系列重大问题，具有很强的战略性、思想性、针对性，是加强新形势下国有企业党的建设的纲领性文献，对于做强做优做大国有企业、推进党和国家事业发展具有重要指导意义。

浙江国有企业改革发展的生动实践证明：习近平主政浙江时期的重要思想和实践，极大丰富和发展了马克思主义，是中国化的马克思主义，是新时代中国特色社会主义思想重要组成部分，对建立中国特色社会主义基本经济制度，创立中国特色社会主义经济学具有重要指导作用，为发展中国家提供了一个可借鉴的发展经验。与时俱进、继往开来，对推动马克思主义基本原理同中国实际相结合、引领中华民族伟大复兴具有重大理论和历史意义。

第一章　浙江国企改革发展的辉煌历程和基本经验

改革开放40年，作为中国民营经济重要发祥地，浙江人民自强不息、勇于创新，成长为举世瞩目的民营经济强省。与此同时，浙江国有企业改革也风生水起，国有经济发展取得辉煌成就，谱写出国企改革发展创新的华彩篇章。浙江国有经济和民营经济等各种所有制经济共生共荣、健康发展，引领浙江经济社会发展阔步走在全国前列。

国有企业是党和国家事业发展的重要物质基础和政治基础，深化国企改革是坚持和发展中国特色社会主义的必然要求。始于1978年的浙江国企改革，走过由破到立、由点到面的波澜壮阔、艰难曲折的改革征程，取得了辉煌成就，实现了凤凰涅槃、浴火重生。浙江国有企业实力快速增强，国有经济质量效益持续提升，国有经济发展从小到大、由弱到强，资产总额、营业收入、实现利润等主要经济指标均位居全国前茅。浙江国有经济发展取得的巨大成就，也为浙江民营经济的不断发展壮大，浙江扩大对外开放更好地融入全球经济体系，开辟了更加广阔的空间。

特别是实施"八八战略"以来的15年，是浙江国企改革发展从量变到质变的跨越阶段。15年来，浙江省委、省政府坚持国有经济与民营经济"双轮驱动"的正确方针，对深化浙江国企改革发展作出系统的顶层设计，在优化国有经济重大战略布局、创新优化政策供给、建立现代企业制度、建设国有企业家队伍、营造健康国企文化生态等方面，大胆改革、大胆创新，浙江国企实力快速增强，在浙江经济发展的基础性领域、战略性领域、公共性领域和国计民生安全领域发挥的主导作用日益凸显。浙江国有经济与民营经济发展共同走在全国前列，形成浙江经济国企民企共荣共生、融合发展的崭新格局，创造了中国国企改革发展领域令人瞩目的"浙江现象"。在2018年9月11日召开的浙江省政府专题研究国资国企改革工作会议上，袁家军省长指出：近年来，我省国资国企改革发展成效明显，国有企业综合实力强，省属企业资产重组成效好，龙头企业数量多，已成为支撑我省经济社会持续健康发展的重要力量。

浙江国有经济发展之所以能走在全国前列，得益于中国改革开放的伟大时代，得益于浙江省委"八八战略"的正确指引，得益于习近平总书记当年对浙江国企改革发展的引领推动。"八八战略"在浙江国企改革发展领域的生动实践，富含浙江特色、时代特征和理论价值，体现了习近平新时代中国特色社会主义思想萌芽和精神内涵。时值中国改革开放40周年之际，系统研究浙江国企改革发展的生动实践，阐释浙江国企改革发展走在全国前列的"浙江现象"，总结浙江国企改革发展鲜活经验，对学习贯彻习近平新时代中国特色社会主义思想，继续坚持"两个毫不动摇"方针、深化浙江及全国国企改革，加快建设中国现代化经济体系具有深刻启示和重要意义，为国企改革发展的"中国方案"提供了鲜活的浙江经验。

第一节　浙江现象：浙江国企改革发展走在全国前列

由于特殊区位和资源禀赋约束，改革开放前浙江经济发展远远落后于全国平均水平，1977年年底浙江全省人均GDP位列全国第18名。国有经济更加薄弱。由于人均自然资源禀赋仅为全国平均水平的11.5%，仅略高于上海和天津，列全国倒数第三。同时长期处于海防前线，是中华人民共和国成立后全国国有资本投资最少的省份之一。据统计，从1953年到1978年的26年间，中央财政对浙江的累计投入仅77亿元，浙江国有单位投资仅占全国的1.5%，人均只有410元，不到全国平均的一半。到1978年，浙江国有工业净资产仅37亿元，总产值81亿元，实现利税16亿元，国有经济规模和效益在全国排名末尾。

就是这样一个自然资源贫乏、国家投资少、产业基础薄、经济发展基础弱的省份，经过改革开放40年来的快速发展，浙江的国有经济发展实现了奇迹般蜕变，一路追赶超越走在了全国前列，创造了中国国企改革发展的"浙江现象"。

一 40年改革交出了一份亮丽的发展成绩单

浙江国企改革及国有经济发展40年，从一个底子薄、规模小、效益差、竞争力弱的后进省份，一跃成为走在全国前列的模范生，主要发展指标、国资布局结构、企业内在发展质量以及在经济社会发展全局中的地位、作用和影响，都堪称全国先进样板。

（一）国有经济主要发展指标稳居全国前列

据统计，2017年年底，浙江全省各级国资监管企业达8300多户，国有资产总额6.47万亿元、净资产2.26万亿元，均位列全国第4位；全年实现营业收入1.12万亿元、利润总额675亿元，均位列全国第6位。其中浙江省属国资监管企业资产总额1.1万亿元，全国排名第5位；净资产4450亿元，全国排名第3位；全年累计实现营业收入7748亿元，全国排名第3位；利润总额304.7亿元，全国排名第2位。

（二）国有经济布局结构质量效益不断优化

国有经济布局快速向基础性领域、关键性领域、战略性领域、公共性领域集中，国有经济的布局结构加快优化，在全省经济社会发展全局中的战略地位更加凸显。国有经济发展质量显著提高，企业效益明显提升，净资产回报率长期与民营企业并驾齐驱。快速崛起一批具有核心竞争力的大型国企集团。2017年在浙江省国资委监管的省属企业中，有浙江物产中大集团、浙江能源集团、浙江交通投资集团、浙江海港集团4家"千亿"级国企集团；有浙江物产中大集团、浙江交通投资集团、杭州钢铁集团、浙江能源集团、浙江建设投资集团、浙江国际贸易集团、浙江兴合集团、杭州华东医药集团8家国有企业进入中国企业500强名单，其中物产中大集团连续7年入选世界企业500强榜单。

(三) 国企在浙江全省发展全局中的主导地位快速增强

浙江自然资源贫乏，少煤没油缺气，交通基础设施建设欠账多，成为浙江经济发展关键性制约因素。浙江充分利用"集中力量办大事"的体制优势，努力发挥国企在服务国家发展战略中的主导作用，全力推进全省"大港口、大交通、大能源、大粮食、大资本"建设，浙江海港集团实现了宁波港、舟山港、嘉兴港、台州港、温州港和义乌陆港一体化发展，成为世界吞吐量第一大港，成为实施浙江海洋经济国家战略的主导力量。浙江交通投资集团加快全省公路、铁路和轨道交通网络建设，形成了浙江"一小时"交通经济圈。浙江能源集团加强大能源建设，为浙江提供了50%以上的能源保障。浙江农发集团收购黑龙江新良集团，在东三省布局建设300万亩的大粮仓，确保了浙江粮食安全。浙江国有企业还发力供给侧结构性改革，在全省去产能、去库存、去杠杆、降成本和补短板中发挥了主导作用。同时，作为民营经济强省，浙江国有经济充当了全省上游产业供给者、市场平台服务者、基础设施建设支撑者等市场主角，在改善民营企业发展环境、供给民营企业所需资源能源、引领民营企业科技创新、孵化民营企业创新创业等方面，为浙江民营经济发展作出了不可或缺的重要贡献。

(四) 国企创新能力和核心竞争力快速提升

浙江坚持把创新强企作为推动国企做强做优的第一动力，全面实施了创新驱动发展战略，致力于国有企业科技创新、产业创新、金融创新和服务创新。科技创新引领浙江国企产业向高新高端化发展，构建起"以企业为主体、市场为导向、产学研相结合"的科技创新体系。浙江省属国有重点制造类企业研发投入强度平均超过3%，重点服务业企业新业态投资占比超过50%，科技创新日益成为浙江国有经济发展的第一动力。产业创新积极培育市场新业态，加快发展"互联网+"经济、共享经济和数字经济，推动了商业模式、市场业态的变革。金融创新加大了金融保障力度、深化金融改革、强化资本对接，金融服务实体经济的精准性和有效性不断提升。服务创新加大了技术、标准、平台、人才等服务供给，国企在推进全省经济转型升级、产业融合发展中发挥了引领作用。浙江能源集团突破燃煤低排高效技术，获得国家技术发明一等奖，获得了更大发展空间。浙江物产中大集团实现了从传统商贸物流企业向现代商贸物流服务商的华丽转身。巨化集团坚持氟化材料技术创新，孵化并支撑了衢州氟硅产业集群。机电集团坚持科技机电战略，把风电产业培育发展成为主业。杭钢集团超前谋划节能环保产业，为去钢铁产能后赢得新的发展空间。

二 40年改革形成了一套切实管用的体制机制

40年浙江国企改革发展成功的奥秘之一，就是坚持实事求是原则，尊重经济发展和企业经营规律，在中国建立社会主义市场经济体制的时代背景中加快完善国有经济体制，在与民营经济合作竞争中不断优化经营机制。特别是实施"八八战略"以来，按照习近平关于加快浙江国企改革发展的系统谋划，不断创新国资监管制度，通过积极探索、大胆创新、持续实践，逐步形成了一套切实管用的深化国企改革发展的体制机制，成为促进浙江国企快速发展、脱颖而出的最有效制度供给。

（一）国有经济体制不断完善

从20世纪80年代中期开始，浙江开始了国有公司股份制改革的探索。从20世纪90年代初期开始，浙江逐步推行行政性公司的改制。从20世纪90年代中期开始，浙江建立现代企业制度试点，开展了厂长负责制改革，开展国企与外资、民资等产权多元化混合改革。2004年11月，浙江省委、省政府出台《关于加快推进省属国有企业改革的实施意见》，明确要大力推动以公有制为主体的多种所有制经济共同发展，不断完善社会主义市场经济制度，坚持两个"毫不动摇"，推动国有经济不断发展。通过坚持政企分开、政资分开、所有权与经营权分离国有经济体制改革，赋予国有企业独立的市场主体地位，充分激发和释放企业活力，提高市场竞争力和发展引领力，激发内生活力，使国有企业真正成为充满生机活力的市场主体。明确的改革定位、清晰的改革方向，使浙江省国有经济体制改革持续取得突破。截至2016年年底，通过重点推进资产证券化，浙江省属国有控股上市公司有13家，省属企业资产证券化率达到53.3%；加快公司制的改制步伐，全面完成了省属企业公司制改制；积极推进混合所有制改革，省属混合所有制企业占比达70.7%。浙江省通过与不同所有制经济以股权为纽带建立混合型企业，使国企体制突破原有僵化模式，实现了不同经济所有制体制的优势嫁接，更加充分地发挥了市场的主导力量，实现了资源的优化配置，使国企的效率、效益和核心竞争力显著提升。

（二）国有企业经营机制不断优化

浙江国企改革紧紧围绕创新国有企业经营的动力机制、约束机制和运行机制，通过建立完善现代企业制度，更充分地发挥了国有企业各类人才积极性、主动性、创造性，更好地激发了各类生产要素的活力。一是浙江省国有企业高度重视党建工作。通过推行党委班子和董事会班子交叉任职，更好地发挥党组织在国企改革发展中的政治核心和领导核心作用，从而形成浙江国企"党委会、董事会、监事会"新型"三会"公司治理结构。党委会切实发挥把方向、管大局、保落实的作用，使浙江国企有了"灵魂"，建立现代企业制度有了保障，释放出国企发展内在强劲活力。二是科学界定最终产权和法人产权的关系。赋予国有企业独立自主的生产经营权，勇于面对国企与乡镇企业、民营企业、外资企业等在经营机制方面的巨大差异，加快转换经营机制、更加彻底地建立起现代企业制度。三是完善国企决策机制。董事会普遍内设战略发展、项目投资、提名与薪酬、监察审计、风险管理等专门委员会作为决策辅助机构，增强董事会决策专业化水平，严格实施重大问题决策、重要干部任免、重大项目投资决策、大额资金使用"三重一大"事项的集体决策、科学决策，防范重大决策失误的产生。四是以提升企业效益为导向优化员工激励机制。混改企业推行员工持股，持股员工优先设定在关键岗位工作、对公司经营业绩和持续发展有直接或较大影响的科研人员、经营管理人员和业务骨干。构建国有企业经营业绩综合评价考核体系和国有资本经营预算制度，制定实施《省属国有独资和国有绝对控股企业国有产权经营管理人员经营业绩考核暂行办法》和《省属国有相对控股和参股企业国有产权代表经营业绩考核暂行办法》，以国有资产保值增值和国有资本收益最大化、企业可持续发展为最主要目标的考核导向，实行年薪和期权相结合、不同企业分类实施的国企负责人薪酬分配制度，鼓励开展职业经理人薪酬试点，形成了提升企业效益为中心的薪酬考核指挥棒。五是完善企业内部约束机制。逐步形成预算约束、审计约束、财务约束、责任约束、纪律约束等一系列浙江国企内部约束机制。

（三）国资监管制度不断创新

国企改革发展的历史，就是"放"和"管"交错的历史。为突破"一放就乱"和"一管就死"的国企改革难题，浙江在经历了改革开放初期的放权让利、承包经营改革，以及20世纪90年代的建立现代企业制度、国企抓大放小和战略重组等阶段后，积极探索建立社会主义市场经济体制下新的国资监管体系，实现"放管结合"、以管资本为主破解国资监管的难题。浙江特色的"放管结合"国资监管模式，主要体现以下几方面特征：一是以"管资本为主"、注重提高监管的精准高效。浙江省国资监管部门主要职能聚焦对所监管企业国有资产保值增值的监督、指导推进国有企业改革和重组、依照法定程序对所监管企业负责人进行考核奖惩、代表省政府向所监管企业派出监事会、负责组织所监管企业上交国有资本收益和预算管理、负责做好国有企业产权管理等方面工作。把国资委工作重心转移到指导推进国有企业改革重组、加快国有经济布局和结构调整，推动国有资本向有利于提高综合竞争力、完善投资环境和促进社会和谐的基础性、战略性、公益性产业集中上来；转移到强化国有资产经营财务监督、风险控制和省属企业内部经济责任审计的职责，完善所监管企业经营业绩考核制度，促进企业履行社会责任上来。二是精简机构、做好放权文章。浙江省国资委内设机构仅12个，与其他省区市国资委比较，人员精干、内设机构数量较少。三是避免一放了之现象，在指导企业完善现代企业制度上下功夫。浙江一级国企集团全面建立起党委会、董事会、监事会等特色新型"三会"公司治理结构。省国资委高度重视发挥一级国企集团党委的政治核心和领导核心作用，发挥出国企集团党委把方向、管大局、保落实的作用，高度重视加强一级国企集团董事会建设，把董事会建设成企业集团决策、投资、审计、风控等"四个中心"，主要重心在"抓决策和管资本"，给予二级国企集团公司比较充分的市场经营自主权。监事会设有内部监事和外部监事，可以充分保证国企董事会和经理层决策程序规范、财务制度规范、关联交易规范等内容。浙江国企改革发展走在全国前列,"放管结合"的国资监管模式和党委会、董事会、监事会新型"三会"公司治理结构发挥了重要作用。

三 40年改革造就了一片共生共荣的经济土壤

1978年浙江国内生产总值为124亿元,在全国排名第14位。公有制经济占国内生产总值的比重达94.3%,其中国有经济占比为38.6%,集体经济占比为55.7%,非公经济占比仅为5.7%。经过改革开放40年的发展,到2016年年底,浙江民营经济占全省GDP比重达65%,国有经济约占全省GDP的22%,浙江的国有经济和民营经济都取得巨大发展,各项指标均居全国前列,形成国有经济与民营经济融合发展格局。纵观浙江改革开放40年,从数据上看,虽然在增长速度和产业领域,浙江的民营经济发展更快一些,但实际上国有经济与民营经济的演进关系并不是简单的"国退民进"关系,而是国有经济和民营经济相互促进、共生共荣的关系。浙江国有经济主动调整布局,坚持有所为有所不为,把主要力量集中到基础性、战略性、公共性产业领域。把大量竞争性产业空间主动腾让给民营经济,同时国有经济还利用雄厚上游资源、技术人才优势,主动充当了孵化、转化、服务民营经济的角色。

(一)良性的竞争合作

改革开放初期,浙江国有经济在总量、技术、人才方面处于绝对优势,民营经济处于萌发状态,总量规模很小。国有经济外溢出生产技术、人才和管理经验,孵化了浙江的民营企业。20世纪90年代开始到21世纪初期,浙江推行国有企业全面改制,民营企业承接了大量国有企业资产,有效将国有经济转化为民营经济。21世纪初开始,浙江国企改革发展按照习近平"宜强则强、宜留则留、宜退则退"的思路,开始主动调整优化国有经济布局和结构,逐步把发展重心集中到基础性、战略性、公共性产业领域。2004年浙江省国资委以及市县国资管理部门成立后,根据省委"八八战略"和习近平在全省国有企业改革座谈会上的讲话要求,主动加快了改革重组步伐,到

2016年年底省国资委监管省属国企为16家。浙江在国有经济布局大规模调整中遵循了三个基本原则，即在主导性产业和关系国民经济命脉的重要产业领域国有企业继续充当主力军角色，在一般竞争性领域加快退出、不与民争利，在基础性行业国有经济和民营经济发挥各自优势、良性竞争。浙江国企民企良性的竞合关系，既催生和促使民营经济蓬勃发展，又使国有企业实现布局、规模和质量的脱胎换骨、凤凰涅槃，成长起一批具有国际竞争力的国企航母。

（二）共享的产业平台

40年改革发展中，浙江省国有经济布局战略重心在全国率先转移到基础性、战略性、公共性产业领域，实现了国有经济的重大布局调整，使国企更好地承担起服务全省经济发展大局的重任。特别是进入21世纪后，浙江国有经济在"八八战略"指引下，推进"大港口、大交通、大能源、大粮食、大资本"建设，加快构造浙江经济发展共享大平台。浙江海港集团实现了宁波港、舟山港、嘉兴港、台州港、温州港和义乌港陆港一体化发展，浙江交通投资集团加强公路、铁路和轨道交通建设打造浙江"一小时"交通经济圈，整合全省七大机场资源组建浙江省机场集团；浙江能源集团加快在国内外布局能源基地加强大能源建设；浙江农发集团在东北布局建设300万亩粮源基地，解决了制约浙江经济发展的交通、能源、原材料供应等瓶颈，给包括民营企业在内的浙江经济发展提供了充沛动力。浙江国有企业还发挥自身优势，加快构建公共技术创新平台、产权交易平台、标准检测平台、人才技术培训平台、设备设施租用等开放性共享平台，为民营企业发展提供了充足高效的要素资源。到2017年年底，浙江省属国企拥有博士后工作站10个，院士专家工作站9个，国家级、省级重点实验室16个，国家级技术研发中心6个，省级企业研究院14个。参与制定国家级行业标准35项，专利620项，省部级以上科技奖励数量641项，国家科技奖励数量70项。国企所属中高级职业技术学院，每年为浙江民营企业培养输送13万多名中高等职业院校毕业生，开展近20万人次的职业技能培训。国有企业强大的创新资源和人才资源，为民营企业快速发展提供了有力的技术创新、产业孵化和人才支撑。

(三) 互补的机制优势

混改的价值，除了扩大民间投资、推动经济发展，更重要的是通过国有资本和民营资本相互融合，形成"你中有我、我中有你"的利益共同体，形成国企规范的内部治理和民企灵活高效的运营机制相结合，产生化学反应，提升企业竞争力。同时混改形成倒逼机制，促进国资监管体制向以管资本为主转变。浙江省混改起步早，早在 20 世纪 90 年代末就开始探索。2005 年在时任浙江省委书记习近平推动下，实现萧山国际机场与香港机场"联姻"，香港机场管理局以港币现汇折算方式出资，占 35% 股权，成为浙江成功混改的一个标志性案例。浙江国企混改的一个重大突破，就是逐步解除国资必须在混改企业中控股的限制，消除民营企业担心混改后被国企主导的顾虑，极大地释放了民企参与国企混改的积极性。截至 2017 年，浙江省属各级企业产权多元化比例已达到 70% 以上，国有资本放大比例达到 1:3；国有资产证券化率达到 51.8%；国有控股上市公司达到 32 家，其中省属国企集团控股的有 11 家，总市值在全国各省区市中排名第 7 位。浙江物产中大集团通过三次混改，创新经营机制充分释放国企活力，实现了集团整体上市，企业规模和效益快速提升，转型升级步伐显著加快，世界 500 强位次不断前移，成为具有国际竞争力的产业生态组织者。浙江国企混改实践证明，打破国资控股限制，以股权为核心，建立混改企业的现代企业制度，这是提升国企运行效率和经营效益，实现国企监管体制转向管资本为主的改革目标的治本之策。

四 40 年改革培育了一支追求卓越的国有企业家队伍

企业家是市场经济活动的最重要主体，是生产经营活动主要组织者。从古至今，浙商都是中国经济发展的重要推动力量。现代浙商成为当仁不让的华夏第一商帮，台湾商界称之为"大陆之狼"，生存能力让全球感到震撼！欧洲人美誉浙商为"东方犹太人"，800 万在外浙商每年创造的财富总值和浙江全省年 GDP 相仿，等于再造一个浙江。对浙商特点有许多概况，如"舍得""和气""共赢""低调""敢闯"等。最著名的则是所谓"说尽千言万语，走遍千山万水，想尽千方百计，历尽千辛万苦"的"四千精神"。浙商群体精神，不仅包括民营企业家,也包括国企企业家。浙江国企企业家我们可以称为国企浙商。解读浙江国企改革发展成功的奥秘之一,是源于 40 年的改革开放造就的一支追求卓越的国企浙商队伍。国企浙商在市场经济海洋中学会游泳,与浙江民营企业家同台竞技,40 年聚合传承,40 年生生不息,一大批优秀企业家迅速成长起来。国企浙商群体特别敏锐的市场意识、特别专业的经营能力、特别纯真热烈的企业家情怀,支撑起浙江国有经济的摩天大厦。

(一) 敏锐的商机嗅觉

有学者认为,国企浙商具有特别敏锐的市场意识,他们似乎具有先知般判断发展趋势的特殊直觉,具有猎狗般捕捉商机的灵敏嗅觉,具有饿虎捕食般抓住商机的效率。他们这种特别本领,其实并不是天生的,也不是一夜之间得来的。而是他们得浙江改革开放风气之先,在走出去请进来对外开放中打开视野,在激烈市场竞争环境中磨砺见识,在与民营企业家竞争合作中学习杀伐决断能力。国企浙商群体在浙江丰厚的市场经济土壤中生聚成长,逐步打开国际化视野,学会研判宏观经济社会走势,善于捕捉稍纵即逝的商机,敢于果断拍板决策,逐步成长为商界精英。全国"五一劳动奖章"获得者,原青春宝集团董事长冯根生曾说,好的企业家要懂政治、经营管理里面有政治,青春宝的成功在与敏锐抓住国家改革开放每一次重大机遇,无论是 1984 年率先打破国企"三铁"、实行全员劳动合同制,还是 1998 年在全厂进行了职工持股的改革,都是在敏锐把握政策机遇,大胆闯大胆试得来的。他说,许多国企领导人对形势的敏感不够,其实中央精神就已经告诉你可以怎样跟上形势的发展,你不留心就错过了。浙江物产中大集团董事长王挺革抓住互联网和数字经济风口,率先在全国提出了打造流通 4.0 版。这个基于互联网、大数据、云技术的规模庞大的流通平台,把产业生态链上的供应商、制造商、消费者和利益相关方"捆绑"在一起,提供供应链集成服务,高效地满足客户个性化和多样化的需求。目前浙江物产中大旗下已经拥有钢铁电商平台、汽车云服务电商平台和"义乌通"外贸综合服务电商平台和宁波、杭州跨境电商进口平台,传统贸易企业正加快向现代化贸易企业转型。

(二) 专业的经营素养

"企业家精神"指企业家组织建立和经营管理企业综合才能的表现，是成功企业家理念、知识、能力胆魄、魅力的结合，它是一种重要而特殊的无形生产要素。国企浙商一个很显著特质是专业素养。从国企浙商的学历和知识结构看，省国资委监管的省属企业班子成员中具有研究生以上学历的占56.8%。浙江国企拥有国家"千人计划"、省"千人计划"18人，"151"人才179人。从国企浙商的来源结构看，有的长期在国企打拼，与企业一道成长起来；有的从各级党政部门负责人转岗而来；有的原来是优秀民企创始人或职业经理人；有的则是长期追踪研究经济的学者。虽然国企浙商来源构成多元，但一个共同特点是具备较强的专业素养。国企浙商以善于学习著称，各级国资委、各企业集团每年有详尽的培训计划，企业家个人也都有自己的学习规划。国企浙商具有强烈危机意识，深刻认识到商场如战场，只有练就一身摸爬滚打真本领，才能避免在瞬息万变的商战中，不因为自己出昏招、瞎指挥给企业带来损失甚至灭顶之灾。国企浙商喜欢把国内外优秀企业家作为标杆，鞭策自己循序市场规律，运用商业智慧做好企业。

(三) 自觉的创新意识

浙江省人大原副主任、浙商发展研究院王永昌院长曾概括浙商崛起原因，认为浙商赢在艰苦奋斗、赢在勇于变革、赢在坚韧创新、赢在超越自我、赢在奉献社会。变革、创新、超越，的确是所有国企浙商共同唱响的主旋律。浙江省国资委编写过一本小册子叫《浙江国资国企改革11样本》，解读入选改革案例，由此我们可以得出一个结论：改革创新谋发展已经成为所有国企浙商的共识。国企浙商用实践反复证明，改革才有出路、创新才有活路，改革是革除时弊改掉制约发展的陈规陋习，创新是换种思路换个办法走出一片发展新天地。怎样突破能源短板对浙江经济社会发展的制约？浙能集团提出"大能源"战略，明确了产融结合的发展策略，2013年，浙能电力上市创B股转A股第一单，实现从传统电老虎到资本市场雄狮的华丽转身，开启浙能转型升级打造国内最具竞争力能源企业新境界。怎样突破交通运力短板推进浙江全面对外开放？浙江横空出世组建"海陆空军团",浙江省海港集团在全国率先实现全省海洋港口一体化发展,组建浙江省机场集团在全国率先实现全省机场一体化发展,浙江省交通集团和浙江省铁路集团合并重组成为全国最大的省属交通企业。怎样加快传统企业转型闯出新天地?杭州钢铁集团关停半山钢铁生产基地转型发展节能环保智能健康产业;浙江省能源集团重组长广集团,向资源枯竭型煤矿企业注入新动能走出产业融合发展新路;浙江远洋、温州海运、台州海运破产重组为浙江海运集团成为国内一流航运集团。怎样运用资本杠杆撬动浙江国有经济供给侧改革?浙江组建省级国有资本运营公司,成为省属企业资源配置平台、资本运作平台和战略性投资平台。国企浙商血脉里的创新精神,成为推进浙江国资国企改革发展充沛的原动力。

(四)良好的契约精神

契约精神是市场经济社会一种自由、平等、守信的精神,最核心的内容就是讲诚信。浙江文化历来崇尚"义利并举",历代浙商建立起了讲义守信的朴素诚信观。陶朱公范蠡信奉"务完物,无息币"和"无敢居奇""正心求也",货物要保证质量、不囤积居奇、取之有道。百年国药老字号胡庆余堂,从创办者胡雪岩开始,始终奉行"戒欺"的诚信经商的道德准则,宣扬"有诚信便能立世,无诚信则会失世"。因此,习近平在浙江工作时,浙江精神被概括为"求真务实、诚信和谐、开放图强"。这种诚信基因经过世代积累,成为今天国企浙商群体的共同精神气质。浙江省属国企每年都发布社会责任报告,反映各企业在改革发展、服务客户、关怀员工、保护环境、热心公益与慈善等方面的社会责任实践绩效。浙江省农发集团原董事长楼永志,从2006年提出"和、效、公、源"的企业文化,十几年来农发集团始终坚守,努力打造浙江百姓放心的"米袋子""菜篮子",成为优质农产品主要供给者的浙江第一粮商、浙江第一农商。诚信守约、义利并举,已经成为新时代国企浙商的共同价值追求。

(五)坚定的党性修养

2007年1月26日,时任浙江省委书记习近平在省属国有企业负责人座谈会上高屋建瓴地指出:"要围绕把党的政治优势转化为国有企业的核心竞争力，深入开展省属国有企业'四好'领导班子创建活动，切实加强国有企业党建工作。"改革开放40年，特别是实施"八八战略"以来，浙江省委、省政府非常重视国企党建工作，以党建统领国企改革发展的全过程，发挥党建"强根固魂"作用，激发国企浙商"为党工作、安贫乐道、艰苦奋斗"的红船精神，涌现出一大批有理想情怀、有使命担当、有专业能力的优秀企业家。在国企浙商身上，集中体现了国企浙商对党的高度忠诚、对自身行为的高度自律和对国企改革发展事业的高度热爱。对党的忠诚，体现在国企浙商把为党分忧、为党尽职、为民造福作为根本政治担当，身先士卒带领25万浙江国企员工，为浙江国企改革发展奋力拼搏；国企浙商的自律精神，体现在对党纪心存敬畏、对法律坚守底线、对制度自觉维护。整体上看，国企浙商能够抵得住诱惑、守得住规矩，干净干事、清廉做人；国企浙商的理想情怀，体现在秉持家国情怀，坚守产业报国，专注实体经济，弘扬浙商精神和工匠精神，打造国企百年老店，承担国企社会责任，兢兢业业为浙江国企改革发展、为中华民族伟大复兴敬业奉献。国企浙商群体，是一支忠诚担当、敢干事、会干事、干成事的国企铁军，是保障浙江国企改革发展走在全国前列的中坚力量。

第二节　浙江路径：回望40年浙江国企改革发展历程

1978年12月，中共十一届三中全会在北京召开，作出了将全党工作的重点转移到社会主义现代化建设上来的战略决策，吹响中国改革开放的时代号角，也开启了中国国有企业改革发展的序幕。在中央、国务院国有企业改革发展政策指引下，在浙江历届省委、省政府坚强领导下，浙江国有企业40年来经历了扩权让利、抓大放小、整体推进和全面深化等四个阶段的改革发展，推动制度创新释放国企活力，优化布局发挥了国企主导作用，放管结合实现国企稳健发展，走出了一条具有鲜明浙江特色的国有企业改革发展道路。

一 初期探路：重在放权让利搞活

浙江国有企业改革发展的第一阶段，大致时间是1978年至1992年。以"放权让利"为主线，重点进行了扩大自主权、落实经济责任制、两步利改税、承包经营等为主要内容的改革探索，改革目标是通过调整优化政府和企业之间权、责、利关系，调动企业生产积极性，提高企业经营活力。

（一）扩大经营自主权改革

扩大国有企业自主权的改革探索，开始于四川。1979年7月，国务院在总结四川和北京、天津、上海等省市企业扩权改革试点经验的基础上，颁布了《关于扩大国营工业企业经营管理自主权的若干规定》等五个文件①，启动了中国第一阶段的国企改革。

1979年10月，浙江省出台了《关于扩大国营工业企业经营管理自主权试点的暂行办法》，选择74家国营工业企业进行扩大经营自主权的改革试点，明确企业作为相对独立的商品生产者和经营者应该具有的责任、权限和利益，包括生产计划权、产品销售权、利润分配权、劳动用工权、资金使用权、开征固定资产税、外汇留成权等。1980年11月，浙江省政府批转省经委《关于全面推开扩大企业自主权工作意见的报告》，提出在全省国营工业企业中全面推开扩大企业经营自主权改革。1984年5月，浙江省政府又根据国务院《关于进一步扩大国有工业企业自主权的暂行规定》，提出10项补充规定。随着企业扩权改革的深入，国有企业在人财物、产供销方面有了更大的自主权。在保持企业部分计划约束的情况下，一定程度上调动了企业超额完成生产计划和增产增收热情，企业自我积累和自我发展能力有所提高，经营活力有所增强。

这项以利润留成为基础的企业扩权试点改革，将企业利润留成、职工利益与企业经营状况挂钩，企业及职工的积极性确实调动起来

---

① 五个文件：《关于扩大国营工业企业经营管理自主权的若干规定》《关于国营企业实行利润留成的规定》《关于提高国营工业企业固定资产折旧率和改进折旧费使用办法的暂行规定》《关于开征国营工业企业固定资产税的暂行规定》《关于国营工业企业实行流动资金全额信贷的暂行规定》。

了。但是配套改革没有跟上，国家和企业权利边界不明确，放权之后的企业规范和约束机制没有建立起来，利润分配向职工倾斜，国家财政收入受到影响。

（二）经济责任制改革

为了在扩权基础上进一步优化国家、企业、职工之间责任、权限、利益关系，解决"扩权让利"中出现的企业多占多分、财政上缴任务难完成、国家财政赤字增加等问题，1981年年初开始，各地包括浙江开始探索将"利润留成"改为"利润包干"改革，即完成国家规定的利润上缴后，余下部分或全部留给企业，或与国家按比例分成。这个利润包干和扩权改革相结合，形成了工业经济责任制改革的主要内容。

1981年4月，国务院在全国工交会议上对工业经济责任制的改革作了肯定，同时提出工业企业要逐步建立和实行工业经济责任制。同月，浙江省根据工业经济责任制试点情况，省计委、省经委等10个部门联合发出《关于工业交通若干经济政策的处理意见》，提出了对亏损企业实行超亏不补、减亏留用，试行按行业利润留成；开展利改税试点；实行工贸联合，外贸产品价格和出口产品成本相互公开等15条意见。实行经济责任制，使长期以来管理体制过分集中、统得过死的状况有所改变，企业有了一定的经营管理自主权，按照物质利益原则，调整国家、企业、职工三者的利益关系，在一定程度上克服了吃"大锅饭"、平均主义的弊端，调动了职工的积极性。

实行经济责任制改革，由于各个企业行业外部环境和内部条件环境千差万别，导致一些原来效益好、利润基数大的企业，人均留成利润分得不多；原来一些效益差、利润基数小的企业，人均留成利润反而分得很高，影响效益好的企业的积极性。另外，以利润包干为主要方式的经济责任制，虽然保证了国家财政收入，但还是没有对企业形成约束机制，导致企业职工收入分配失衡，社会消费基金的膨胀，引起经济秩序混乱和物价上涨。

（三）两步利改税改革

为了发挥税收在经济活动中的调节作用，进一步理顺政府和企业的关系，克服企业"苦乐不均"和"鞭打快牛"问题，形成对企业活动的规范和约束机制。1983年年初，国家提出"利改税"制度，来代替以利润包干为主要内容的经济责任制。利改税分为两步：第一步利改税，采取利税并存制度，即在企业实现的利润中，先征收一定比例的所得税和地方税，然后在国家与企业之间对税后利润采取多种形式进行分配。第二步利改税，即将第一步利改税后的上缴利润也变为上缴税收，从而实现国有企业以税代利的改革。

早在1980年11月，浙江就部署开始了第一步以税代利的改革试点工作。1983年4月，国务院批转了财政部《关于国营企业利改税试行办法》，决定在国有企业中普遍推行利改税。第一步利改税改革，有效调动了企业经营活力，不仅国家财政收入明显增加，企业留利与税利的比例也明显提高。1983年6月，浙江省政府批转了省财政厅《关于贯彻执行国营企业利改税试行办法的补充规定》。1984年10月，浙江省政府下发《关于国营企业第二步利改税若干问题的补充规定》，推行第二步利改税改革。

第一步"利改税"，既巩固了政府财政的收入形式，又未触及企业税后利润的分配问题，实施的结果，上下都比较满意，进行得也很顺利。考虑到第一步"利改税"按照基数法来确定的企业所得额，所得税后的利润，又采取递增包干上缴、固定比例上缴、定额包干上缴或缴纳调节税等办法上缴国家，企业创造利润越多，上缴国家的越多，出现了"鞭打快牛"的现象。因此，国家有关部门酝酿进行了第二步的税利改革，主要是国家对国有企业实现的利润先征所得税，所得税后利润再征调节税，调节税后利润为企业留利。第二步利改税执行结果，一是由于调节税"一户一率"，很难做到完全公平，仍然存在"鞭打快牛"问题；二是为了鼓励企业投资，采取税前还贷办法，造成企业无序投资；三是所得税率过高，企业创利大部分上缴了国家，影响了企业的积极性和发展后劲。

两步利改税在制度上有许多积极作用，可以理顺并规范国家与企业的分配关系，探索国有企业改革的有效途径，在企业改革以至整个经济体制改革中有着重要意义。由于两步利改税本身存在不足，加上出台时正好是经济过热后的宏观经济整顿和紧缩时期，利改税的积极作用尚未发挥，就被承包经营责任制改革所取代，利改税也因此宣告终结。

（四）承包经营责任制改革

1986年12月，国务院发布《关于深化企业改革，增强企业活力的决定》，认为深化企业改革的关键在于所有权与经营权的分离，并积极推行以承包制、股份制、租赁制等多种形式的承包经济责任制改革试点。1987年8月，国家经委、国家体改委印发了《关于深化企业改革、完善承包经营责任制的意见》，明确实行承包经营责任制必须坚持"包死基数、确保上缴、超收多留、歉收自补"的原则，兼顾国家、企业、职工三者利益。1988年2月，国务院发布《全民所有制工业企业承包经营责任制暂行条例》，规范企业承包经营责任制"两包一挂"：包上缴国家利润，包完成技术改造任务，实行工资总额与经济效益挂钩。

浙江是探索企业承包经营责任制试点改革的最早省份。1979年10月，杭州王星记扇厂厂长就签订了全国第一份厂长承包责任制书。1987年6月，浙江省计经委、财政厅联合在新昌召开了深化企业改革、促进双增双节座谈会，在全省推广新昌县"包死基数、确保上缴、超收多留、歉收自补"的承包经营责任制。到1987年年底，全省已有74%的国营大中型工业企业和50%的国营大中型商业企业实行了承包经营。

1988年3月，浙江省政府在富阳召开全省深化企业改革工作会议，会议要求，在确定企业承包合同时，要积极引入竞争机制；提倡优势企业承包和兼并劣势企业；大力改革劳动用工制度，完善企业分配制度，要求年内完成全民所有制工业企业的承包。1988年4月，浙江省政府发出《关于全民所有制工业企业深化改革推行和完善承包经营责任制的通知》。要求进一步深化企业改革、配套、完善、深化、发展各种形式的承包经营责任制。凡是没有推行承包经营责任制的企业，除个别特殊情况外原则上都应在1988年推行，已经实行承包经营责任制的企业，要着力完善内部经营机制，把主要精力放到加强管理上来。

1988年4月，浙江省政府批复兰溪市全民所有制企业工资总额与经济效益总挂钩试行方案，而后兰溪市工业企业承包责任制的成功经验在全省推广。1988年7月,浙江省政府在富阳召开全省工资总额同经济效益挂钩工作会议。1988年7月,省政府发出《关于全面推行全民所有制企业工资总额同经济效益挂钩办法的通知》。要求从当年开始,全省工业、商业、流通、物资、粮食等系统的全民所有制企业有步骤地推行工资总额与经济效益挂钩。

1989年9月,浙江省政府办公厅转发省计经委等单位《关于全民工业企业实行承包经营责任制几个问题的意见》,要求各地认真执行承包经营责任制,对1989年承包期届满的企业,原则上在1989年承包标的基础上顺延承包一年,其经营者一般不作变动。1990年2月,浙江省政府在萧山市召开全省完善企业承包经营责任制工作会议,宣布对1990年承包期届满的企业,原则上都实行新一轮承包,并对新的一轮承包作出部署。1990年3月,省政府发出通知,全民所有制工业企业继续推行和完善承包经营责任制。

浙江在推行承包经营责任制改革方面,进行许多特色探索实践。新昌县的"包死基数、确保上缴、超收多留、歉收自补"、兰溪市的"企业工资总额与经济效益总挂钩"等改革实践经验,走在全国前面。另外,浙江省还探索了大中型国营企业招标承包试点工作实践,将浙江水泥厂作为试点实行向社会公开招标承包。湖州市长兴县针对企业承包中"包赢不包亏、养厂不养人"及随意压低承包指标的情况,探索了实行风险抵押承包改革,这是国内较早引入企业承包风险机制的改革。

承包经营责任制实行之初,确实产生了"一包就灵"的良好效果。预算内工业企业的生产总值、销售收入、实现利税、归还贷款、企业留利、全员劳动等方面的增速明显提高。到了1989年,承包经营责任制的局限和不足开始暴露,主要问题:一是签订承包合同需要讨价还价和"一企一签",存在很大交易成本和道德风险;二是由于承包期的不确定性,承包人有短期行为,不注重企业的长期发展,临近承包期结束有"杀猪"行为。

改革开放初期,浙江以"扩大企业经营自主权、工业经济责任制、两步利改税、承包经营责任制"为主要内容的扩权让利改革,由于当时的计划经济意识形态和环境条件,改革有许多局限和不足。尽管属于过渡性的改革，但是为后续的建立现代企业制度、建立健全国有资产监管制度、推进股份制和混合改革等国企改革发展提供了丰富的经验教训。

二　抓大放小：市场化导向的制度创新

浙江国企改革发展的第二阶段，大致时间为1992年至2002年，当时社会主义市场经济制度开始确立，以"建立现代企业制度"为主线，进行了以"改革、改制、改组、改造和国有经济战略调整"等主要内容的改革，国有经济的改革、改组、改造获得重大进展，为后续国企改革发展奠定了制度基础。

1992年年初，邓小平先后视察了武昌、深圳、珠海、上海等地，就坚持党的基本路线、抓住机遇加快发展、建设社会主义市场经济等问题发表了重要讲话，把改革推向了新的发展阶段。同时，国家在金融、财政、税收、农产品价格等方面实施了系列重大改革政策，经济体制逐步向市场经济体制转变，企业的外部环境发生很大变化。

（一）以股份制改造为突破口转换经济机制

随着社会主义市场经济环境的逐步形成，为企业转换经营机制创造了条件。1992年5月，国家先后颁布了《股份制企业试点办法》《股份有限公司规范意见》《有限责任公司规范意见》《股份发行与交易管理暂行条例》等。1992年7月，国务院颁布了《全民所有制工业企业转换经营机制条例》，该条例国家赋予了企业的14项经营管理权，为转换经营机制提供了法律依据和法律保障。这些政策法规的出台，标志着国有企业改革进入了一个以股份制改造为重点的转换经营机制发展新阶段。

浙江市场化改革起步较早，民营经济率先发展。早在20世纪80年代初期，就进行了多种形式的股份制改革尝试。1981年12月，临海金属薄膜厂探索了以股份的形式向社会筹集资金。1986年1月19日，杭州玻璃总厂牵头，组建了十省一市13家单位参加的东南玻璃纤维股份有限公司。1986年10月，浙江省第一家钢铁企业联合集团——湖州钢铁股份有限公司成立。1987年1月，杭州市第一家由国营商业改为股份制的企业——杭州大江南皮业股份有限公司开业。

1988年10月，浙江省政府在萧山召开了企业股份制试点工作座谈会，对逐步推行以公有制为主体的企业股份制作出部署，并将大中型国营企业列为股份制改革试点的重点。1988年12月，浙江省政府办公厅转发了省体改办等单位《关于国有企业试行股份制若干意见》，确定了96家股份制试点企业，后来其中14家向社会发行了股票。1988年11月，尖峰水泥集团在全国建材行业率先开展股份制改革，5年后成为中国建材行业第一家上市公司。1989年1月，温州市股份合作企业规范化试点工作在苍南县全面推开，桥墩门啤酒厂制定了全国及全省第一个《股份合作企业章程》。1989年2月，浙江凤凰化工股份有限公司首次向社会发行浙江省股票史上第一只较为规范化的股票——"凤凰化工"，1990年12月9日，在上海证券交易所挂牌交易。

1992年，浙江省成立股份制试点工作协调小组，开始全面按国家体改委等部门颁发的试点办法和规范意见，对原有的股份制企业予以规范。1992年9月，浙江省服装进出口公司、中国纺织品进出口总公司和交通银行杭州分行联合组建了浙江中大集团股份有限公司，这是浙江省内首家外贸股份制公司；此后，相继成立了由浙江省纺织品进出口公司等联合组建的浙江省裕达股份有限公司和由浙江省针织品进出口公司改组的东方股份有限公司。1992年11月，浙江省最大的百货零售企业——杭州解放路百货商店改组为杭州解放路百货商店股份有限公司。1992年11月，由中国青春宝集团公司和泰国正大集团合资创办的正大青春宝药业有限公司开业。1992年11月，我国第一家中外合资的地方铁道开发公司——金温铁道开发有限公司开业。1993年1月，浙江省第一个国家级企业集团——巨化集团成立；全省最大的股份制试点企业——娃哈哈美食城股份有限公司成立。1991年4月，浙江海门制药集团成立，成为全省医药行业第一家企业集团。1992年6月16日，我国链条行业第一个跨省企业集团——杭州盾牌链传动（集团）公司成立。

1992年10月，浙江省委、省政府召开全省转换企业经营机制工作会议，贯彻国务院颁布的《全民所有制工业企业转换经营机制条例》。1993年3月，浙江省政府发布《浙江省全民所有制工业企业转换经营机制实施办法》，对落实国有工业企业经营决策、产品劳务定价等14项自主权作了具体规定。

（二）以公司制为重点探索建立现代企业制度

1993年11月，中共十四届三中全会审议并通过了《关于建立社会主义市场经济体制若干问题的决定》（以下简称《决定》）。《决定》明确提出了"建立现代企业制度，是发展社会化大生产和市场经济的必然要求，是我国国有企业改革的方向"，并且指出现代企业制度的内涵是"产权清晰、权责明确、政企分开、管理科学"。《决定》颁布后，国有企业改革的中心任务转向了建立现代企业制度。1994年11月，国家选择了100家企业试点现代企业制度改革。其中，有浙江的杭州汽轮动力集团公司、浙江中国轻纺城集团股份有限公司、宁波敦煌集团股份有限公司等三家公司，浙江现代企业制度改革试点工作正式启动。

1995年3月，浙江省政府下发了《关于开展百家企业现代企业制度试点工作的通知》，主要内容是：确定企业法人制度；明确试点企业国有资产出资者主体；按《公司法》规定规范企业组织形式，建立规范的公司组织管理机构，发挥公司党组织的政治核心作用；加强职工民主管理；健全企业财务会计制度；改革企业劳动、人事、工资制度。1995年6月，浙江省委、省政府在杭州召开全省现代企业制度改革试点工作电话会议，全面部署全省100家（后改为95家）建立现代企业制度试点工作。同月，浙江省首家按现代企业制度改制的国有资产授权经营的独资企业杭州汽轮动力集团有限公司成立。1997年6月，浙江省政府下发了《关于开展第二批现代企业制度试点工作的通知》，确定了46家试点企业。浙江企业改革以建立"产权明晰、权责明确、政企分开、管理科学"的现代企业制度为目标，在产权改革、资产重组、抓大放小三个方面不断推进。浙江两批试点企业中，141家企业通过清产核资、界定产权，与政府建立了投资者与被投资者关系，并且设立了股东会、董事会、监事会和经理层，初步建立了较为规范的法人治理结构。

（三）以抓大放小为重点推进国企战略重组

1996年1—2月，浙江省政府先后出台《关于鼓励优势企业兼并弱势企业若干政策问题的通知》《关于"九五"期间培育重点骨干企业若干扶持政策的通知》《关于试点国有企业下岗待业人员再就业问题的通知》《关于加快国有工业小企业改革改组步伐的试行意见》等一系列政策文件，就国有企业改革发展的抓大放小、兼并重组、重点企业培育、职工下岗分流再就业、小企业的改革改组等改革任务进行了全面部署，促进了国有企业抓大放小和现代企业制度试点工作的顺利进行。

1997年1月，浙江省体改工作会议在杭州召开。省委、省政府对1997年全省经济体制改革的总体要求是：要正确处理好改革、发展、稳定的关系，紧紧围绕"两个根本性转变"，以建立现代企业制度为目标，加快国有、集体企业改革步伐，加大结构调整力度，加速配套改革进程，从整体上搞好公有制经济，为在全省早日建立起社会主义市场经济体制框架奠定坚实的基础。

进入20世纪90年代中期，国有企业开始面临买方市场的约束，再加上1997年发生的东南亚金融危机，国有企业的经济效益大幅度下滑，国有企业面临着严峻的经济环境和巨大的困难。为此，1997年召开的中共十五届一中全会，提出了国企改革发展"三年两大目标"：一是用三年左右的时间，通过改革、改组、改造和加强管理，使大多数国有大中型企业摆脱困境；二是力争到20世纪末大多数国有大中型企业、骨干企业初步建立现代企业制度。1998年4月，浙江省政府印发《浙江省国有大中型企业改革和脱困三年（1998—2000年）规划》，规划要求到20世纪末，大多数国有大中型企业、骨干企业初步建立现代企业制度，大多数国有大中型亏损企业摆脱困境，国有企业经营状况明显改善。1998年4月，省政府又下发《关于加快培育"小型巨人"企业的通知》，明确了小型巨人企业选择、培育目标、配套政策与相关措施。

1999年11月，浙江省委、省政府下发《关于贯彻落实〈中共中央关于国有企业改革和发展若干重大问题的决定〉的实施意见》，全面开始从战略上调整国有经济布局和改组国有企业。2000年12月，浙江省委、省政府印发《浙江省国有资产管理体制改革和省级营运机构组建方案》，推进实行"国资监管机构—国资营运集团—国资经营公司"的"三层"国有资产管理监督运行体系。省属国资监管国有企业完成大整合，形成了 28 家国资运行机构性质的国有企业集团。

20 世纪 90 年代开始，浙江民营经济进入快速发展阶段，到 21 世纪初，民营经济贡献的财税收入占到全省的 70% 以上。民营经济的发展壮大，为国有企业改革的抓大放小和战略改组、退出国有资产、分流安置下岗职工提供了良好的外部支持环境。浙江国有企业加速走向市场，加快了发展速度。到 2003 年，全省 96.7% 的国有和集体企业已完成转制任务，88.9% 的国有和集体企业已完成劳动关系改革。

三　整体突破："八八战略"引领浙江国企跨越式发展

浙江国企改革发展的第三阶段，大致时间是 2003 年至 2013 年。在"八八战略"引领下，重点进行了建立健全国资监管体制、国有经济优化布局、公司制股份制改革、国有经济混合改革等为主要内容的改革，国有企业的资产规模、质量、效益等得到整体提升，在国民经济发展的基础性领域、战略性领域、公共性领域发挥了主导作用。这是浙江国有企业改革进入深水区后，进入顶层设计、全面推进、整体突破的新阶段，也是浙江国有经济实现重大布局调整、推进重大兼并重组、实施重大投资项目力度最大、成效最显著的时期。浙江国有经济和国有企业在这个时期，实现了整体突破，跨越式发展，跻身全国前列。

2003 年 3 月 15 日，时任浙江省委书记习近平在《经济日报》发表《坚持"两个毫不动摇"　再创浙江多种所有制经济发展新优势》，高瞻远瞩地提出要进一步"做优做强"国有经济，"把推动国企改革和促进企业整合、增强企业活力结合起来，对现有国有企业进行分类指导，发展壮大一批、优化重组一批、关闭退出一批。在重点领域和优势行业，加快培育一批具有国际竞争力的大企业大集团。大胆探索国有经济的多种实现形式，加大外资、民资进入，大力发展混合所有制经济"，对浙江深化国企改革作出了系统谋划。

2003 年 7 月，在浙江省委十一届四次全会上，习近平提出了进一步发挥"八个优势"、深入实施"八项举措"的"八八战略"，把"大力推动以公有制为主体的多种所有制经济共同发展"，作为推进浙江新发展的思路和举措，回答了为什么要发展国有经济、应怎样发展国有经济的问题，对推进浙江国有企业改革发展作出顶层设计。

2004年6月23日，习近平主持召开浙江省属国有企业改革座谈会。他在会上提出，要从整体上搞好搞活省属国有企业，进一步增强国有经济的竞争力、控制力，用三年左右时间，基本完成以产权多元化为主要内容的新一轮省属国有企业改革，基本完成权利、义务、责任相统一，管资产和管人、管事相结合的国有资产监督管理体系。他首次提出新一轮国企改革"五个坚持"原则：即坚持突出发展，充分发挥国有经济的主导作用；坚持积极稳妥，不断探索国企改革的新路子；坚持分类指导，采取多种有效形式推动改制；坚持以人为本，切实维护好广大职工的权益；坚持规范操作，严格防止国有资产流失。2006年1月26日，在听取浙江省国资委负责人工作汇报时，习近平进一步强调要按照"宜强则强、宜留则留、宜退则退"原则，加快推进省属国有企业的产权多元化改革，做强做优做大省属国有企业。2007年1月26日，习近平再次主持召开省属国有企业负责人座谈会，要求按照围绕完成三年目标、围绕建立现代企业制度、围绕转变增长方式、围绕国有资产保值增值、围绕把党的政治优势转化为国有企业的核心竞争力"五个围绕"要求，全面深化浙江国有企业改革发展。

习近平提出"一个要求、三年目标、三宜原则、五个坚持、五个围绕"等国有企业改革发展系列思想，对浙江国有企业改革发展路线图做出了顶层设计，推动了浙江国企改革的整体突破和跨越式发展。

（一）国有资产管理体制改革实现历史性深化

2003年3月，国务院成立了国有资产监督管理委员会。2003年5月，国务院颁布实施《企业国有资产监督管理暂行条例》，为各级国有资产监督管理机构的设立和有序运行提供基本法规。2004年7月，浙江省人民政府国有资产监督管理委员会正式挂牌成立。作为省政府直属特设机构，省国资委代表省政府履行国有资产出资人职责，享有所有者权益，建立了权利和责任、义务相统一，管资产和管人、管事相结合新的国有资产监督管理框架，改变了原有体制下对国企多头管理的状况，并通过委托代理关系建立起对企业经营者的激励约束机制，隔开了其他政府部门对企业直接干预，初步实现了出资人职能的一体化和集中化。

浙江还较早探索市、县两级国有资产监管的方法和途径，全省11个地级市均组建了国资监管机构，有关县（市、区）均组建了独立或相对独立的国资监管机构，初步形成全省三级国资监管联动的组织体制。形成了国有企业改制、产权转让、资产评估、业绩考核、财务监督等内容的70多个规范性文件组成的监管制度体系，使国资监管工作有章可循、有规可依。完善了国企经营业绩考核和薪酬分配制度，初步构建起国有资产保值增值责任体系，形成了责任落实和压力传递的机制。

（二）国有经济布局结构实现历史性调整

浙江按照"宜强则强、宜留则留、宜退则退"原则，总体谋划、一企一策，突出主业发展，培育优势产业，鼓励做强做大，压缩管理层级，促进了国有资本向重要行业、重点企业和主营业务的"三个集聚"，构筑了符合浙江实际、体现国企责任、适应市场要求的现代产业体系。浙江国有经济布局更加合理，国有资产结构更为优化，优势国企更加突出。能源、交通、商贸物流、绿色化工、钢铁建材、旅游、农业等重要领域的资产总额、营业收入、利润总额，均占省属企业总量的85%以上。至2013年年末，省属企业户均资产总额达到了410多亿元，是2004年的5倍多。

（三）盘活省属国有资产实现历史性突破

2004年浙江省国资委成立以后开展的第一项业务工作，就是开展全面清产核资。在习近平同志的支持下，省国资委请调副厅级干部带队，成立6个清产核算工作小组。省国资委重点研究设计各个省属国有企业的改革发展方案，清产核资工作小组重点清查各个省属国有企业资产，形成分工协作的清产核资工作机制。经过10个多月的清产核资工作，清查省属国有资产1700多亿元，清查出问题资产600多亿元。通过清产核资工作，摸清了浙江省属国有企业的资产家底，为省国资委针对性开展国有资产监督管理工作提供了坚实依据，也为后续把握新一轮省属国有企业改革发展方向、调整优化国有经济布局和结构、做强做优做大国有经济提供了重要抓手。

（四）国有企业整合重组实现历史性进展

浙江坚持市场化改革导向，按照"三宜"原则，通过实施国企重组整合、产权多元化、股份制改造、建立现代企业制度等改革举措，激发了国企发展强劲活力。其中省属企业本级有10家进行了合并重组，3家引进战略投资者，3家国有资本战略性退出，1家实行清算解散。通过改革，省属各级企业产权多元化比例达到74.5%，国有资产证券化率提高了20多个百分点。同时健全了国有企业董事会、监事会，完善了公司法人治理结构，进一步转换了企业运营机制。市县国有企业也加大了整合重组的力度。国有企业户数明显减少，规模实力明显增强，主业集中度明显提升，加快形成了一批国有大企业、大集团。

（五）浙江国有经济实力提升实现历史性跨越

经过十年发展，浙江国有经济实力实现跨越式提升，国有企业得到脱胎换骨的发展。浙江国企应对复杂多变市场环境的能力不断增强，依靠市场有效配置资源的能力明显提高，企业整体营运绩效大幅提升，主要经济指标屡创历史新高，许多国有企业已发展成为行业内的排头兵、领头雁。到2013年浙江省属企业中已有4家"千亿级"企业，其中物产集团营业收入超过2000亿元，能源集团、交通集团资产总额均超过1500亿元，杭钢集团营业收入也超过1000亿元。有7家省属企业进入中国企业500强。2013年，浙江全省国有企业实现营业收入9953亿元，接近万亿元关口；实现利润总额634亿元；当年年末全省国企资产总额达35679亿元，迈上了3万亿元台阶；三项指标分别是2004年的2.8倍、2.7倍和5.3倍。其中，省国资委监管的省属企业2013年实现营业收入6204亿元，实现利润总额245亿元，年末资产总额6609亿元，分别是2004年的3.9倍、2.3倍和3.2倍。

四　全面深化：推进新时代国资国企改革

2013年11月，中共十八届三中全会通过《中共中央关于全面深化改革若干重大问题的决定》，就坚持和完善以公有制为主体、多种所有制经济共同发展的基本经济制度作出改革部署。中共中央、国务院于 2015 年 8 月印发了《关于深化国有企业改革的指导意见》，国务院随后又出台了相关实施方案和确定十项改革试点，形成了新一轮国企改革发展政策框架。根据中央精神，浙江率先开启了国有企业改革发展的第四阶段，这次浙江国企改革的主要目标是：以管资本为核心，推进国有资本授权体制改革，完善现代企业制度，发展混合所有制经济，提高国有资本的营运能力。

（一）构建以管资本为主的浙江版"1+N"政策体系

2014 年 9 月，浙江省印发《关于进一步深化国有企业改革的意见》，为国企改革敲定顶层设计。随后，浙江省陆续出台 20 多项配套政策，内容涉及分类监管、布局调整、资产证券化、信用管控、业绩考核、信息公开、责任追究、企业党建等方面，形成较为完备的、独有浙江特色的"1+N"制度框架，为规范有序推进国企分类改革、因企施策提供了政策遵循。我们可以发现，浙江关于深化国企改革的部署，比全国提前了一年时间，再次走在了全国国有企业改革的前面。

浙江版国有企业改革政策体系，总体取向是加快完善各类国有资产管理体制，改革国有资本授权经营体制，加快国有经济布局优化、结构调整和战略性重组，推动浙江国有资本做强做优做大，有效防止国有资产流失，发展混合所有制经济，培育有全球竞争力的一流企业等方面。2016 年 4 月出台的《关于明确省属企业功能定位实施分类监管的意见》，将 19 家省属企业划分为功能类和竞争类两种，为推进国有企业分类改革、分类监管、分类发展提供了政策依据。2016 年 10 月，出台《董事会建设指导意见》和《兼职外部董事管理办法》，健全了以董事会治理为核心的企业法人治理结构，进一步完善了现代企业制度。到 2017 年年底，浙江省已经全面完成了省属企业本级公司制改革，为下一步授权经营体制改革、混合改革、资产证券化创造了前置条件。2017 年 12 月，省国资委印发《省属企业"一企一策"深化改革方案》。同月，浙江省深化国有企业改革工作领导小组办公室印发了《加快推进省属企业深化改革重要工作安排》，进一步发力新时代浙江国有企业改革。

（二）发力供给侧改革大手笔优化国有经济布局

浙江以国有资本重组为抓手，持续推进国有资本向重点领域、优势企业、主要业务集中，调整优化国有经济布局结构，发挥国有企业在供给侧结构性改革中的引领作用。2016年1月，推进杭钢集团提前关停半山钢铁基地，减压400万吨钢铁产能，妥善安置1.2万余名职工，创造"杭钢奇迹"。2016年7月，浙江旅游集团联合巨化集团、浙能集团、杭钢集团、省国有资本运营公司，组建了全国首家省属医疗健康集团。2016年11月，浙江机电集团联合省国有资本运营公司，组建了浙江职教集团。2017年4月，整合组建了新的浙江海运集团。有序引导国有资本退出产业过剩领域，国有资本进一步向战略性新兴产业集中。

进一步构建服务国家和全省重大发展战略国企大平台。2014年7月，浙江省政府与黑龙江省政府签订《关于浙江省农发集团重组黑龙江新良集团的战略合作协议》，跨省合作进入大东北布局浙江大粮仓。2015年8月，组建省海港集团，推进全省港口一体化建设。2016年7月，合并重组省交通集团与省铁路集团，形成了浙江大交通发展平台。2017年2月27日，证监会下文核准浙江东方向浙江国贸等发行股份，标志着浙江省拥有持有多张金融牌照的上市金控平台。2017年11月，整合全省7个机场资源，成立浙江机场集团。

（三）加快推进以资本为纽带的国企混合改革

引入战略投资和员工持股是浙江混改的两个主要方向。引入战略投资是浙江省优化国企股权结构、改善经营管理和促进国有企业向战略性新兴产业转型布局的重要手段。一方面，利用战略投资者在资本、技术、管理和创投项目培育方面的经验来提质增效，实现从传统行业向新兴产业的转型和布局；另一方面，战略投资者长期稳定持股，追求长期战略利益，相对持股比例也较高，有能力和动力参与国企经营管理。在员工持股方面，通过实行经营层和骨干员工持股，激励他们从自身和全局利益角度去关注企业的经营绩效和风险，实现自身长期利益和企业长远利益的最大化。

"十三五"以来，浙江作为全国混改"6+1"试点中唯一地方试点省份，积极发挥资本市场的作用，以资产证券化为动力，不断推进国有经济混合改革发展。研究制定了证券化实施意见和总体方案，"一企一策"加快重点企业上市培育。2013年，能源集团所属"浙能电力"完成我国首例"B转A"成功实现主业上市。2015年，物产中大完成省属国有企业首家整体上市。2017年2月，浙江国有资本运营有限公司正式成立，为促进国有经济布局结构战略性调整组建了新平台。2017年6月，浙商证券成功实现IPO。积极开展国有资本与民营资本增量合作，依托浙交所建立省属企业混合所有制改革项目发布平台，推进省国资公司参与浙商创投混合所有制改革。选择了5家企业开展首批混合所有制企业员工持股试点。探索市场化债转股工作。

2018年3月，浙江省国资委印发出台《关于推进省属企业上市和并购重组"凤凰行动"计划的实施意见》，提出两大发展目标：一是上市公司数量倍增，力争到2020年，省属企业国有控股上市公司数量达到25家左右，每家省属企业集团至少控股1家上市公司，省属企业资产证券化率达到75%左右；二是做强省属上市公司实力，力争到2020年，培育形成超过10家200亿元以上市值、5—7家500亿元以上市值和2—3家1000亿元以上市值的省属国有控股上市公司队伍。浙江国有企业改革发展以混合所有制改革和资产证券化，走上新一轮跨越式发展快车道。

（四）加快形成党建统领的国企现代治理体系

"十三五"以来，根据浙江省委《关于进一步深化国有企业改革的意见》，浙江省在全面提升国有企业党建水平上做了大量开创性工作。2017年6月30日，浙江省委召开全省国有企业党的建设工作会议。浙江省委出台了《关于全面加强新形势下国有企业党建工作的意见》，提出加强国有企业基层组织建设、制定企业党委履行党建工作责任清单、明确党建工作等九大方面责任，推动党建工作主体责任落实。浙江省国有企业党建进入全面加强的新阶段。省国资委在省属国企全面推行企业党组织负责人党建工作述职评议，并纳入年度考核；制定了省属企业党建工作责任制实施办法，将党建工作全部纳入省属企业章程，明确党组织在公司法人治理结构中的法定地位，确定了党组织参与企业重大决策的具体内容和基本程序；加强企业领导班子建设，提出加强企业领导人员管理考核评价等改革思路，探索分层分类管理，做好企业领导人员调整配备和日常管理，促进干部能上能下；加强党风廉政建设，全面落实党风廉政建设责任制，推动"两个责任"落地生根；加大办信办案和责任追究力度，严肃查处违法违纪行为。浙江加强国企党建的经验获得中组部肯定。

着眼提升国有企业治理能力和完善现代企业制度，推动形成有效制衡的法人治理结构和灵活高效的市场化经营机制。浙江省人民政府办公厅相继出台《关于完善省属独资公司法人治理结构的实施意见》和《关于加强省属国有独资公司董事会建设的指导意见》，建立省属企业董事会会议召开情况备案制度。针对省属非国有独资企业提出了国有股权代表履职规定，加强了外部董事队伍建设，研究制定专职外部董事管理办法。深化三项制度改革，加快探索推进职业经理人制度，在省市国企稳步推行公开招聘职业经理人，逐步扩大经理层市场化选聘、契约化管理、差异化薪酬的范围。加快完善国有企业工资总额决定机制，加快构建激励约束有效、公平效率统一的收入分配格局。加快健全以合同管理为核心、以岗位管理为基础的市场化用工制度，形成国企各类管理人员能上能下、员工能进能出、收入能增能减的合理机制。

加快探索完善授权经营体制。2017年12月14日，浙江省深化国有企业改革工作领导小组办公室印发《加快推进省属企业深化改革重要工作安排》，提出要做强做实国有资本运营公司，发挥其资源配置、股权管理、重大投融资平台作用；开展国有资本投资公司试点，构建市场化产业投资和运营体系，服务重大基础设施建设、战略性新兴产业发展等重大战略领域；建立国有资本授权经营制度，探索在战略规划和年度投资计划制定、经理层成员考核任用和薪酬管理、职工工资总额管理、部分股权变动审批、重大担保管理和债务风险管理等方面予以授权，提高国有资本运营效率，实现国有资产保值增值；健全规范国资监管规则、完善重大事项后评价制度、建立统一的国企信息统计制度，加强国资运营过程管理；强化"一企一策"分类考核，建立长效激励约束机制，严格经营投资资产损失责任追究。

加快了以管资本为主的国资监管职能转变。重新梳理和大幅精简各级国企管理部门的职能，改进监管方式，提升监管效能。省国资委有效强化了产权管理、规范企业并购行为、加强财务监管、实行财务运行动态监测，按照一企一策实施省属企业分类考核，注重发挥外派监事会监督作用、开展企业全过程监督，研究制定投资、经营、法律风险防控制度。宁波市国资委通过取消、下放、整合将103项监管事项精简为6类21项，温州市出台市属企业福利性支出正面清单，金华市建成了国企监管信息系统，丽水市通过国资运营公司对市属企业存量资金统一归集管理。这些深化改革的有力举措，有效助推浙江新一轮国企创业创新，保证了浙江国企改革发展在新时代继续领跑全国。

第三节　浙江经验：浙江国企改革发展的重要启示

改革开放40年，浙江国有企业交出了亮丽答卷，走出一条改革图治、创新图强的浙江路径。在引人瞩目的"浙江现象"背后，解读浙江国企改革发展走在前列的奥秘，有许多经验值得总结借鉴。浙江省副省长朱从玖表示，浙江在全面实施"转型强体、创新强企"战略，在抓改革、促转型、控风险、强监管、严党建等方面，作出不少探索、取得了显著成效，积累了不少宝贵经验，形成了一些可复制、可推广的成功范例。梳理浙江国有企业改革发展40年经验，特别是实施"八八战略"以来创新实践，我们可以得出浙江国企"为什么能"的一些重要启示。

一　坚持国有经济与民营经济共生共荣的改革发展方向

中国改革开放40年，始终伴随不同思想的交锋和各种利益诉求的分歧。我们党依照"实践是检验真理的唯一标准"的理念，渐进式推动体制机制改革。1981年十一届六中全会提出，在公有制基础上实行计划经济，同时发挥市场调节作用。1982年十二大强调"计划经济为主市场经济为辅"，1984年十二届三中全会提出建立有计划的商品经济。1987年十三大提出"国家调控市场，市场引导企业"。

1992年十四大提出建立社会主义市场经济体制的目标。1993年十四届三中全会完成中国社会主义市场经济体制的第一个总体设计。2003年十六届三中全会提出"更大程度发挥市场在资源配置中的基础性作用"。2013年十八届三中全会提出"市场在资源配置过程中起决定性作用"。我们逐渐明晰社会主义与市场经济、政府与市场、国家与民众之间的关系，全面调动了生产者积极性，激发了经济活力，逐步告别无所不包的计划思维，完成了计划经济向市场经济的转变，市场配置逐步成为经济活动中的决定性力量，激发了全国人民的创业激情，创造了经济发展的中国奇迹。

作为中国改革开放先行区和民营经济发祥地，浙江在处理民营经济和国有经济关系过程中，伴随着"国退民进""国进民退"的激烈争论。在浙江改革开放40年的前半程，浙江民营经济从萌芽，到"忽如一夜春风来，千树万树梨花开"，民营经济蓬勃发展。各种姓社姓资的质疑同样困扰过浙江。但浙江没有被"姓社姓资"争论束缚手脚，而是解放思想、敢字当头，寻找中央政策和地方实际的最佳结合点，把握时代脉搏和历史潮流，不断把改革引向深入，实现了民营经济快速崛起。2004年2月3日，浙江省委召开全省民营经济工作会议，习近平在会上发表重要讲话，提出要全面实施"八八战略"，加快推进制度创新、科技创新和管理创新，全面提高民营经济的科技化、规模化、集约化和国际化水平，不断增强民营经济的综合实力和国际竞争力，开启浙江民营经济提质升级新阶段。据统计，2017年浙江民营经济创造了全省56%的税收、65%的生产总值、77%的外贸出口、80%的就业岗位。在全国民营企业500强中，浙江占比近1/4，连续19年居全国第一，诞生了阿里巴巴、华三通信、海康威视、聚光科技等世界知名的独角兽龙头企业。

在中国国企改革的不同阶段，也始终伴随着各种各样的争论。特别是进入21世纪以来，针对国有经济和国有企业的争议一度甚嚣尘上。国有企业如果不赚钱以致亏损，就会被骂经营不善、缺乏效率；如果国有企业效益很好，又会被批评与民争利、利益输送；如果国有企业做大做强了，就会被批评"垄断"；如果国企不能做大做强，又被批评"没有竞争力"。社会上对所谓"国退民进""国进民退"现象的争论，涉及了国有经济的许多重大理论和政策问题，包括如何认识国有经济的性质，如何认识国有经济的地位和作用，如何认识国有经济存在的问题及改革方向，如何认识国有经济的战略调整，如何认识国有经济与民营经济的关系等。

历届浙江省委、省政府始终保持定力，坚持走改革振兴国有企业发展道路。从 2003 年开始，时任浙江省委书记习近平分别在省委全会和省属国企改革座谈会等重要场合，对浙江省的国有企业改革作出重要指示，反复强调要按照"两个毫不动摇"方针，坚定搞好国有企业的信心和决心，坚定不移地推进国有企业改革和发展。他明确提出浙江国有企业改革的五项重点任务①，加快做大做强做优省属国有企业。

在习近平顶层设计和全力推动下，实施"八八战略"以来的 15 年，是浙江国企改革力度最大、发展步伐最快、取得成效最显著的历史时期。这 15 年，浙江国有经济完成了几轮重大布局调整，实施了一大批重大战略性项目，培育了一批具有国际竞争力和影响力的国企航母，浙江国有经济实现了改革裂变、浙江国企实现了凤凰涅槃。更可贵的是，浙江民营经济和国有经济真正实现了在相互合作、相互竞争中共同发展、共同繁荣。浙江在处理两者关系上，没有把着眼点放在到底"谁进谁退"上，而是放在如何为二者创造公平竞争的市场环境上。强调坚持和落实"两个毫不动摇"的方针，积极巩固国有经济的主导地位，鼓励和引导民间资本拓宽投资领域，以激发社会活力、促进生产力发展和促进社会进步。通过加快发展混合经济促进国有经济和民营经济相互合作，在技术上、市场上、产业上相互外溢、相互促进，最终实现共赢。

二 坚持优化布局发挥国有经济主导作用的改革发展思路

改革不是眉毛胡子一把抓，必须突出重点、抓住关键。浙江国企改革 40 年历程，特别是从实施"八八战略"以来，浙江国有企业的

---

① 参见习近平《干在实处　走在前列——推进浙江新发展的思考与实践》，中共中央党校出版社 2006 年版，第 87—89 页。

快速崛起,有一条最根本的经验,就是按照习近平国企改革"三宜"原则和国有资本布局调整的一系列重要指示精神,以全球化视野、前瞻的理念,大手笔开展国有资本布局调整和一系列重大项目的兼并重组,为浙江国企做大做强先行一步奠定坚实基础。

2006 年 1 月 26 日,习近平在听取省国资委负责人汇报时指出,"改革总体框架要定准,方向要定好,宜强则强、宜退则退、宜留则留,实现一企一策"①。"总之要把改革的框架定好,具体实施过程中要水到渠成,有的可以一气呵成,一步到位;有的可以分阶段、分步骤进行。"② 2007 年 1 月 26 日,习近平在浙江省属国有企业负责人座谈会上,提出了浙江国有经济布局调整的具体方略,即"要按照国家总体要求,结合我省实况,进一步研究确定国有资产布局调整的方向。重点支持和促进省属国有企业加快形成能源、交通、现代商贸物流、中高端化工、特优钢铁、建筑等优势产业板块,鼓励有条件的省属国有企业整体上市,着力培育一批主业突出、业绩优良、核心竞争力强和具有明显示范、影响和带动作用的省属国有大型龙头企业"③。在习近平亲自谋划和推动下,浙江国有经济布局聚焦"八大万亿产业"、"四大建设"、海洋经济以及"一带一路"等国家和全省重大倡议和战略,持续抓好深化重组整合、优化投资方向、推进瘦身强体、加快企业上市工作,围绕服务全国、保障全省发展大局,积极谋划重大布局调整、实施重大项目平台,培育具有国际竞争力的大企业大集团。

在产业发展导向上,浙江重新核定省属国有企业主业范围,对功能类国有企业实行"正面清单"管理,国有资本聚集到基础性、保障性产业,进一步发挥基础保障和支撑带动作用。非主业通过资产处置、剥离重组等方式逐步退出。竞争类国有企业以整体上市为目标,聚焦主业发展,国有资本向优势产业、先导产业聚集,努力打造行业领军企业,对无法实现证券化的资产,通过剥离、重组、退出等方式

---

① 参见习近平 2006 年 1 月 26 日在听取浙江省属国有企业负责人汇报时的讲话记录。
② 同上。
③ 参见习近平 2007 年 1 月 26 日在浙江省属国有企业负责人座谈会上的讲话稿。

稳妥处置。通过几轮重大重组整合，浙江国有企业产业集中度快速提高，核心竞争能力迅速增强。浙江省功能类国有企业集中到能源产业、交通产业、海港产业和粮食等基础产业上；国有企业竞争力主要集中到商贸流通、文化旅游、制造装备、建筑工程和安防产业等传统优势产业上，以及金融、信息、医疗健康、节能环保和科技服务等新兴产业上。

在谋划重大举措上，浙江大手笔实施国有经济"八大工程"建设。一是实施创新示范工程。利用风险投资基金、保险基金、私募股权基金和知识产权资本化等方式募集创新资金。实施企业创新平台倍增计划，通过引进外部科技资源、整合企业自身资源设立、参与科研院所重组改制等，加快创新平台建设。鼓励有条件的企业与国内国际高新技术企业和跨国公司研发中心开展合作，实施省属企业抱团创新，加快建立产业集群创新联盟。实施"互联网＋"，积极推进商业模式创新，推进大宗商品电商平台、企业众创众筹平台、数据信息平台等互联网平台建设，加快制造与服务、科技与市场、产业与资本、线上与线下融合发展。二是实施整体上市工程，落实"凤凰计划"，推动存量资产股份制改革，推进集团整体上市或分板块上市，快速提高浙江国企证券化水平。三是实施资源重组计划，引导国企大力发展新兴产业，积极参与大湾区、大花园、大通道、大都市区建设，规划实施以能源、公路、铁路、机场、港口为重点的重大基础项目。加快省市县三级经营性国有资产联合重组力度，推动全省高速公路、港口、航空等基础设施纵向整合与横向联动，加快省属国企内部产业相近、技术相关资产整合，提升国企产业协同发展水平。四是实施平台打造工程，组建浙江省国有资本运营公司，启动省级国有资本投资公司试点，推进国有资本授权经营体制改革，优化国有资本布局结构，助力全省重大基础设施建设和战略性新兴产业发展。五是实施"走出去"工程，加快产业链价值链全球布局，开展与世界500强企业对接合作，形成国际优势产能和业务合作新模式，提高浙江国企走出去集群竞争力。六是实施人才强企工程，为国有企业转型发展提供人才支撑。七是实施治理提升工程，完善法人治理结构、强化集团总部管控、提升国企运行效率和风险控制水平。八是实施管理强基工程，加强与国内外优秀企业对标管理。

浙江在国有资本重大布局、国有企业重大重组上的大手笔,收到巨大成效。浙江谋划实施了一大批重大项目建设,推动国有资本向重要行业、关键领域、重点基础设施集中,向前瞻性战略性产业集中,向产业链关键环节和价值链高端环节集中,向具有核心竞争力的优势企业集中。持续开展省属国有企业和全省省市县国有企业的纵向联合、横向重组,造就了一批重量级国企集团,国有企业做强做优做大取得显著成效。

三 坚持创新驱动加快国企转型升级的改革发展动力

浙江国有企业最早与民营企业、外资企业同台竞技,最深刻地体会到创新对企业发展的重要意义。浙江国有企业具有强烈的危机感和紧迫感,深刻认识到没有创新就没有企业未来。浙江国有企业紧紧抓住科技创新这个牛鼻子,围绕产业创新主战场,加大资金资源人才投入,推进理念、机制、模式等全面创新,不断培育新动能、发展新经济、抢占新高地。

2003年7月,习近平在"八八战略"中指出:要加快先进制造业基地建设,走新型工业化道路;要发挥浙江的山海资源优势,大力发展海洋经济;要发挥浙江的人文优势,积极推进科教兴省、人才强省。2007年6月,浙江省第十二次党代会提出"创业富民、创新强省"总战略。从2007年开始,浙江省密集出台《浙江省促进企业技术创新办法》《关于进一步支持企业技术创新加快科技成果产业化的若干意见》《关于全面实施创新驱动发展战略加快建设创新型省份的决定》《浙江省"十三五"重大基础研究专项实施方案》《浙江省促进科技成果转化条例》《浙江省国际科技合作基地管理办法》《浙江省知识产权服务业集聚发展示范区管理办法(试行)》等一系列扶持企业创新政策。

浙江省国有企业充当了落实创新强省战略的排头兵、主力军。"十二五"期间,浙江省制定出台《省属企业实施创新驱动发展战略指导意见》,持续加大创新资金资源投入,一大批企业重大创新项目、重大创新平台快速落地,国家级发明专利、国家级行业标准、国家级品牌快速增长。《浙江省省属企业改革发展"十三五"规划》把创新发展作为首要战略，提出实施国有企业"创新倍增计划"，规划创建一批产业协同创新平台和电商服务集成平台，形成一批具有优势的创新型企业。省属企业整体科技研发投入、制造业企业新产品收入占比均实现翻一番，企业人均增加值提高70%左右，创新型骨干企业研发投入占主营业务收入比重达到4%左右，制定国家级行业标准10个以上，新增发明专利数100项以上。进一步加大培育发展战略性新兴产业力度。利用浙江省打造七大万亿级产业重大契机，通过整合产业链和价值链、强化产学研合作、引进核心技术及团队等方式，积极拓展产业新领域，努力使战略性、先导性产业成为省属企业长期可持续发展的有效支撑，提升省属企业在我省经济转型发展中的引领作用，重点发展金融、信息、医疗健康、节能环保、科技服务等产业，着力培育发展科技含量高、资源消耗少、成长潜力大、综合效益好的前瞻性新兴产业。

在创新政策持续推动下，浙江国有企业加快构建起"以企业为主体、市场为导向、产学研相结合"的科技创新体系，创新已经成为推动浙江国有企业高质量发展的第一动力，国有企业开始成为创新决策、研发投入、科研组织和成果转化应用的主体。浙江国有企业创新热潮涌动，涌现出一大批知名的创新性企业。浙江省能源集团"燃煤机组超低排放关键技术研发及应用"荣获2017年度国家科学技术奖励大会国家技术发明奖一等奖，登上国家科技创新最高领奖台。

除了聚焦科技创新，浙江国有企业创新领域实现了全覆盖，协同管理创新、模式创新、品牌创新和组织体系创新，加快形成国企创新发展目标体系，建立国企创新投入预算保障制度，激发企业创新活力，提高资源要素配置效率，综合创新力不断增强。

四 坚持"跳出浙江发展浙江"开放有为的改革发展举措

资源小省怎样突破要素瓶颈发展浙江经济？2005年3月，习近平提出了"跳出浙江发展浙江、立足全国发展浙江"的论断。他敏锐地指出，浙江要以战略的思维、开阔的视野、务实的态度，鼓励浙江人走出去投资产业，同时积极创造良好的发展环境，吸引国内外企业来浙江投资。在"八八战略"引领下,"跳出浙江发展浙江"成为浙江经济发展的共识,成为浙江在高起点上实现更大发展的战略选择。习近平在浙江工作期间提出的开放理念、作出的开放决策、播下的开放种子,引领浙江开放发展始终在全球风云变幻中走在前列、勇立潮头。

浙江国企积极有为,主动承担起引领浙江对外开放的重任,积极融入全球化经济体系,主动走出去引进来,更好利用国际国内两种资源两个市场,破解浙江经济发展的资源能源瓶颈,引进国外的资金、技术和管理经验,积极参与国际竞争合作,促进浙江产业升级,推动浙江经济持续健康发展。

为了破解能源瓶颈,习近平先后考察浙江能源集团5次,还到长广深入矿井调研。他深刻地指出,能源不仅仅是一个解决供给短缺和不足的问题和实现保障的问题,同时还是国际政治问题,也是国家战略问题,解决能源问题上国有企业要发挥在基础性领域的保障作用。根据习近平指示,浙江能源集团按照"能源立业、科技兴业、金融富业、海外创业"发展思路,跳出浙江在全国和全球布局能源基地,华丽转身为涵盖火力发电、水力发电、核电、天然气发电、光伏发电、风力发电以及煤、电、汽、油、热和能源服务的全国产业等门类最全面、具有国际竞争力的一流综合能源服务商,构建起更加清洁低碳、更加安全高效的现代全产业链综合能源体系。

省建投集团走出浙江、走向全球拓展业务,快速发展成为产业链完整、专业门类齐全、市场准入条件好的大型企业集团。同时拥有对外经营权、外派劳务权和进出口权,成为浙江省建筑业走向世界参与国际建筑和贸易市场竞争的重要窗口,生产经营业务遍布国内31个省区市和亚洲、南美洲、非洲、中东、欧洲等10多个国家和地区,派出各类劳务人员和研修生6万余人次。拥有北非和东南亚两个百亿元海外市场。多年来综合经济技术指标保持全国各省区市同行领先地位,连续入选ENR全球250家最大国际承包商、中国承包商60强。

"十三五"以来,浙江国有企业踊跃参与国家"一带一路"建设,积极谋划一批具有全球性、战略性、带动性的大项目好项目,带领浙江优势产业走出去,带领浙江装备、技术、标准和服务走向世界，使浙江经济深度融入全球经济体系，充分利用国际国内两种资源两个市场，逐步形成了一批在国际资源配置中占主导地位的领军企业。2014年11月18日"义新欧班列"从中国义乌出发，经新疆阿拉山口口岸出境，途经哈萨克斯坦、俄罗斯、白俄罗斯、波兰、德国、法国，历时21天，最终抵达西班牙马德里。这条铁路线全长13000多公里，是目前所有中欧班列中最长的一条。"义新欧班列"开通后，进一步发挥义乌国际贸易综合改革试点优势和货源大市优势，为浙江参与"一带一路"建设提供物流支持。浙江还全力整合资源打造全省一体化的海港、陆港和空港，构建全省一小时高速交通网和国内一流的通用机场体系，为浙江省更有效融入"一带一路"建设提供高水平运力支撑。浙江海港集团按照构建油品全产业链打造世界级"一中心三基地一示范区"① 要求，开始在浙江省自贸区建设中日益发挥重要作用。

浙江国企在参与国际分工合作竞争中雄心勃勃，正在加快产业链价值链的全球布局，通过积极开展跨地区、跨所有制、跨国境兼并收购，建设一批大宗商品生产基地、境外研发设计中心，打造一批海外知名品牌，逐步形成以跨国经营推进国际优势产能和业务合作的新模式，提升浙江国企配置全球资源、开拓全球市场能力。

五　坚持效率第一效益优先国企考评激励的改革发展导向

改革的根本出发点就是破除陈旧体制藩篱和僵化机制桎梏，充分调动人们创业创新积极性，激发劳动、知识、技术、管理、资本等生产要素的活力。习近平在2004年6月23日召开的浙江省属国有企业座谈会上就指出，要"加快完善法人治理结构，建立长效激励机制"②。2006年1月26日，习近平在听取浙江省国资委负责人工作汇报时强调，要"探索建立省属国有企业的经营责任考核制度，对经营

---

① 一中心三基地一示范区：是指聚焦浙江自贸试验区建设核心、加快油品全产业链发展领域改革的重要载体。"一中心"，是指国际油品交易中心；"三基地"，是指国际海事服务基地、国际油品储运基地、国际石化基地；"一示范区"，是指大宗商品跨境贸易人民币国际化示范区。

② 参见习近平2004年6月23日在浙江省属国有企业改革座谈会上的讲话稿。

者考核以保值增值为目标，增值的要加奖，减值的要扣奖"①。2017年1月26日，在浙江省属国有企业负责人座谈会上，习近平又强调指出，"进一步深化企业劳动、人事、分配等制度改革，切实转换企业内部运行机制和经营机制，形成有效的激励和约束机制"②。

纵观浙江国企改革40年，特别是实施"八八战略"以来，浙江始终坚持把重要着力点放在完善企业评价激励机制、调动企业员工积极性上。在与民企、外企长期互动中，浙江国有企业向优秀民营企业学习，与世界一流企业对标，不断完善企业内部运行管理机制，把提高国有企业运行效率和提升国有资本经营效益作为评价国有企业改革发展成败的主要指标，建立健全了与劳动力市场基本适应、同国有企业经济效益和劳动生产率挂钩的国有企业绩效评价激励机制。

浙江省率先探索建立并逐步完善"一企一策"分类考核办法，以及绩效紧密挂钩的薪酬分配体系，将考核对象分功能类和竞争类，实施分类绩效量化考核，充分发挥考核分配的激励导向作用。功能类国企主要以促进功能发挥、职责履行为导向，在合理保证国有资产保值增值基础上，重点考核企业履行功能职责、推进重大政策与战略任务完成情况以及运营管理效益，引导企业切实履行功能职责，提高经营效率和质量。竞争类企业以增强国有经济活力、实现国有资产保值增值为导向，重点考核企业经济效益和国有资本保值增值，引导企业增强盈利能力，提高资产经营效率，提升价值创造水平。引入经济增加值考核，进一步强化对非经常性损益风险指标的考核力度，加大对科技创新、转型升级的考核支持力度。不断完善工资总额管理模式，推动企业改革优化内部分配结构，调整不合理低效分配机制，初步构建起收入能增能减、激励约束有效、关系公平和谐的分配格局。

六 坚持大力弘扬国企浙商企业家的改革发展精神

浙江国有企业浙商群体既具有特别能吃苦、特别敢闯敢干等浙商精神共同特点，还具有高度的大局意识、强烈的使命当担、宽广的家

---

① 参见习近平2006年1月26日在听取浙江省属国有企业负责人汇报时的讲话记录。
② 参见习近平2007年1月26日在浙江省属国有企业负责人座谈会上的讲话稿。

国情怀。改革开放中成长壮大起来的国有企业浙商群体，以卓越的能力素养、无私的奉献精神，为浙江国有企业改革发展奋力拼搏，支撑起浙江国有经济的摩天大厦。国有企业浙商是怎么炼成的？在2007年1月26日召开的浙江省属国有企业负责人座谈会上，时任浙江省委书记习近平指出："围绕把党的政治优势转化为国有企业的核心竞争力，切实加强国有企业党建工作。"[①] "深入开展省属国有企业'四好班子'创建活动，切实加强国有企业领导班子理论建设、能力建设、作风建设和制度建设。"[②]

浙江省把党的领导融入对国有企业公司治理的各个环节，把企业党组织内嵌到公司治理结构中，落实党组织在公司法人治理中的法定地位。国企党员董事长原则上同时担任党组织主要负责人，国企党组织班子成员通过法定程序进入董事会、经理层。为党组织参与重大问题决策、发挥党组织政治功能提供组织保障。坚持从严治党、思想建党、制度治党，在企业改革发展中推进党的建设同步谋划、党的组织及工作机构同步设置、党组织负责人及党务工作人员同步配备、党的工作同步开展，实现体制对接、机制对接、制度对接和工作对接。严格落实党建工作责任制和党委意识形态工作责任制，完善企业党建工作考核评价体系。浙江省国企党建工作，创造性地提出一企业一品牌、一支部一特色、一党员一闪光党建品牌活动，创建了一批富有浙江国企特色、具有借鉴推广价值的党建品牌。扎实推进"廉洁国企"建设，落实企业党委主体责任和纪委监督责任，加大教育、监督、执纪问责力度，坚持不懈纠治"四风"，严肃查处违纪违法案件，完善反腐倡廉制度体系，构建不敢腐、不能腐、不想腐的有效机制，为国企改革发展营造良好政治生态。

加强企业领导班子建设，着力构建"好班长、好班子、好梯队"，弘扬红船精神，增强国有企业领导人员的政治意识、法治意识、担当意识、履职意识和表率意识，着力打造"狮子型"团队。坚持党管干部原则，以市场化为导向创新企业领导人员选拔任用机制，因企制

---

① 参见习近平2007年1月26日在浙江省属国有企业负责人座谈会上的讲话稿。
② 同上。

宜采取竞争上岗、公开招聘、委托推荐等多种方式加大市场化选聘经理层力度。加强上级党组织对董事会选聘工作的监督指导，明确选人用人标准，规范选聘程序，完善配套政策。全面实行企业领导人员任期制管理，有序推进企业领导能上能下、能进能出，不断增强领导班子活力、战斗力和担当精神。加大不同企业间领导人员交流力度，拓宽领导班子后备领导人员选拔视野和渠道，健全优秀年轻领导人员选拔工作机制。浙江国有企业各级领导班子的年轻化、知识化、专业化水平不断提高。

浙江省十分尊重国有企业企业家的首创精神，支持鼓励国有企业企业家在法律法规和政策框架下，大胆实践创造性地执行省委、省政府决策部署及相关政策。浙江很早就开始探索把企业家改革失误与违法违纪行为区别开来，建立改革发展创新考核免责机制。2017年11月26日，浙江省委、省政府下发《关于营造企业家健康成长环境 弘扬优秀企业家精神 更好发挥企业家作用的实施意见》（以下简称《意见》），鼓励企业家创新发展、追求卓越。提出要加大国有企业企业家培养力度，提升国有企业经营者专业化能力和水平，打造浙江国有企业企业家红色队伍。《意见》提出要完善保障企业家干事创业免责容错机制，按照"三个区分开来"原则，合理界定容错界限，支持和鼓励企业进一步解放思想，大胆探索，营造干事创业、开拓创新、勇于担当的进取氛围。要保护改革者，支持创新者，宽容失误者，营造有利于国资国企改革发展的良好氛围。

第二章　坚持市场导向，发力供给侧结构性改革

改革开放40年来，浙江国有企业在市场大潮中艰难跋涉，度过了一段极不平凡的岁月，经过放权让利、股份制改造、海内外上市、董事会试点、薪酬制度改革、管理提升、监管体制改革等一系列改革进程，实现了再造与重生。浙江国企深受市场经济的洗礼，通过多年的深化改革，加强与多种所有制经济的共生发展，在服务经济和社会发展方面发挥了应有的引领作用。特别是2004年国资管理新体制建立以来，浙江国企改革在"八八战略"指引下，从履行国企使命出发，加快适应市场、走向市场和融入市场，逐步调整管理行政化、职能泛化、机制半市场化的薄弱环节，提升全省发展战略和社会需求保障功能，在供给侧结构性改革过程中创造市场、优化供给，释放出了巨大的改革红利，浙江国企在关系国计民生的基础性、公共性、关键性领域行业发挥了重要主导作用。

浙江国企的市场化改革起步较早，从20世纪80年代中期开始，浙江就开始了国有企业的公司制股份制改革的探索，与民资、外资合作进行产权多元化混合改革，逐步推进行政性公司改制，探索试点现代企业制度。这些探索取得了一定成效，也为下一步深化国有企业改革积累了经验、发现了问题、明晰了方向。但是，由于受长期计划经济体制制约，以及经营者价值取向、思想观念等各种因素的影响，浙江国企政企不分、政资不分的问题经过20多年的改革后依然比较突出。浙江省属国企也正处于方向选择的战略路口，改革已经对省属企业形成了倒逼机制，和当时整个经济形势相比，省属国企的改制进程

相对滞后，法人治理结构还不够完善，产业结构布局不尽合理，国有资产监管营运体制有待进一步加强。

2002年到2007年，时任浙江省委书记习近平深入国企调研、召开国企改革座谈会，以鲜明的目标导向和问题导向，"解剖麻雀"总结规律，提出了深化国企改革的基本思路和改革措施。浙江省委、省政府出台《关于加快推进省属国有企业改革的实施意见》等一系列改革政策。这一系列改革举措具有深刻的时代背景，体现了鲜明的社会主义市场经济导向。习近平指出，要充分认识省属国有企业改革的重要性和紧迫性，充分认识省属国有企业改革的艰巨性和复杂性，以省属授权经营企业集团为重点，以投资主体多元化为主要内容，加快推进新一轮的省属国有企业改革；要明确目标，分类指导，分步实施；要完善政策，一企一策，不搞一刀切。

按照习近平对国企改革发展的指示，浙江省国企改革方向一锤定音，在市场化领域进行了大刀阔斧的推进，启动了浙江国企全方位的改革。坚持政企分开、政资分开、所有权与经营权分离，赋予国有企业独立的市场主体地位，充分激发和释放企业活力，提高市场竞争力和发展引领力，使国有企业真正成为充满生机活力的市场主体。虽然当时供给侧结构性改革思想尚未明确提出，但基于市场供需变化的改革取向，与当前供给侧结构性改革在方法论上是一致的，为浙江国有企业高效率、高效益、高质量发展指明了方向。

第一节 浙江国企市场导向改革的生动实践

浙江国有企业的市场化导向改革的意义，就在于充分发挥市场的力量，让资源实现最优化的配置，让企业效率实现有效的提升，让不同所有制经济有机融合发展。通过市场机制形成新的价值，让国企发展与时代共振，提高抗风险能力，能够跟随市场，调整一轮，做实一轮，提升一轮。

一 三次混改：催生世界500强

浙江国企的产权多元化混合改革走在全国前列。其中，物产中大集团三次混合改革，是浙江国企创新经营机制，释放国企活力和先发优势的经典案例。

（一）混改 1.0——改制

物产中大 1996 年由浙江省物资局转制成立，1998 年率先实施产权制度改革试点，到 2003 年全面完成了集团一级成员的公司制改造。通过员工持股建立起"既参与经营管理、又分享发展成果"的命运共同体机制，在企业内部形成尊重市场、激励创新的体制机制。以集团子公司物产金属为例，物产金属 2003 年改制，成为由法人股东、职工持股会、自然人、社会法人股东出资组建，投资主体多元化的现代企业制度公司，改制后的 13 年里，公司年均营收增长 19.2%、利润增长 19.4%。

（二）混改 2.0——上市

按照"资产两分、人随资产，首次引战、资产平衡，中大平台、吸收合并、配套融资、骨干入股"的混改思路，2014 年 10 月物产中大正式启动整体上市，2015 年 11 月完成新股上市，成为浙江首家践行混合所有制及整体上市的省属企业集团。从整体上市的价值与效果来看，上市后物产中大集团的治理体系更加完善，形成了董、监、高相互制衡的运行体系，建立健全了全面覆盖、分工明确、协同配合、制约有力的经营管理机制和内控规范体系，并切实信息披露义务，确保公司科学管理、规范运作；国有权益增值显著，按整体上市第一年收盘价计算，集团总市值达 389.15 亿元，国有市值从上市前的 31.66 亿元增值到 212.20 亿元，2015—2016 年仅国有股东获得的现金分红就达到 10.84 亿元；员工激励更为有效，保留原有成员公司高管及骨干股权结构不变，在整体上市中同步实施员工持股计划，共计 1061 名管理层和核心骨干参与认购，进一步增强了集团上下利益一致的激励约束效应；有效剥离盘活资产近 40 亿元，发展后劲更为充足。

（三）混改 3.0——股权多元化

上市不是国企改革的终点，需要破除上市公司治理机制从母公司传导到子公司过程中的阻碍，同时也要解决员工持股固化、激励错配导致企业发展动力不足等新问题。一场"全员创新、合伙创业"的第三次混改开始在集团内部全面铺开。实施路径是推广有限合伙企业模式，成员公司经营团队结合自身实际情况并参考"事业合伙人"等先进激励制度，设立有限合伙企业作为统一持股平台，并通过有限合伙协议、合伙事务管理办法等明确约定员工入伙、退伙的具体条件及定价原则，建立健全份额流转和退出机制；在集团层面设立"深化混改基金"，专项用于成员公司混合改革；探索构建股权动态调整体系，引入"延迟认购机制""分红收益激励机制""浮动认购机制"等激励调节机制，当员工满足一定条件时有权享有相应的浮动激励权益，从而实现经营团队激励效用的动态调整；探索"员工持股中心"共享机制，设立统一持股平台以有限合伙企业或者信托计划的方式出资，均衡投资于成员公司所有新设控股子公司，持股比例原则上不高于20%；探索建立"合伙创业平台"机制，鼓励以成员参股、创业管理团队以持股平台控股的方式合资新设产业平台公司，探索实践符合集团战略导向的新兴产业项目，待项目成熟后，可由集团或关联上市公司适时收购创业管理团队持股平台所持产业平台公司的股份，构建资本所有者与企业经营者的双赢格局。

改制后2004年到2017年的14年间，物产集团营业收入、利润总额年均复合增长率均达17%以上，净资产复合年均增长率达21%以上，贡献税收复合增长率达11%。目前，物产中大旗下300多家成员企业中，2/3的企业国有股权低于51%，大部分成员企业的高管团队、经营骨干持股，员工与企业结成了利益共同体。由此形成了国资、集体、民营及个体多种所有制共存共融、相互渗透的格局，激发了企业和员工创新创效活力，促进企业在改革浪潮中快速稳健发展，实现从中国500强到世界500强跨越，也为后来其他企业整体上市发挥示范带动作用。

二 对外开放：突破国企发展瓶颈

没有森林资源的嘉善，发展为一个木业大县；没有毛皮资源的海宁，却建起了全国最大的皮革市场，这被经济学界称作"零资源现象"。在工业化进程中，浙江"无中生有"形成了300多个产业集群，这样的"零资源"产业不断延伸产业链，形成了多个百亿级产业。

浙江省能源集团跨省跨国布局解决能源短缺。浙江省是没有一次能源的省份，但又是能源消费大省，发展受到能源短缺的制约影响。2000年以来，电资源成为制约经济发展的一个瓶颈，特别在2003年，浙江大部分地区持续高温和旱灾，许多城市出现"电荒"，全省电量缺口在300万千瓦时以上，被迫采取了有史以来规模最大的拉闸限电措施。据统计，2003年的"非典"给浙江GDP造成的影响只是0.3个百分点，而"能源荒"拉的后腿却达到0.6个百分点。习近平先后5次考察浙江能源集团，还到长广深入矿井调研。他深刻地指出，能源不仅仅是一个解决供给短缺、不足和实现保障的问题，同时也是国际政治问题、国家战略问题，解决能源问题，国有企业要发挥基础性领域的保障作用。浙江能源集团按照"能源立业、科技兴业、金融富业、海外创业"的发展思路，跳出浙江在全国和全球布局能源基地，华丽转身为涵盖火力发电、水力发电、核电、天然气发电、光伏发电、风力发电以及煤、电、汽、油、热和能源服务的全国产业等门类最全面、具有国际竞争力的一流综合能源服务商，构建起更加清洁低碳、更加安全高效的现代全产业链综合能源体系。正是由于浙江能源集团的大开放发展战略，加快解决了全省能源短缺问题，支撑了浙江经济社会的快速发展。

省建投集团走出浙江、走向全球拓展业务。省建投集团已经快速发展成为产业链完整、专业门类齐全、市场准入条件好的大型企业集团，拥有各类企业资质35类94项，其中建筑工程施工总承包特级资质4项，甲级设计资质8项，获得行业内最高资质共计19类45项。同时拥有对外经营权、外派劳务权和进出口权，成为浙江省建筑业走向世界、参与国际建筑和贸易市场竞争的重要窗口，生产经营业务遍布全国和亚洲、南美洲、非洲、中东、欧洲等十多个国家和地区，承建了500余个海外项目，派出各类劳务人员和研修生6万余人次。省建投集团在阿尔及利亚、日本、新加坡、中国香港等国家和地区设有分支机构，拥有北非和东南亚两个百亿级海外市场。集团多年来综合经济技术指标保持全国各省同行领先地位，连续入选ENR全球250家最大国际承包商、中国承包商60强、中国企业500强、浙江省百强企业和纳税百强企业。

浙江国企在省内资源匮乏的情况下,能够跳出浙江发展浙江,通过资本、技术、人才等资源的跨地区整合,解决了浙江市场经济发展中最核心、最基础的矛盾,体现了浙江国企在市场化改革中积累的开拓能力和创新精神。

三　转型发展:塑造国企核心竞争力

浙江国有企业在发展初期,主要布局于传统基础性产业,随着市场经济的不断发展和产业形态的快速演化,国企的优势领域和功能定位在发生变化。在改革发展过程中,越来越多的浙江国企立足自身的政治和经济定位,聚焦市场和行业的变化,开始踏上了转型升级的发展之路。

浙江国贸集团重点布局金融和医药板块。2008年,省政府批准由浙江荣大、浙江中大、浙江东方三家省属外贸集团公司合并重组成立浙江省国际贸易集团有限公司,对其提出了"深化改革、瘦身强体、转型升级"的战略转型要求,国贸集团审时度势,按照"商贸转型、金融发展、医药突破"的思路开始加快转型发展。集团以重整金信信托为契机,展开了对金融板块的布局。"十二五"期间,国贸集团取得了对大地期货公司、浙金信托的控股,成立了浙商资产管理公司,作为省内唯一的金融企业不良资产处理平台,促进金融更好地服务实体经济,发挥市场经济"清道夫"作用。2016年,通过收购不良资产债权使得全省银行业不良贷款余额减少32亿元,不良贷款率下降了0.32个百分点。集团还引入中金公司、大韩生命株式会社等国内外顶尖的金融企业作为合作伙伴,加强优势互补。2017年,国贸集团控股的浙江东方上市平台通过资产注入,推进金融资产整合,完成了重组工作,标志着浙江省拥有了极为稀缺的持有多张金融牌照的上市金控平台。医药健康是国贸集团着力拓展的另一个新兴主业,在这个领域集团已经控制了两家上市公司——海正药业和因特集团,分别进入了医药制造和医药流通领域。集团还从中医药源头开始,打造原材料种植、研发、制造到医院流通等整个产业链,实现了医药产业相关的多元化布局。

浙江省机电集团聚焦民爆、军工和职教三大主业。省机电集团加快调整结构、强身瘦体，分别重组成立浙江民爆企业、军工集团和职教集团，形成了很强的核心竞争力。重组后的新联民爆，产能进入全国前15位，占全省民爆总产能的60%以上，取得绝对优势地位。通过成立军工集团，调整产品结构、拓展市场规模，实现了业务、市场、技术等优质资源整合，形成了军品枪弹、警用防爆产品、假目标产品等产业链条，技术含量、产品质量、服务水平显著提高，行业地位和核心竞争力快速提升。利用工学结合、产学结合的优势，组建浙江省职业教育集团，开拓职业教育产教融合新路径，构建校企协同培养平台。职教集团拥有浙江万里教育集团、浙江机电职业技术学院、浙江机电技师学院、浙江经济职业技术学院、浙江建设技师学院等6所学校70000多名学生，成为浙江职业技术教育的航空母舰。

浙江省农发集团加快提升粮农市场保障能力。浙江省农村发展集团2005年完成改制，2006年与浙江省粮食集团重组后，加快转型升级步伐，目标浙江的"米袋子""菜篮子"，现代涉农服务业三大产业以大项目推动大发展，打造百亿农粮大集团。2010年8月22日，时任省委书记的赵洪祝作出重要批示：近年来，省农发集团思路清、举措实、劲头足，企业发展取得长足进步，令人鼓舞。希望紧紧围绕"三农"，围绕转型升级这条主线，努力构建现代农业和现代服务业的体系，不断提高企业竞争，真正成为一个具有较强影响力和辐射力的大型现代涉农集团。2015年，农发集团重组控股了黑龙江新良粮油集团有限公司，在此基础上组建了黑龙江绿色农业发展集团，粮食板块从省内走向跨省发展，在东北推进300万亩粮源基地建设，形成了百万吨级仓容，粮食"产加储运贸"逐步实现产业链闭环，为浙江"北粮南调"、保障粮食安全发挥了主渠道作用。通过实施"个十百千万"工程抓好"菜篮子"建设，构建了萧山新农都物流中心、农都农产品产业园及衢州衢江、湖州长兴、绍兴诸暨等多级集散中心，覆盖全省的现代农产品物流体系。集团坚持发展生态种植、养殖、加工产业，下属上虞12000亩省级现代农业示范园区项目为农业部首批无公害食品生产基地；成立了农发牧业平台公司重点开展省内外规模化生猪养殖场建设和并购；布局全省优质农产品终端销售体系。涉农现代服务业板块也快速发展,投资建设农旅结合的省级特色小镇花田小镇,加快在全省布局支农小额贷款公司等。农发集团已经成长为浙江最大粮商和最大农副产品流通企业。

四 创新机制:激发国企内生活力

企业经营机制包含以下基本内容:第一,动力机制。企业动力机制的实质就是通过一定的经济利益机制,充分调动与发挥企业职工的积极性、主动性和创造性。第二,约束机制。企业的约束机制,就是企业调整和控制自身的行为,使之适应各种约束条件和环境变化,以求得生存与发展的机制,企业的内部行为约束包括企业的预算约束、审计约束、财务约束、责任约束、纪律约束等。第三,运转机制。企业的运转机制就是要使企业的产供销顺畅进行和运转的机制。

浙江省国资委在《加快构建有利于省属企业率先转型升级的体制机制和制度环境》课题研究过程中,发现浙江国企经营机制创新面临四个方面的主要问题:一是企业法人治理结构需要进一步健全。省属企业董事会组成结构过于单一,且基本没有下设投资审查委员会,不符合企业发展战略和转型升级要求的投资决策常常得以通过。二是集团现代母子公司关系尚未理顺。子公司往往具有独立的投资决策权力,而企业集团的战略规划在子公司又难以很好地执行。三是企业用人制度改革滞后于企业发展的要求。以行政级别来衡量、能上不能下的问题依旧存在。四是企业内部的激励约束机制失衡,往往重激励而轻约束,失去了管理成本理应低于代理成本的企业本质特点和要求。这些矛盾问题得不到有效解决,将阻碍省属企业有效转型升级和可持续发展。

浙江省国资委成立后,通过建立完善国有产权代表等四个报告制度,强化了出资人在省属企业法人治理结构上的地位。通过制定实施布局结构调整等三个指导意见,强化了出资人对省属企业发展战略的宏观指导。通过探索实践经营业绩综合评价考核体系和国有资本经营预算制度,初步创建了出资人引导省属企业经营发展的激励约束机制。通过加强企业领导人员队伍建设和企业党建,强化了出资人对省属企业高素质人才队伍的塑造。

省属企业集团从财务管控型向战略管控型的转变,为再造主营业务流程、提升国际产业分工地位创造了条件。国资监管体制改革后,省属集团公司在资产管理营运中的地位,已经转变为企业集团国有资产的法人营运实体,这就要求省属企业集团建立现代母子公司关系。这一转变极大地促进省属企业从埋头于具体的经营业务发展,转变为对企业经营前瞻性、战略性管理,从企业实际发展出发,根据产业分工和竞争的新趋势再造主营业务流程。

浙江国有企业市场取向改革取得的成效带给我们以下启示。

1. 国有企业首先是企业,市场取向是国企改革永恒的方向。国企要生存发展,必须遵循市场经济规律和企业发展规律。走向市场,是国企完成政企分离、确立企业市场主体地位、建立自负盈亏机制、实现自我发展的必由之路。

2. 每个企业都有自己的基因,国企也不例外,会在长期的发展中形成自身的优势和路径依赖。但是市场是变化的,技术创新和经营模式都在快速地迭代。这就要求国企加快转型升级,重视发展路径的演化,既要充分发挥核心优势,抢占主导产业高地,也要快速敏捷地适应市场,做到有进有退,实现动态调整。

3. 浙江是一个资源小省,省属国有企业必须在优化供给、补齐短板方面发挥重要作用。这就需要国有企业服从全省产业布局和社会治理需要,作为优化宏观经济结构、推进经济持续健康稳定发展的主力军,以市场手段保障全省紧缺的经济发展资源要素。

第二节 融入市场发挥国有经济的主导作用

在一般观念中,浙江是民营经济占主导的省份,国有经济规模非常有限,受体制机制的限制,国有企业的发展优势并不明显。实际上,作为民营经济大省,浙江国有经济不但没有因为与民营经济同台竞争败下阵来,两者还形成了优势互补、共生共荣的良性关系,共同撑起了浙江经济的繁荣发展。多年来,浙江国有经济表现优异,各项指标都位居全国各省国有经济前列,充分体现了在社会经济发展中的市场主导作用。

一 有进有退优化国有经济布局

从本质上说，国企发展既要符合市场经济的规律，也要发挥弥补市场机制配置资源缺陷的基础性作用。国有企业是一个市场化的经济组织，也是国家实施宏观调控的工具。从"公共性"的角度来看，国企必须服务于社会整体利益，这是国有企业最突出的共性。国有企业肩负着众多社会目标，发挥服务社会的功能。如在增加就业机会、缓解失业压力、调整产业结构、引领发展方向、提供福利性产品和服务等方面，国有企业都应有义不容辞的使命。

国有企业主要有两大方面的优势：一是政治和组织优势。坚持党的领导、加强党的建设，是中国国有企业的光荣传统，是国有企业的"根"和"魂"，是中国国有企业的独特优势。二是国家优势和资本优势，作为全民所有制企业，能够依靠国家意志迅速集中优质资源达到产业集聚和规模效应。鉴于上述国企的特性、任务和优势，国有企业应该在产业选择上有所为有所不为，逐步退出民营企业更有效率的领域，进入民营干不了或者缺乏效率的领域，强化基础性、公共性、战略性、外部性的行业领域。

2004年6月，浙江省委、省政府启动了以产权多元化为主要内容的新一轮省属国有企业改革。6月23日，省委、省政府召开省属国有企业改革座谈会，对省属国有企业的改革作了总动员、总部署。时任浙江省委书记习近平在会上强调，要从整体上搞好搞活省属国有企业，进一步增强国有经济的竞争力和控制力，为全省经济社会发展和社会主义现代化建设做出新的贡献。习近平指出，省属国有企业资产总量大，影响力强，是全省国有企业改革的重中之重，要以更大的决心、更扎实的工作来推动省属国有企业改革取得突破性的进展。他提出省属国有企业改革的主要目标是基本完成以投资主体多元化为主要内容的新一轮省属国有企业改革，完善国有资本有进有退、合理流动的机制；继续调整和优化国有经济布局和结构，推动国有资产向重点领域和优势企业集中；加快建立现代企业制度，推动企业体制机制创新，在完善公司法人治理结构、转换企业经营机制方面取得新进展；

基本建立权利、义务、责任相统一，管资产和管人、管事相结合的国有资产监管体系。

2005年，浙江省委、省政府出台《关于深化省属国有企业改革的若干意见》，明确了各项改革的大原则和政策界限，明确了规范有序地进行MBO、有条件地开展资产评估价值协商作价转让国有产权、积极探索国有产权全部退出后企业离退休人员的管理办法、积极鼓励非国有资本参与省属国有企业产权改革等一系列政策，增强了企业改革的动力。在习近平推进浙江国企改革之始，发生了两起受到市场和社会各界广泛瞩目的国企产权变动案例。

耀江集团整体转让。2004年11月16日，浙江耀江集团整体产权公开转让签约仪式在浙江产权交易所举行，这是浙江省启动省属国企改革以来，第一个实行整体产权挂牌转让的企业。耀江集团成立于1996年，是一家以房地产开发为主业的国有企业，房地产业属竞争性很强的行业，投资大、管理环节多、风险也大。为探索国有产权改革新道路，省国资委十分重视这一项目，时任省国资委主任陈正兴曾为此前后参会20余次。此次转让严格按照国务院国资委有关规定的要求和程序进行，在浙江产权交易信息网和《浙江日报》上公开挂牌披露。经中介评估，转让股份调整后的净资产为2亿元，挂牌价为2.2亿元，实际成交额2.3亿元。整个开标、评标过程由省监察厅代表全程监督。耀江集团此次整体改制，使国有资本从一般性竞争领域退出，既盘活了国有资产存量，避免经营风险，从而达到国有资产保值增值的目的，同时又有利于企业今后的发展。

萧山国际机场与香港机场联姻。2005年，浙江的国有企业改革再次吸引了全国的目光，4月15日，杭州萧山国际机场和香港机场管理局签订了《杭州萧山国际机场有限公司增资认购协议》，根据双方签署的协议，萧山国际机场通过增资扩股、引进战略投资者的方式，与香港机场管理局合资，共同投资和经营管理萧山国际机场。萧山国际机场以评估后经省国资委确认的净资产出资，占65%的股权，香港机场管理局以港币现汇折算方式出资，占35%的股权。合资公司利用港方资金19.9亿元人民币，加快投资建设机场二期工程和空港物流中心，以及扩大国内、国际停机坪。这是内地民用机场整体合资的首次尝试和一次强强联手的合作。杭港机场合资，不仅是资金上的合作，更是管理、技术、人力资源等全方位的合作，促成了萧山机场这个优质的国有资产不断加快提升管理水平，开拓国际业务，实现了可持续发展。

此后，浙江国企加快进退步伐，抓住市场机遇，实施了一系列核心产业布局，也逐步退出了完全竞争市场的一些业务领域。"进"的领域，如顺应数字化、网络化、智能化的发展潮流，加快改造传统产业，培育新兴产业，物产、国贸等企业加快培育电商集成服务业务，建立了"中国钢铁商城"电商服务平台，"义乌通""融易通"等一批服务平台。能源、交通、建设、物产等企业积极响应"一带一路"倡议，加快对接海外市场，优化产业布局。巨化、杭钢等企业结合转型发展方向，积极拓展水处理等环保相关产业。建设集团打造"浙建产业园"，积极推动新型建筑工业化。

"退"的领域，如长广集团迅速、平稳关闭七矿，彻底退出煤炭开采业，集中力量发展生物质能源、新型建材等产业，并由能源集团完成重组，推进历史遗留问题处理、转型发展等工作。省属企业着力抓好钢铁、海运等领域过剩产能化解，杭钢集团通过关停半山钢铁基地，压减 400 万吨炼钢产能，带动全省钢铁去产能五年任务一年完成，并妥善安置 1.2 万余名职工。省交通集团对海运板块 3 家企业实施破产清算，顺利解决职工股权等遗留问题。各企业按照国家分类调控要求，结合实际重点解决房地产去库存问题，省商业集团完成嘉凯城相关股权债权转让，改善企业财务状况。物产中大集团挂牌出让所属 15 家房地产项目公司，推动传统房地产业务向养老、代建等服务转型。

2016 年，浙江出台了《关于明确省属企业功能定位实施分类监管的意见》，将 19 家省属企业划分为功能类和竞争类，也为国有企业融入市场与多种所有制经济共同发展提供了新的思路和合作要求。其中，省能源集团、省交通集团、省海港集团、省农发集团等 9 家关键领域企业，定位为"功能类"，主要考核履行功能职责、推进重大政策与战略任务的完成情况，要求保持国有独资或国有资本控股，根据企业实际支持非国有资本参股。而物产中大集团、省建设集团、省国贸集团、杭钢集团、巨化集团等10家竞争领域企业，定位为"竞争类"，重点考核经营业绩指标和国有资产保值增值，要求国有资本可以绝对控股、相对控股或者参股。这为国企进退和民企介入提供了新的机遇。

二　国企民企互为市场共融共生

浙江省属企业是推进浙江民营中小企业加快转型升级的一个重要平台，国有企业通过与民营企业互为市场、开展产业合作，引领市场创新和产业转型。民营企业在市场研判、市场感知上更加敏感，在机制上更加灵活，国企和民企之间不是此消彼长的关系，在市场化发展道路上是互补的关系，必须打破"国进民退""国退民进"的零和博弈思维。物流、商贸、金融、旅游等现代服务产业的发展，要求这些领域的企业既要满足统筹规划、系统集成、公信力等社会需求，又要满足反应灵敏、性价比高、人性化服务的个体需求。省属企业和民营中小企业在相同产业中具有互补优势，省属企业在现代产业领域的流程再造和率先转型升级，将成为推动民营中小企业转型升级的重要动力。

2013年10月，第二届世界浙商大会国企民企对接会在杭州举行，200多家民营企业和国有企业的代表参加了会议。浙江省国企、民企拟合作项目有129个，投资额达3244亿元。单从当时的项目阵容来看，国有企业方面释放了足够的合作诚意，省属国企拟合作项目38个，投资额达453亿元，项目内容涉及港口建设、能源开发、铁路建设等多个领域。在洽谈合作意向时，民营企业最大的顾虑是担心失去主动权；民企的优势是机制体制灵活，市场响应快，如果合作后国企占主导地位，民企担心发挥不了体制机制优势；而国企最大的顾虑是担心失去主动权。

国有企业与民营企业互为市场，或者开展股权合作，或者联合打造产业链，并不一定必须以国企占据主导地位为前提。国企与民营企业合作，共同开发新的市场，也可以通过充分发挥国有企业在产业链拓展和运营模式等方面的优势，给民企带去除资金以外的市场机会，"授人以鱼不如授人以渔"，帮助其建立产业链上关键关节的创新模式。在国企和民企合作问题上，浙江坚决贯彻执行中央"两个毫不动摇"的方针，紧密结合浙江实际，坚持民营、国有经济的相互促进、共同发展，在浙江营造和形成了国有经济和民营经济相得益彰、共生共荣的良性互动局面。

物产中大集团托管帮扶祐康食品。"祐康"是浙江有名的冷饮品牌，是杭州人记忆中甜美的"紫雪糕"。由于受跨行业投资等影响，2015年年中，祐康集团陷入资金链困局，祐康食品面临关停的境地。在杭州江干区政府牵线搭桥下，物产中大集团作为国有企业挺身而出，接下了对祐康食品进行帮扶的任务。企业专门组织力量去祐康食品调研：厂里的库存已基本耗尽，春节消费季近在眼前，新一年的产品订货会如果没有产品尤其是新产品出厂，"祐康"就将从货架上消失，多年积累的供货商和经销商也将转投他处。消费者的提货券如果无法兑现，也会给品牌带来巨大的打击。必须尽快在短时间内让工厂恢复生产，保持祐康的产品、市场、品牌不断。物产中大集团提出了"经营性托管"模式，负责祐康食品的原料采购和产品销售，而将中间的生产环节全权委托给祐康食品。物产中大集团与祐康食品将共同成立一家公司，负责祐康食品的委托经营管理业务，祐康食品的管理团队必须出资入股，成为管理平台的股东。管理团队没有走，绝大多数员工也留了下来，经历28天的停工之后，最终祐康食品一线员工的流失率不到5%。祐康食品及时召开了供应商大会与经销商大会，出于对祐康产品的信任，以及物产中大集团的"背书"，经销商和供应商暂时打消了疑虑。复产之后，祐康食品从上到下都在强调创新，产品、品牌、渠道、管理要提升，更要在竞争无比激烈的行业内与同行差异化发展，探索冷冻食品行业的"互联网＋"，打造核心竞争力。合作双方彼此的信任与配合，推动着祐康食品在短时间内恢复造血功能，实现了生产的正常化。祐康食品选择在2017年情人节一口气发布了15款新产品，以新面貌重出江湖。在恢复生产600多天之后，祐康食品的核心指标基本恢复到正常水平。"世界500强"企业的经营管理能力，供应链集成服务模式的优势，在消费品领域得到了充分印证。

中国小商品城集团联手民营资本拓展电子商务。作为国企，中国小商品城集团股份有限公司走在了与民企合作的探索前列。随着小商品城的快速发展，通过互联网技术提升运营模式成为新时期市场拓展的客观需要，义乌中国小商品城积极向电子商务平台进军。从决策效率、运营机制等方面相比较，互联网业态领域民营经济比国有经济具有较大的市场优势。2014年，小商品城集团下属的全资子公司的义乌购，引进了第三方民营资本，成立了新义乌购公司，上线义乌购官方网站，依托实体市场，将网上商铺与几十万家供应商、数百万种商品一一对应绑定，为采购商和经营户提供可控、可信、可溯源的交易保障。集团在电子商务平台混改的基础上，坚持市场化导向，给予网站发展充分自主权，努力将其打造成全球 B2B 龙头电商平台，开放市场基础数据及应用场景，打造"义乌总部基地+全球战略节点"的分销网络，构建一个以金融服务为高点、线上线下融合的小商品产业互联网生态圈。

三　借力资本市场促进混合发展

国有资本流动本质上是国有资本的形态转换机制，是以资本为纽带促进资源优化配置的动力机制。建立合理的国有资本流动机制，有利于优化国资出资人履行职责的模式，当前国资委履行出资人职责的主要模式有三种：第一种是国资委直接持股，这种模式存在较大争议。第二种国资委通过集团公司间接持股，这是传统上国资企业资本管理的主要形态。第三种是国资委通过平台公司间接持股，这种模式是理论界和实务界的理想思路之一，尤其是在企业集团整体上市的情况下，更利于国资流动性管理，也是当前国家正在提倡和推广的国资流动管理模式。在该模式下，国有资产经营公司可以起到良好的政企分开、政资分开的"隔离层"作用。同时，因其本身不是行政机构，而是一个专事投资的企业法人，具有良好的企业治理结构和经验丰富的管理队伍，因而更适合担任国有资产的出资人。但这种中间层的存在，也使国有资本经营的委托代理链条加长，从而可能导致信息传递时间长、环节多、可靠性低，使得委托人的监管难度加大，代理成本增高。

从浙江的实践来看，国有资本的合理流动，关键是建立公开透明规范的国资流动平台，优化完善国资流动平台运营机制，推动国有控股上市公司、非上市公司开放性市场化重组整合，实现资源、资产、资本、资金的良性循环。同时，国资流动平台作为国有资本的专业运营者，加强资本整体运作，在更大范围、更广领域、更高层次上促进资本合理流动、优化配置，同时提高运营效率，放大资本功能，以更好服务国家战略目标，更好实现国有资本保值增值。

浙江省委、省政府贯彻落实中央深化国有企业改革的精神，2014年9月下发了《关于进一步深化国有企业改革的意见》，明确要推进国有资本运营公司试点工作。2016年6月，经省委财经领导小组研究决定成立浙江省国有资本运营公司。2017年2月，公司领导班子到位，标志着作为省政府一级企业的国资运营平台正式成立，公司注册资本金100亿元。该公司的经营范围包括投资与投资管理及咨询服务、资产管理与处置、股权管理、股权投资基金管理和金融信息服务等。

浙江省国有资本运营公司作为浙江省推动"以管资本为主"加强国资监管的重要平台，省国资委坚持从顶层设计入手，专门制定出台《省国有资本运营公司运营管理方案》，从制度层面探索构建符合国有资本运营平台的运营管理举措，推动平台更好地促进国有资本运营和流动，更好地服务浙江国资国企改革发展。一是从功能定位上突出平台使命。坚持服务战略功能与市场运作功能并重，按照以管资本为主完善国资管理体制的要求，建立完善的市场化运行机制和内部管理体制，提高国有资本市场化、专业化运作水平，打造治理规范、制度科学、运作专业、竞争力强的省级一流国有资本运营平台。二是从资源配置上支持做强做大。公司统筹整合省属企业等各类资源做强做大，提高注册资本金；支持公司优先参与省属企业重组整合、资产证券化和上市公司资本运作等项目；陆续将竞争类省属企业国有股权、功能类企业和拟上市公司剥离资产及其他省级部门单位所属经营性资产注入公司，由其负责以市场化方式进行运营处置。三是从创新机制上激发活力。明确成立省级国有资本运营决策委员会，负责决策设计省属国资全局性、战略性、方向性的重大资本运作事项和重要的政府性投资项目等。明确经理班子全部实行职业经理人制度，实行契约化管理。在国有股权管理方式上。坚持有所为和有所不为，即明确公司原则上不参与持股企业具体经营，主要负责国有资本管理和运作；对省国资委明确由公司履行股东权利的其他国有股权，积极承担相应的股东职责。通过发挥平台公司功能作用，进一步优化国有资本布局，提高国有资本配置和运行效率。

为借助资本市场促进国有资本合理流动，浙江省把推进国有资产证券化作为发展混合所有制经济的重要方式，积极推动省属企业股份制改革和上市培育工作。截至 2016 年年底，省属企业资产证券化率为 51.8%，浙江省属国企共有物产集团（物产中大）、浙能集团（浙能电力、宁波海运）、杭钢集团（杭钢股份）、巨化集团（巨化股份、菲达环保）、交通集团（浙江沪杭甬、浙商中拓、*ST 江化）、国贸集团（浙江东方）、海港集团（宁波港）7 家集团企业拥有上市公司平台。

根据浙江省提出的"凤凰行动"计划，从 2017—2020 年实现上市公司倍增，其中八大万亿产业和高新技术企业的上市公司占比分别达到 50% 和 60% 以上，资本市场融资累计 2 万亿元，全省直接融资占比 35% 以上，这为国有企业进一步利用资产证券化提高资本流动性提供了历史性的机遇。

浙江国企与民营企业互为市场、互补共生、协同发展的启示有以下几个方面。

1. 与多种所有制共生发展，其意义就在于浙江国有企业通过在改革发展中有所为、有所不为，正确处理与民营企业共济共生的关系，积极融入市场与多种所有制经济共同发展，借力资本市场做到有进有退，扮演好自身的角色；善于向市场经济借鉴创新的经营机制，而不是单纯地与民企在市场上一较高下；只有在市场化中创造领先于同行业的产品、服务和价值，才能使浙江国企站在市场的潮头。

2. 国企要适应和融入社会主义市场经济，必须建立与市场经济接轨的企业经营机制。企业经营机制是指企业作为一个经济有机体，为适应外部经济环境和发展而具有的内在功能和运行方式。企业经营机制是企业经营的各生产要素和环节之间，依其分工与协作关系而形成的相互作用、相互联结、相互制约的具体形式和调节方式，又是企业对市场、政策等外界信号的内在反应机制。

3. 和以往与民营中小企业的关系不同，浙江省属企业转型升级对民营中小企业发展的促进，有从不同产业之间的互补关系上升到同一产业链有机整合的新趋势。

4. 要通过国资运营平台高效地推动国有资本合理流动，必须以提高国有资本流动性为目标，积极推动经营性国有资产证券化。建立健全优胜劣汰市场化退出机制，加快处置低效无效资产，支持企业依法合规通过证券交易、产权交易等市场，以市场公允价格处置国有资产。证券化率高反映了区域经济良好的活跃度、流动性和发展质量，对于企业而言也有利于降低债务杠杆、优化债务结构。

第三节 发挥供给侧结构性改革的重要作用

供给侧结构性改革从提高供给质量出发，用改革的办法优化经济结构，减少无效和低端供给，补齐发展短板，扩大有效和中高端供给，增强供给结构对需求变化的适应性和灵活性，使供给体系更好地适应需求结构变化，提高全要素生产率，更好地满足广大人民群众的需要，促进经济社会持续健康发展。推进供给侧结构性改革，是以习近平同志为中心的党中央深刻把握我国经济发展大势作出的战略部署，是适应和引领经济发展新常态的重大创新，是适应后国际金融危机时期综合国力竞争新形势的主动选择。

浙江经济之所以在经济周期性调整中表现优越，关键就在于浙江省委、省政府主动适应经济发展规律，前瞻性的预判宏观经济发展走势，提前主动调结构、转方式、提质量。浙江省国有企业在每一轮产业提质升级中，发挥了示范引领和带动作用。

一 扩大先进要素投入 补齐发展短板

先进要素是指适应经济社会发展需要的优质生产要素，除了传统的劳动力、土地、资本、企业家等生产要素概念，更为突出科技、知识产权、大数据、现代金融等独立的要素资源及其发挥功能的经济环境条件。资本的属性决定了其在市场经济中的重要地位，资本的先进性体现在投融资模式的创新，体现在直接融资的替代作用，以及通过融资模式的调整对生产力的进步提供有力的支撑。

浙江省旅游集团加大金融创新资源的投入。是省委、省政府确定的全省唯一一家以旅游、健康为主业的省属国有大型企业，是一家集旅游策划、旅游规划、景观设计、投资建设、运营管理、品牌输出为一体的全域旅游投资运营商和旅游全产业链创新引领者。由于旅游目的地投资、特色小镇建设、酒店投资、医疗健康等产业都是高投入、重资产领域，在企业杠杆率较高的情况下，需要充分利用社会资本推动集团主业发展，省旅游集团加快融资模式创新，加大了金融创新资源的投入。

由浙江省旅游集团、国开金融、新希望集团、浙江长龙航空联合其他战略投资者共同设立了浙江省旅游产业投资基金，基金规模为人民币100亿元，一期规模50亿元，专注于旅游产业投资，以母子基金投资、直接股权投资、资产并购重组等方式主要投向省内外具备较高成长潜力、带动效应显著的旅游及相关新业态项目。由浙江省旅游集团、浙江省农业发展投资基金联合社会资本共同出资成立了浙江省古村落（传统村落）保护利用基金，是全国首只专项用于传统村落活态保护与历史文化传承利用的基金，总规模20亿元。基金围绕"资本下乡、乡悦富民，百村万户、活化新生"的运营宗旨，对古村落进行保护与活化，为浙江省打造一批具有鲜明特色与吸引力的高品质乡村旅游标杆示范项目，为传统村落的保护与利用提供宝贵的实践经验。为加快医疗健康产业的发展，浙江省旅游集团二级子公司浙江省医疗健康集团，与前海人寿保险、国信行健签署协议，共同建立总金额达100亿元的省医疗健康产业基金，并与杭州师范大学签约，共建健康服务与管理学科以及健康服务产业研究院，共同培养健康服务管理人才。

在专业化产业基金的支撑下，旅游集团加快旗下旅游产业研究及旅游交通、酒店投资管理、旅行服务、医疗健康、旅游目的地投资运营、旅游小镇投资建设、旅游金融、旅游文化会展等"1+8"事业板块的发展，加快实施助推浙江省万亿旅游产业"511"行动计划（即五年内培育5家旅游类上市企业，以旅游产业基金撬动社会资本投资1000亿元以上，建设运营100个以上旅游项目）。

巨化集团加大高新技术要素投入进行转型升级。巨化集团是国内著名的氟化工先进制造业基地和浙江省最大的化工基地之一。从1958年创立初期的国内老牌化工生产龙头企业，到20世纪90年代以氟化工为核心、煤化工和盐化工并举的资源密集型企业，再到如今成为以化工新材料为核心的高端制造业生产基地。巨化集团不仅在传统产业升级改造上实现赶超，还在智慧制造、绿色制造领域探索出一条创新发展的新路径，让这家有60年历史的老国企再次焕发出生机与活力。在巨化启动的以高新技术产业为主导的新一轮产业结构调整中，通过重点实施循环经济生态化改造，加快传统产业向新材料、新能源、新环保、新用途等"四新"方向高端产业转型，不但一举成为全国乃至全球领先的氟硅新材料产业基地，并成为国家循环经济教育示范基地，浙江省特色产业发展综合配套改革试验区、循环经济示范区和氟硅新材料产业集群的核心区。氟化工是巨化发展的核心主业，巨化紧盯世界级领军企业目标，走高端发展之路，加快技术研发，氟化工主业稳居市场龙头，成为欧洲空中客车公司一级供应商，拓展了航天、航空材料领域发展空间；与此同时，电子化学材料产业和特氯碱新材料产业两翼齐飞，打破新材料细分领域外国长期对中国实行的技术封锁，成为半导体高端市场以及高阻隔性新材料的主流供应商。在浙江省加快推进《智能制造发展行动方案》的背景下，巨化聚焦特色智能制造，大力推行工业化与信息化深度融合，启动了包含智慧总部、智慧工厂、智慧金融、智慧物流等"智慧巨化"顶层设计方案，在"中国制造2025"的实践中已率先领跑。

二 做强基础性产业 提高供给质量

基础性领域是指关系国计民生的基础性产业领域，是国有企业改革发展的重要阵地。基础性领域不但对经济社会可持续发展意义重大，而且往往是民营经济不愿意或者缺乏足够实力涉足的产业领域，需要国有企业重点围绕基础性和公共性领域，加快资源整合，以战略的眼光去统筹谋划，以大思路、大远见、大布局赢得大成效。

发展海洋经济、利用海港资源，是浙江新时期国企整合资源、扩大开放的重要战略方向。浙江港口和岸线资源禀赋优越，海岸线长6715公里，占全国的21%，可建万吨级以上的深水泊位岸线506公里，占全国1/3。宁波舟山港是21世纪海上丝绸之路始发港，浙江省是连接丝绸之路经济带和21世纪海上丝绸之路的重要枢纽。

浙江整合海港资源的发展思路早在习近平主政浙江时便已谋划。习近平高屋建瓴地指出，浙江要"争取发展成为海洋经济强省"，并在其提出的"八八战略"中，把发展海洋经济作为重要内容之一。他还指出，要加快全省沿海港口和综合集疏运体系规划，宁波、舟山港完全可以在合理分工基础上进行整合，以一个港口、一个品牌参与国内外航运市场竞争。从国际港口航运业来看，主要有船舶大型化、航运联盟化两大趋势，以及在此背景下的以港口整合为代表的供给端一体化趋势。美国纽约—新泽西港、日本东京湾港口群，都有各具自身特色的组合港发展模式，也为浙江省港口一体化发展提供了难得的借鉴。浙江省港口一体化，是通过行政和资本纽带对省内港口资源进行资产和运营方式的整合，以浙江省海洋港口发展委员会为行政抓手，浙江省海港集团为其职能延伸的市场抓手，两手齐抓，统筹管控和高效利用全省涉海涉港资源，建立打造涉海涉港行政管理、资源统筹、资本运作、港口运营以及海洋和港口经济发展新模式。

2015年，首先对宁波、舟山两地港口经营主体的资产整合，成立宁波舟山港集团和宁波舟山港股份有限公司，实质性实现了宁波、舟山两港一体化发展的目标。宁波舟山港的实质性整合，是浙江港口一体化的关键环节，其整合模式与成功经验为省内其他港口整合发挥了示范效应。2016年以来，省海港集团相继完成嘉兴港、温州港、台州港和义乌陆港资产整合，同时全省内河港口资产整合有序展开。至此，浙江省四大沿海港口和义乌陆港、内河港口的资产整合基本完成。到2016年年底，浙江省海港集团总资产超过1000亿元，净资产接近700亿元。

省海港集团积极推进各港口一体化运营，浙江省"一体两翼多联"的港口发展格局初步形成，基本奠定世界级港口集群雏形，省内各港口出现协同聚力发展新局面。经营主体的整合，带来了能力资源的有机整合，有效提升了供给端统筹能力和资源利用效率，整合以后货物吞吐量加速攀升。2017年宁波舟山港完成货物吞吐量超过10亿吨，成为全球首个超10亿吨的港口，连续9年位居世界第一；完成集装箱吞吐量2460.7万标准箱，位居全球第四。航线开发取得新突破，相继新开通了嘉兴港、温州港至日本、东南亚近洋直航集装箱班轮航线，全球总航线达242条，有效提升了港口服务区域的经济发展的水平。码头和口岸服务水平明显提升，宁波、舟山两港统一岸线资源与管理，共用航道、锚地资源，航运能力统一调配，共享引航、拖轮等配套服务，推行宁波口岸与杭州口岸"两关如一关，两检如一检"监管和服务，逐步实现深度融合发展，有效缩短了客户待泊时间，降低了客户物流成本，为客户提供了更高效、便捷的服务，极大地提升了满足船公司和物流运营商、货主等客户需求的服务能力。

2017年8月，国务院交通运输部发布《关于学习借鉴浙江经验推进区域港口一体化改革的通知》，在浙江专题调研的基础上，要求各省级交通运输部门在学习借鉴浙江改革经验的同时，因地制宜地推进区域港口一体化发展。浙江港口"一体化"战略重组，解决同质竞争困局，使宁波舟山港一跃成为全球第一大港，是国有企业做强基础性产业、提高供给质量的经典案例。

三 专注战略领域　引领科技创新发展

经济发展的战略性领域，是指以科技发展为引领，技术含量高、代表未来发展方向的重点产业领域，如互联网、智能制造、信息技术、节能环保、海洋工程等战略性新兴产业。浙江国有企业虽然以传统产业布局为主，但在产业转型升级和新兴产业布局上，勇于创新、走在前列，电子商务、现代物流、医药等战略性新兴产业加快拓展，为省属国企的未来发展打开了新的篇章。"十二五"时期，制定出台了省属企业实施创新驱动发展战略指导意见，国有资本经营预算共支持企业重大创新项目20项计8.25亿元。省属企业拥有国家级重点实验室、产业园、工业设计中心各1个，新增各类创新平台42个，累计获得发明专利248项，制定国家级行业标准35项，国家级品牌5个、省级品牌39个。重点制造类企业研发投入强度平均超过3%，重点服务业企业新业态投资占比超过50%。在高度重视发展战略性领域，重视科技强企、提升生产服务水平的基础上，浙江国有企业开展了一系列以科技引领的供给侧结构性改革。

杭钢集团聚焦环保、科技等新兴战略领域。2015年，杭钢集团积极响应国家去产能的号召，坚决贯彻浙江省委、省政府重大决策部署，以壮士断腕、破釜沉舟的勇气，用约150天时间全面关停杭州半山钢铁基地400万吨产能，平稳有序地分流安置1.2万名产业工人，成为全国性典型，被业界誉为"杭钢奇迹"。这场经典战役，国家层面、省级层面都高度认可，被当做钢铁去产能的一个典型、供给侧结构性改革的一个经典案例。2016年，杭钢集团在"建新停旧"的基础上，开启第三次创业，开展了"走出半山、走进市场、发展杭钢"为主题的解放思想系列活动，明确了主攻节能环保产业，做强做优钢铁制造及金属贸易产业，积极培育智能健康产业、教育与技术服务产业的新时期发展目标。杭钢已相继成立浙江省环保集团、杭钢职业教育集团、杭钢电商、中杭监测、宁波紫藤、紫达物流、智谷科技等9家公司，并支持自主创业创办77家公司，拥有已完成论证或成熟启动项目10个，正在洽谈项目15个，总投资约260亿元。在2015年亏损28亿元的情况下，杭钢集团2016年销售收入达702亿元、利润达13.27亿元，实现了产能压缩、平稳转型、结构优化、效益倍增。

浙江省能源集团聚焦低排放、新能源技术。按照习近平对能源安全国家战略提出的"四个革命、一个合作"，即推动能源的消费革命、供给革命、技术革命和体制革命，加强国际能源合作。浙能集团在电力供应方面，"上大压小"，调整发电结构，全部实现了超低排放，在污染物排放量方面可以与天然气相当，做到脱硫脱硝。超低排放的技术在阿斯塔纳世博会受到习近平主席的肯定和业内好评，并拿到了全国发明一等奖。在可再生能源方面，水电、风电和太阳能发电也取得了很大的发展。除了浙江地区的海上风电，和宁夏等西北地区也开展了对接合作，收购建设了一批新能源项目。石油产业方面，依托舟山自贸区组建了浙江石油公司，主要进行原油储备、成品油贸易。这个公司的成立补齐了油品业务的短板，浙能集团真正成为全产业链发展的公司。大宗商品交易方面，在舟山成立了煤炭交易中心，在舟山六横建立了吞吐量3000万吨煤炭码头，作为煤炭交易的地点。

四 扩大国有经济的正外部性效应

经济外部性是经济主体的经济活动对他人和社会造成的影响。浙江的国有企业每年都要开展社会责任报告，引导国有企业积极履行社会责任，促使国企做好改革引领，发挥在产业发展技术创新上的公共平台作用，为市场提供公共服务，在企业经营发展中承担社会责任，不断扩大国有经济的正外部性。

杭钢集团半山钢铁基地转身"双创"园区服务创业创新。杭钢半山基地关停后，积极盘活存量，谋划好半山基地资源利用和开发，大力推动创新创业，集聚社会创新资源，驱动集团新兴产业培育壮大。杭钢"双创"园区率先启动和投入运营的是杭钢智谷创业园项目。该项目由杭钢技校区域改造后投入使用，已经有42家自主创业公司和5家外部创业公司入驻，引入了橘子汽车、特来电充电桩等机构为园区集聚人气，为创客出行提供便利。园区以114名集团公司自主创业者为主要服务对象，2016年申请落实奖励450万元；组织对自主创业者的内外培训14次，安排内部子公司对接达成6次合作意向。园区定期组织创业公司展销会，多家创业公司被安排省市媒体进行宣传。园区除了通过提供创业物理空间，更积极设立专项基金和专业服务配套，通过多种服务，为园区创业企业提供扶持、创造价值。集团也依托"双创"园区的创新要素集聚，近距离获得新兴产业、高新科技、前沿技术、高层次人才以及社会资本等转型发展急需的可持续资源。

浙江省交通投资集团创新服务体现国企社会责任。省交通集团以打造省级交通基础设施投融资平台和综合交通体系为核心，以承担好责任、发挥好功能、发展好企业为要求，坚持以人民为中心的工作导向，通过抓项目、扩投资、抢进度、提品质，深化惠民、便民、利民和提质增效等措施，积极打造具有影响力的国企形象品牌。倾力打造"交投品质"，通过精进管理建设精品工程，集团项目建设管理收获了一系列荣誉。仅2016年，全国公路交通工程质量最高奖"李春奖"

评审出的九项获奖工程中，交投集团的西堠门大桥、金塘大桥和黄衢南高速公路浙江段等项目就独占三席。乐清湾项目在全国率先全方位引入 BIM 技术应用于跨海大桥建设，在 2017 年 2 月交通运输部全国公路水运品质工程现场推进会上，作为"浙江经验"向全国推广。

浙江省交通投资集团充分利用新技术、新手段提升公众出行服务质量。集团以客户需求和用户体验为出发点，依托智慧高速平台，集中攻关应用功能提升，打磨技术服务产品，先后完成智慧高速微信、手机 APP 等平台功能升级，先后开展 APP "大家来找碴"、微信"微社区"、"回家路、送话费"等线上主题活动。截至 2016 年年底，智慧高速微信用户累计达 40.3 万余人，APP 用户累计 15.9 万余人，发布信息 6.7 万余条，更好地为公众出行提供优质服务。所有高速服务区实施移动支付全覆盖，开展"优化服务提升年"活动，引进国际国内知名品牌和地方特色品牌，推进与地方经济、文化的深度融合，打造旅游主题馆、丝绸主题馆、剑瓷主题馆等，着力提升高速公路服务区的服务质量和品牌特色。

国有企业推进供给侧结构性改革的启示有以下几个方面。

1. 对国有企业参与供给侧结构性改革来说，就是要在市场供求两端体现国有资本的优势，在基础领域、关键领域、战略领域，发挥供给先进要素、提高基础产业供给质量、引领战略产业发展、调节宏观经济均衡发展等方面的作用；通过产业整合、收购兼并、资本运作等方式，积极推进传统产业转型升级，加快培育发展新业务，推动国有资本向重要行业和关键领域、重点基础设施集中，向前瞻性战略性产业集中。

2. 国有企业在劳动力吸引、融资、土地资源集聚和人才吸引方面有其自身的优势，但传统的要素投入模式和机制创新不足，使得一些要素投入产出的效率较低。以企业生产必需的融资能力为例，国企在融资能力和融资成本方面相比民营企业有更大的优势，但大量的资本投入和重资产运营导致企业杠杆率过高、运营效益下降。在国有企业去杠杆方面，由于国有企业获得资金过于容易，负债率普遍偏高。据财政部发布的国有企业经济运行数据，近年来国企负债率维持在 65% 以上。部分国有企业从银行系统获取廉价资金后，通过委托贷款、信托产品等方式高价转手,成为金融套利者。这种扭曲的资源配置,可以在降杠杆的过程中得到纠正,这对民营企业、中小企业来说是好事。

3. 浙江国有企业的改革,离不开浙江社会治理和市场经济的土壤。党的十八大以来,浙江国有企业的市场化进程和供给侧结构性改革的开展,是习近平治国理政理念和习近平新时代中国特色社会主义思想在其萌发地浙江的实践产物。浙江国有企业在缺产业基础、缺自然资源、缺经营资产的环境下,依靠体制机制的创新,依靠在博弈竞争中成长,依靠企业经营与社会治理体系的有机融合,走出了一条市场化改革的新路子,树立了一系列国企改革发展的浙江经验。

第三章　构筑大平台，服务重大发展战略

发展战略平台是整合各类经济资源要素、发挥各个市场主体协作作用、促进产业融合创新的重要载体。构筑大平台，实施大项目，运用大资本，促进大发展，既是政府推动经济社会发展的重要路径，也是国有企业发挥体制机制优势、集中力量办大事的重要手段。浙江国有企业积极践行"八八战略"，勇担国有企业角色使命，充分发挥国有企业集中力量办大事的体制机制优势，构筑大港口、大交通、大能源、大粮食、大资本发展平台，在积极服务"一带一路"建设、海洋经济、大湾区大通道大花园大都市、保障能源和粮食安全等国家和区域重大发展战略方面发挥了重要作用。

第一节　"大港口"带动海洋经济大发展

21世纪是海洋经济的世纪，海洋在全球的战略地位日益突出。港口是海陆运输通道和运输方式交换的重要枢纽，是集聚临港产业和多种功能的重要平台。浙江是一个海洋大省，海洋资源丰富。早在2003年，时任浙江省委书记习近平在舟山市调研时，就高屋建瓴地指出，"新世纪新阶段浙江经济进一步发展的天地在哪里？在海上！浙江省有什么可以做成全国和全世界之最的？只有港口，港口可以发展成全国之最甚至世界之最"。[①] 2013年，国家主席习近平提出建设

---

① 参见习近平2003年1月6日在舟山市调研时的讲话记录。

"丝绸之路经济带"和"21世纪海上丝绸之路"的重大倡议。浙江省整合涉港涉海资源，组建海港集团，推动"五港一体化"发展，发挥大港口的带动作用，浙江加快融入"一带一路"，带动浙江海洋经济快速发展。

一 建设大港口发展海洋经济的意义

浙江是海洋资源大省。全省海域面积达26万平方公里，面积500平方米以上的海岛有2878个，占全国海岛总数的25%以上；海岸线长6715公里，占全国的21%，居全国第一。浙江深水港口资源、海洋渔业资源、东海大陆架油气资源、潮间带滩涂资源、海洋旅游资源和海洋能源丰富。深水港口资源地处中国沿海中部，可建万吨级以上的深水泊位岸线506公里，占全国1/3。渔业资源蕴藏量达205万吨以上，年可捕量在105万吨以上。沿海的海洋生物有1700多种，大部分为鱼类及药用生物；东海大陆架盆地目前已展开勘探工作的有8个气井，是一个有着良好开发前景的油气资源区。2010年，浙江被列入国家海洋经济发展试点省，发展海港海洋经济潜力无限。

宁波舟山港兼具海、陆两大枢纽功能。位于中国大陆海岸线中部，地处中国经济最发达的长三角地区，东西向连接长江经济带和中西部，南北向连接东部沿海各港口，向东对接"21世纪海上丝绸之路"，向西对接"丝绸之路经济带"，具有连接东西、融通南北，对接"一带一路"的区位优势。宁波舟山港是促进"海陆联动、双向对流"的战略要地，是对接融入"一带一路"建设的枢纽。建设大港口，推动宁波舟山港和嘉兴港、温州港、台州港、义乌陆港一体化发展，对推动"一带一路"建设、长江经济带、海洋经济发展都具有战略意义。

宁波舟山港拥有建设大港口的优势和良好条件。可规划建10万吨级以上泊位岸线200公里，30万吨级以上超大型泊位深水岸线20公里，天然航道平均水深30—100公尺，30万吨级船舶畅通无阻，超大型国际枢纽港建港条件全球少有。宁波舟山港由镇海、北仑、大榭、穿山、梅山、金塘、衢山、六横、岑港、洋山等19个港区组成，现有生产泊位624座，其中万吨级以上大型泊位157座，设计吞吐能力7.74亿吨，居我国首位；集装箱吞吐能力1297万标准箱，集装箱远洋干线118条，居全国前列。

近些年，宁波舟山港积极参与"一带一路"建设，已经名副其实成为"一带一路"枢纽大港。与2014年相比，宁波舟山港"一带一路"航线从74条升至82条，全年航班从3780班升至4412班，全年箱量从838万标准箱升至908万标准箱。其中，东南亚航线从20条增至目前的28条，覆盖了越南、泰国、缅甸、马来西亚、印度尼西亚、新加坡、菲律宾、柬埔寨等东南亚主要国家，成为东南亚国家输往日韩、北美等地国际贸易货源的重要中转站。同时，宁波舟山港的北仑、镇海两个港区直通铁路，作业能力达45万标准箱，已成为中国南方海铁联运业务量第一大港、对接"丝绸之路经济带"的重要枢纽。目前，全港海铁联运班列已开通11条，业务范围涵盖江西、安徽、陕西、甘肃、新疆等十多个省份30余个城市，进而延伸至中亚、北亚及东欧国家。

宁波舟山港是中国重要的集装箱远洋干线港，国内最大的铁矿石中转基地和原油转运基地，国内重要的液体化工储运基地和华东地区重要的煤炭、粮食储运基地，是国家的主枢纽港之一。在新的历史机遇期，宁波舟山港主动适应新形势，加快推进创新突破，全力打造全球一流的现代化枢纽港、全球一流的航运服务基地、全球一流的大宗商品储备交易加工基地、全球一流的港口运营集团，对加快浙江省海洋经济发展示范区、舟山群岛新区、舟山江海联运服务中心、中国（浙江）自由贸易试验区、义甬舟开放大通道"五大战略"平台建设，推动浙江海港经济和海洋经济具有深远的战略意义。

二 组建海港集团推进"五港一体化"

浙江作为海洋大省，对外开放起步较早，港口发展条件好，港口业发展好。但由于港口岸线被不同的行政主体、市场主体、监管主体多重分割，浙江宁波港、舟山港、嘉兴港、温州港、台州港等各沿海港口分而治之、各自为政，规划、管理、开发、品牌不统一，重复建设、同质竞争等问题严重，消耗了整体对外竞争能力，制约了进一步的发展。2002年，时任浙江省委书记习近平在调研舟山时指出，要加快全省沿海港口和综合集疏运体系规划，宁波、舟山两港完全可以在合理分工基础上进行整合，以一个港口、一个品牌参与国内外航运市场竞争。要按照"统筹规划、合理布局、优势互补、共同开发"的原则，加快形成以"宁波—舟山深水港"为枢纽，以温州港、嘉兴港、台州港为骨干，以各类中小港口为基础的沿海港口体系。

港口一体化是两个及其以上的港口资源整合的高级形式，是不同港口的自然资源、行政资源和经营业务资源再配置、再优化利用的过程。"八八战略"的提出，吹响了浙江海洋经济发展的号角，为浙江省海洋港口的一体化发展指明了方向。浙江实施海洋港口一体化是推动经济转型升级、促进浙江港口提质增效升级、化解过剩产能、优化资源配置和新常态下的谋求新发展的制胜之道，对于建设国际一流港口、推动交通强省建设、服务经济社会发展具有重要意义。随着全省海洋港口一体化发展，宁波舟山港实质性一体化、浙江"五港合一"、全省"一体两翼多联"港口布局逐步实现，浙江成为全国乃至全球同等行政区域中真正实现海洋港口一体化、协同化、集群化发展的先行者，在为全国海洋港口发展提供了"浙江方案"的同时，也给浙江海港龙头的宁波舟山港，对接融入"一带一路"倡议提供了强大的全省合力。

（一）推进浙江港口一体化的战略作用

浙江省港口一体化是深度融入中国对外开放新格局的战略选择。2008年发生国际经济危机，世界经济和贸易增速下滑，甚至出现负增长，复苏艰难。中国采取一系列深化改革措施，特别是习近平提出"一带一路"倡议，得到相关国家和地区的积极响应，国内先后设立了11个自由贸易试验区，在国际上与有关国家和地区陆续签订双边贸易协定，不断深化国际开放和合作，不断推进经济全球化、市场化、协同化发展，贸易自由化和投资便利化的成果正逐步显现。放眼未来，全球和区域经济贸易形势给中国甚至东亚、东南亚地区港口提供了非常大的发展机遇。

浙江省港口一体化是充分组合利用优势自然条件，对接国家战略的创新举措。港口一体化发展是整合资源、充分发挥浙江优势的必然选择。宁波舟山港是海上丝绸之路的始发港，浙江是连接丝绸之路经济带和 21 世纪海上丝绸之路的重要枢纽节点。浙江港口将依托"一带一路"建设和中国（浙江）自由贸易试验区等发展机遇带来的开放空间格局和优势的发展环境，立足浙江，全面连接欧亚大陆并辐射全球，做大做强港口集群。

浙江省港口一体化是积极对接和服务国家和区域发展战略的需要。在"创新、协调、绿色、开放、共享"发展理念的指导下，国家战略布局不断深化和完善，宁波舟山港是长江经济带战略的入海口，是"一带一路"建设不可缺少的重要枢纽，是浙江海洋经济发展示范区、舟山群岛新区、舟山江海联运服务中心、中国（浙江）自由贸易试验区的重要载体，资源禀赋优越，区位优势得天独厚。对接和服务国家和区域发展战略，是浙江省港口一体化发展千载难逢的机遇。

浙江省港口一体化是积极应对港航业发展新趋势的主动选择。从国际港口航运业来看，主要有船舶大型化、航运联盟化两大趋势，以及在此背景下以中国港口整合为代表的供给端一体化趋势。一是全球领先的班轮公司集装箱单船运力水平不断提升，当前已投放市场的最大集装箱船舶载箱量已超 2 万标准箱，船舶大型化趋势仍未止步。二是巨型、大型航运企业通过结成航运联盟的形式，整合航线资源，使得港口之间分工更加明确。目前，2M、Ocean 和 THE 三大联盟运力占全球总运力的 75%。在此背景下，以中国港口为代表，供给端港口资源整合趋势明显。2015 年以来，浙江、江苏、辽宁、福建等地已明确开启新一轮中国港口资源整合。随着港口间竞争趋势不断加剧，未来港口间的整合不可避免。

同时，美国纽约—新泽西港、日本东京湾港口群，都有各具特色的组合港发展模式，也为浙江省港口一体化发展提供了难得的借鉴。目前来看，浙江这种实质意义上的组合港在国内外还不多，具有时代特点和浙江地域特色，要实现这种创新目标还要作出不懈努力。

（二）组建海港集团推进港口一体化

港口一体化是不同行政范围的管理部门、企业主体之间利益再平衡、再分配的过程，往往需要政府和市场两方面力量的共同推动。2005 年 12 月，时任浙江省委书记习近平作出宁波、舟山两港一体化的重大战略决策，并成立宁波—舟山港管委会，开启了宁波舟山港一体化的进程；2011年国务院批复设立浙江海洋经济示范区，浙江省海洋经济发展逐步驶入快车道；2015年5月，习近平在浙江考察时十分关切浙江海洋港口一体化发展，并提出"干在实处永无止境，走在前列要谋新篇"的期望。2015年6月，省委、省政府多次召开会议进行全省海港一体化发展专题研究，同年7月，时任常务副省长袁家军率团赴荷兰、德国学习考察港口建设走在世界前列的鹿特丹港、汉堡港发展经验。

深思熟虑后，浙江省做出了自己的选择：向体制机制创新要效率，整合优化全省港口、岸线资源，用全球视野、世界眼光、战略思维去统筹谋划，在最短时间内谋定了浙江海洋港口一体化顶层设计蓝图，以大思路、大远见、大布局、大举措赢得大成效。浙江海洋港口一体化发展的总体思路是，通过行政手段和资产纽带，整合统一、统筹管控和高效利用全省涉海涉港资源，建立涉海涉港资源管理、资本运作、港口运营以及海洋和港口经济发展新模式，加快建设"四个一流"，即全球一流的现代化枢纽港、全球一流的航运服务基地、全球一流的大宗商品储运交易加工基地和全球一流的港口运营集团。发展一体化，首先是发展主体一体化。2014年，交通运输部发布的《关于推进港口转型升级的指导意见》提出，支持国有港口企业发展混合所有制经济，鼓励港口企业以资本为纽带进行兼并重组，用市场的作用配置优化整合资源。浙江整合行政和市场资源，组建海洋港口发展的省级主管机构和省级市场平台，为一体化发展提供机制保障。

整合行政职能，成立浙江省海港委。为加快海洋经济和港口经济一体化、协同化发展，2015年8月，浙江省委、省政府正式成立了以省委书记兼任组长、省长兼任副组长的省海洋港口发展领导小组。2016年年初，中央编办批准浙江组建海洋港口发展委员会，为省政府直属正厅级机构，由副省长兼任主任，经省政府授权，履行省级经济管理权限，负责海洋和港口经济发展的宏观管理和综合协调，统一协调管理全省海洋港口发展工作。2016年6月，浙江省政府办公厅正式印发了省海港委"三定"方案。

组建浙江省海港集团。2015年8月，浙江省整合全省沿海港口及有关涉海涉港资源、资产和平台，组建浙江省海港投资运营集团。省海港集团作为省海港委职能的延伸，以市场化运作方式，贯彻落实省委、省政府统筹管控全省港口、岸线等海洋资源的战略意图；作为省级海洋资源开发建设投融资平台，强化资本运作，提高投融资能力；作为市场化运营主体，积极打造全球一流的港口投资运营集团。在产业布局上，省海港集团重点发展投融资、港口运营、开发建设和航运服务等四大业务板块，在海港资源存量优化和增量开发方面发挥主导作用。2016年11月，省委、省政府推进省海港集团与宁波舟山港集团深化整合，实行"两块牌子、一套班子"运作。持续的改革，为集团发展注入了新活力。

整合组建宁波舟山港集团。2015年9月，宁波港集团与舟山港集团完成控股式合并，成立宁波舟山港集团并在宁波挂牌，宁波市国资委和舟山市国资委分别持股94.47%和5.53%。2015年年底，宁波舟山港集团资产总额689亿元，净资产464亿元。2015年12月，宁波舟山港集团资产注入省海港集团，成为省海港集团的全资子公司。截至2015年年底，省海港集团总资产约900亿元，净资产达600多亿元。其中省级资产拟注入200亿元，到位150亿元，包括原省海投集团资本金100亿元和省财政注资50亿元，宁波舟山港集团归属母公司权益净资产340亿元。2016年，宁波港股份有限公司通过大宗交易的方式，定向增发吸收舟山港股份有限公司资产，完成舟山港股份有限公司全部资产的置换，并更名为宁波舟山港股份有限公司。原舟山港集团在妥善处理好战略投资者退出、舟山港股份终止上市等问题后于2016年3月注销。

整合浙江其他沿海港口。按照市级涉海、涉港资产、资产质量能够盈亏平衡的原则确定整合范围，在整合模式、后续发展、人员安置等问题上达成共识，陆续整合嘉兴港、温州港、台州港、义乌陆港和内河港口等资产，并在资产整合的基础上，推进浙江港口一体化运营、一体化管理。2016年10月，嘉兴港、温州港、台州港资产注入省海港集团；2016年11月，义乌陆港资产注入省海港集团；从2016年8月开始，浙中、浙南、浙北地区的内河港口资产整合有序展开。

至此，港口资产整合已基本完成。

深化整合、全面融合。2016年11月，省海港集团与宁波舟山港集团开始进行深化整合，逐步实行"两块牌子、一套班子"运作，加快推进管理整合、团队整合、文化融合，聚集资源、减少层级、提高效能，从资本一体化向业务、管理、文化一体化深入，打造一个既能贯彻国家战略，又能应对市场竞争的一流港口集团。

浙江省海港集团是浙江参与实施国家战略、建设海洋经济强省的主抓手和全省港口投资、建设、运营的主平台、主力军。自成立以来，在省海港委的直接指导下，认真贯彻落实省委、省政府的一系列决策部署，抓整合、建平台、拓市场、重合作、强管控、谋发展，各项工作都取得了明显的成效。在加快推进浙江海洋港口一体化发展中取得了阶段性重要成果，得到了上级党委政府的充分肯定，得到了社会各界的普遍好评，受到了中央及省级主流媒体的集中采访和广泛报道，为国内港口整合提供了新实践、新经验、新素材。随着港口一体化整合效应的逐步显现，集团综合实力和国际影响力不断提升，对外合作的优势更加明显，在港航业的话语权进一步增强。

三　发挥大港口作用引领海洋经济发展

发挥大港口的平台作用，带动海洋经济发展，是贯彻落实习近平总书记指示精神的重要举措。2016年2月17日，省海港委党委委员、省海港集团董事长、党委书记毛剑宏在省海洋港口一体化发展情况新闻发布会上指出，今后，全省重大涉海涉港项目特别是涉及深水岸线的港口项目，原则上都由省海港集团代表省里主导开发建设。作为国有企业的浙江海港集团，在服务国家战略、发展前瞻性战略性产业和海洋经济强省战略中发挥了重要作用。

（一）涉海涉港资源大融合

省海港集团自成立以来，根据省委、省政府的决策部署，在省海港委的大力支持和直接协调下，积极推进各港口一体化运营，浙江省"一体两翼多联"的港口发展格局初步形成，打造世界级港口集群的雏形基本奠定，省内各港口出现协同聚力发展新局面。在2015年推进宁波舟山港实质性一体化的基础上，2016年海港集团陆续完成了温州港、嘉兴港、台州港、义乌陆港的资产整合工作，实现了"五港合一"。同时加强内河布局，诸暨、龙游、兰溪等地的部分港口项目也已签订了战略合作框架协议。至此，以宁波舟山港为主体、以浙东南沿海港口和浙北环杭州湾港口为两翼、联动发展义乌陆港及其他内河港口的"一体两翼多联"的港口发展格局初步形成。

港口运营板块经过几十年的发展日益壮大，随着港口资源整合的深化，主业地位更加突出，规模更加庞大；浙江海港大宗商品交易中心、浙江港航信息服务平台的建设促进了航运服务板块的业态提升。浙江海港资产管理公司、浙江海港产融投资管理公司的组建和浙江省海洋港口发展产业基金的设立为投融资板块的搭建打下了坚实基础。通过港口、围垦、临港产业园区、油品储运基地等大项目的开发，开发建设板块的内涵更加丰富。集团自成立以来，初步打造形成了投融资、港口运营、开发建设、航运服务四大业务板块。

（二）港口生产运营大跨越

在全球经济贸易持续低迷、港航市场不景气的情况下，港口生产总体保持稳定增长的势头，特别是集装箱国际中转、海铁联运增势强劲，大宗散货也逆势回升。宁波舟山港港口生产捷报频传，2015年集装箱吞吐量首次突破2000万标准箱、排名超越香港港进入世界港口前4强；2017年成为全球首个货物吞吐量突破10亿吨的超级大港，在海内外产生了广泛影响。同时，温州港生产保持稳定增长；嘉兴独山港顺利开港并投入试生产；台州头门港也取得了不俗的成绩。

2016年9月，全球装载量最大的40万吨铁矿石货轮首次试靠鼠浪湖矿石码头，该码头实现满载运营。至今，鼠浪湖码头已经成功接卸40万吨超大型矿砂船14艘，累计完成港口货物吞吐量近2000万吨，混配矿超200万吨，跻身全球最大干散货码头行列。温州港开通至东南亚国际航线，嘉兴港开通至日本国际航线，这是港口一体化运营的最新成果。此前，宁波舟山港已与世界上100多个国家和地区的600多个港口通航，全球前20名的集装箱班轮公司均已登陆宁波舟山港，集装箱航线达235条，其中远洋干线112条，月均航班近1500班。2017年，全省沿海港口完成货物吞吐量12.6亿吨，完成集装箱吞吐量2687万标准箱。

（三）投资开发建设大突破

2016年4月，海港集团投融资板块的核心企业即浙江海港资产管理公司注册成立。公司组建后积极筹划设立海外投资平台，在香港设立子公司。同时，浙江省海洋港口发展产业基金签署合作框架协议，首期规模100亿元；7月，负责基金运作的浙江海港产融投资管理公司注册成立。进军石油仓储行业，通过兼并整合等措施，主导黄泽山油品储运贸易基地项目和中奥能源六横石化储运项目。参与港口集疏运建设，参股组建浙江舟山北向大通道有限公司，投资宁波舟山港（舟山北部）主通道项目建设。小洋山综合开发与上海方基本达成了共识。参与投资的中澳现代产业园已开工建设。金融投资方面，出资40亿港币认购浙商银行10亿股H股；出资15亿元人民币，与省国资公司、省交投、浙能集团、省国贸等共同组建浙江富浙投资有限公司，参与设立国新国同基金。项目建设方面，鼠浪湖矿石中转码头投入运营，梅山港区6#—10#集装箱码头工程、舟山实华二期45万吨油品码头工程等一批工程项目开工建设。

集团充分发挥开发建设主体功能，积极打造海洋资源一、二级建设开发平台，"内联外扩"的前期开发平台，基础设施建设的工程管理与工程服务平台，涉海涉港园区、地产投资开发平台，有序建设一批重大海洋港口项目，增强浙江海洋港口发展承载力、海洋经济发展拉动力。2016年9月，全国规模最大、技术最先进、环保设施最齐全的江海联运项目，浙江独山江海联运枢纽开港试生产暨"浙江嘉兴煤炭海河联运中转基地"落成，成为舟山江海联运服务中心与浙江省内河复兴计划的重要连接点。2017年2月，舟山黄泽山油品仓储二期项目开工建设，标志着浙江海洋经济和海港经济在精准发力上取得了示范性、突破性的发展成果。2017年4月，全球首艘载箱量超2万标准箱（20170标准箱）集装箱船"三井成就"轮靠泊宁波舟山港。

省海港集团以"对标"和"创新"为指引，促进航运服务产业实现特色突破。集团整合提升传统航运服务，推动智慧物联、智慧港口商贸等业态创新，打造共享经济的物流商贸生态圈。大力参与自贸区建设，推动油品和铁矿石区域分销中心建设，运作好浙江海港大宗商品交易中心,努力形成自贸区背景下的大宗商品定价中心。2017年4月,浙江海港大宗商品交易中心与组建浙江省海港集团自由贸易试验区同时揭牌。同时,集团积极对接国家和省级发展战略,参与江海联运服务中心建设,对接义甬舟开放大通道、义乌国际贸易综合实验改革试点等,完善全程物流体系。

(四)崛起为全球化企业

截至2016年年底,海港集团合并资产总额1002.31亿元,所有者权益总额684.86亿元,归属于母公司所有者权益570.05亿元,成为省属国企中为数不多的几家资产超千亿的企业之一。目前,集团下属控股及参股企业数量达270余家,其中宁波舟山港股份至2016年年底市值达到666亿元,在浙江省上市公司中名列第三位,在全国港口行业17家A股上市公司中排名第二位。截至2016年年底,集团员工总数超过3万人,其中与集团及下属企业签订劳动合同的员工约1.9万人。

无论是纽约、伦敦这样的老牌大都市,还是迪拜这样的后起之秀,都坐拥具备国际影响力与辐射力的强港。新使命催人奋进,浙江省委、省政府准确把握历史方位,按照中央精神,结合浙江实际,朝着建设海洋经济强省的目标去统筹规划、精心谋划浙江海洋港口经济发展的新篇章。作为改革实施主体,浙江海港集团对照《浙江省海洋港口发展"十三五"规划》中"四个一流"目标,即:全球一流的现代化枢纽港、航运服务基地、大宗商品储运交易加工基地和港口运营集团,全力打造全国港口改革的浙江样板,为推动我国沿海地区港口一体化发展起到先行示范作用。

第二节 "大交通"拓展开放发展新格局

交通是经济发展的大命脉、对外开放的大通道,是浙江高水平全面建成小康社会和高水平推进社会主义现代化建设的重要支撑。浙江发力大湾区大通道大花园大都市发展战略,整合全省交通资源,组建新的交通集团和机场集团,与海港集团一起打造了浙江海陆空三大交通航母,构建形成浙江交通大建设、大投资、大运营、大服务、大产业融合融通大平台体系，进一步拓展浙江国际区域开放发展空间。

一 建设大交通网络补齐发展短板

"要致富先修路"。改革开放以来，浙江持续投入巨资改善交通设施，先后建成了省内两小时交通圈和连接省内外、国内外的高速公路、高速铁路和民航交通网络。但是随着浙江经济社会进入高质量、高水平发展新阶段，对交通的覆盖面、便捷性、多样性，提出了更高的要求，全省"一小时交通圈"和联通全球的交通发展目标，成为新时代浙江交通的新任务。

"十三五"是浙江高水平全面建成小康社会和高水平推进社会主义现代化建设的关键期，也是浙江交通运输综合改革、万亿综合交通基础设施建设和综合交通基础设施连线成网的攻坚期。"十三五"时期，浙江交通建设将实施"5411"发展战略，围绕大港口、大路网、大航空、大水运、大物流等现代交通"五大建设"，高标准构建支撑都市经济、海洋经济、开放经济、美丽经济发展的四大交通走廊，投资1万亿元建设交通基础设施，构建一小时交通圈。

2016年4月，浙江省委在《关于补短板的若干意见》中，把交通基础设施列为制约全面建成小康社会标杆省的根本性、引领性、关键性的六大短板之一。现代综合交通的基本特点是互联互通，即通过综合枢纽节点连接公路、轨道、航空等各类形态运输方式，促进路网衔接互联，节点共建共享，构建一体化综合交通网络，实现"人一票换乘、物无缝驳运"的一站式服务和多式联运，从而大幅降低投资、物流、协调等各类成本，减少对土地、能源、人力等各类资源的消耗。对标全面建成小康社会标杆省份的更高要求，交通基础设施建设发挥的战略性、基础性、先导性作用还不够，交通基础设施建设存在需求持续增长与基础设施能力不足、综合交通运输体系还不健全、组合效率还不高、网络规模持续扩大与局部路段瓶颈制约、运输能力快速提升与多种方式融合不够等矛盾，已成为制约浙江高水平全面建成小康社会的一块突出短板。

二 整合资源推进交通一体化建设

（一）浙江省交通集团和浙江省铁路集团合并重组成新的浙江省交通投资集团

2016年7月，浙江省委、省政府宣布省交通集团和省铁路集团合并重组，组建成新的省交通投资集团有限公司。浙江省交通投资集团组建后，根据省委、省政府"快、稳、新"的要求迅速行动，在5个月内基本完成集团内部同类业务整合，系统构建新交通集团的产业布局。一是交通基础设施业务板块。包含高速公路、铁路、跨区域轨道交通和综合交通枢纽的投资、建设、营运及管理，构建全省综合交通运输主干网，推进营运管理信息化和智能化，实现互联互通和多式联运。这是新交通集团的核心业务。二是投融资业务板块。充分发挥新交通集团下属财务公司、证券公司、融资租赁、投资基金等作用，与其他主业板块进行产融互动，作为新交通集团投融资能力的重要支撑。三是交通关联业务板块。包括交通勘察设计、交通施工建设、交通商贸物流、交通商业服务、交通信息服务和交通装备制造等，作为依托交通基础设施衍生发展的产业链。这是新交通集团具有发展基础和优势的业务。四是交通资源综合开发业务板块。包括土地综合开发、自然矿产资源开发、交通旅游资源开发等，作为交通基础设施外部效益内部化的主要渠道。

合并重组后的浙江省交通投资集团，成为省级交通基础设施投融资平台和综合交通体系建设的主力军，统筹整合了相关优质资源，理顺了工作体制机制，明确了多项支持政策，积极推动与中央企业、优秀民营企业的全方位合作，努力开创省市县合作新模式，谋划了"215"实施方案，即：总投资超过2000亿元的综合交通基础设施项目，规模1000亿元的交通基础设施投资基金，总额5000亿元的银行授信，奋力推进浙江新一轮综合交通基础设施投资建设。2016年年底，合并重组后的浙江省交通集团营收规模跃居全国省属交通企业首位，凸显强强联手后的整合效应。2016年年底，浙江省交通集团合并资产总额2788亿元，资产总量居浙江省属国企首位；资产负债率68%，较整合前下降6.2个百分点；资信评级从AAA-提升至AAA，成为全国交通基础设施行业信用评级最高的两家企业之一。2017年，浙江省交通集团实现营业收入1108.14亿元，利润总额96.94亿元，净利润71.53亿元，归属母公司净利润42.57亿元；截至2017年年底，集团合并资产总额3272.60亿元、净资产1118.22亿元。

（二）整合全省七大机场组建浙江省机场集团

杭州萧山国际机场是国内发展最快和最具发展潜力的机场之一，现拥有国内外通航点140个，参与运营的航空公司54家。2016年机场旅客吞吐量和货邮吞吐量分别达到3160万人次和48.8万吨，运营规模为2001年通航初期的近10倍，"十二五"以来年均分别增长10.8%和9.5%，旅客吞吐量位居全国第十，货邮吞吐量位居全国第六，已经成为全国五强国际航空口岸、长三角第三大机场、对台第二大航空口岸。2017年11月，浙江省机场集团有限公司正式宣告成立，注册资本金100亿元。这是继2015年浙江省整合组建省海港集团、2016年重组省交通集团之后，谋划搭建的又一省级综合交通投资、建设、运营和管理平台。此前，浙江省内共有杭州、温州、宁波、义乌、舟山、台州以及衢州7个运输机场各自独立运行，民航发展存在资源分散、干线机场竞争能力不强、空域资源瓶颈制约、全省机场缺少协同发展、临空产业发展缓慢等问题。浙江省机场集团计划通过整合全省机场资源，确保在"十三五"及今后一段时期内，高效率运营机场网络、高层次布局临空经济、高水平发展通航产业、高质量实现保值增值，全省客货吞吐量进入全国前五。预计到2020年，浙江全省机场年旅客吞吐量突破8000万人次，年货运吞吐量突破100万吨。其中，杭州萧山机场年旅客吞吐量突破5000万人次，力争进入全球50大机场，宁波及温州两个大型骨干机场作为双轴，旅客吞吐量尽快突破千万大关。

三 大交通带动大平台大通道发展

"大交通"需要大投入，大投入需要大平台撬动。重组整合后的新交投集团，成为省级交通基础设施投融资平台和综合交通体系建设的主力军，统筹整合了相关优质资源，理顺了体制机制，明确了多项支持政策，大大提升了投融资能力。

(一) 构建浙江省交通投融资平台

省交通集团肩负着交通基础设施投资建设运营和国有资产保值增值的双重职责，必须创新发展模式，实现可持续发展。为保障万亿综合交通建设的顺利实施，浙江抓住提升浙江省交通基础设施投融资能力这个关键，全力构建省级交通投融资平台，逐步走出了一条"资源—资产—资本—资金—项目"的发展道路。

浙江省政府、太平保险集团联合设立"浙江省交通基础设施（太平）投资基金"，基金规模1000亿元。省政府指定省交通集团、太平保险深圳市太平投资公司为本次基金合作的实施主体。基金存续期20年，采用"股权投资+股东借款+委托贷款"等方式进行投资，主要用于由省交通集团主导实施的交通基础设施建设项目。省交通集团还与国开行、工商银行、农业银行、建设银行、交通银行等金融机构签订合计5000亿元的授信协议，将有效解决浙江交通基础设施建设资金不足的问题。

省交通集团还通过与中国中车、中国中铁、中国铁建、中国交建等开展全方位、宽领域、深层次的战略合作，充分发挥地方国企、央企的各自优势，共同服务浙江综合交通建设。合作范围以及涉及交通规划、投融资、工程建设、智能交通等诸多领域，合作项目涉及杭州至海宁城际铁路等多个PPP项目。与全省13个市、县政府签订战略合作框架协议，利用自身的资金、技术、管理等优势，扩大在全省各地市综合交通和城市建设的投资，推动与各地市综合交通方面的合作，支持各地综合交通和城市建设发展。同时，抓住轨道交通大建设的历史机遇，加快培育发展轨道交通高端装备制造业，在补齐浙江交通基础设施短板的同时，培育浙江新的万亿产业。

(二) 组建浙江省轨道交通运营平台

浙江省政府创新性地提出组建省级轨道交通运营公司，希望以此来盘活全省轨道交通及相关产业的发展，真正起到"布一子全盘活"的作用。2017年7月，浙江省交通投资集团联合中国中车、中国中铁、中国铁建和杭州地铁集团组建成浙江省轨道交通运营管理集团，这样全省统一的轨道交通运营管理平台，在国内尚属首创。这一地方轨道交通运营平台，引起了国家铁路部门的重点关注，被国家铁路局确定为国家铁路局轨道交通统一运营管理试点企业。新组建的省轨道交通运营管理集团公司已与温州市签订协议，明确按省轨道运营集团控股原则，双方尽快合资组建温州市域铁路运营管理公司，负责温州市域铁路S1线的运营管理。台州、嘉兴、湖州等市也明确表示支持将本市境内的市域、市郊铁路交由省轨道运营集团统一管理。

（三）建设临空经济示范区

浙江以电子商务为支撑的快递物流业发展迅速，拥有以"四通一达"为代表的快递物流龙头企业，2016年全省快递业务量达59.87亿件，占全国业务量比重达到19.1%。快递业和电商之间相辅相成，带动了实体经济的转型升级。

浙江省机场集团敏锐地捕捉到庞大的电子商务带来的巨大商机，规划围绕"机场投资建设及运营管理"的核心主业及"航空关联业务、临空经济发展、通用航空业务、航空投融资业务"四大关联主业，打造世界一流的"千亿级"资产的机场运营管理和航空产业投资集团。

2017年5月，中国·杭州临空经济示范区获批。示范区紧密结合浙江的区域经济发展特色，依托中国（杭州）跨境电子商务综合试验区、萧山国家现代服务业产业化基地，加快发展以跨境电商、临空物流、临空高端制造等为特色的临空产业。中国（杭州）跨境电子商务试验区空港园区和保税物流中心粗具规模，联邦快递、顺丰速运、圆通速递、申通快递等物流企业相继入驻，与宁波、温州、舟山等地政府合资组建公司，共同开发临空经济和航空产业，萧山机场高端制造项目园区以及城市综合开发建设等工作正在快速推进，"产城融合"示范区呼之欲出。

第三节 "大能源"引领发展方式转变

能源是关系经济发展、社会稳定和国家安全的基础与命脉。浙江省是经济大省，却是能源小省，几乎没有石油与天然气，原有的长广煤矿也因枯竭停止开采。因此，保障能源供给，对浙江经济社会发展具有战略意义。浙江能源集团积极响应省委、省政府"跳出浙江发展浙江"的发展决策，树立转变发展方式的大能源观，坚持走"能源立业、科技兴业、金融富业、海外创业"大能源发展道路，聚力科技创新，开创煤炭清洁利用新时代，积极推进产业融合，培育发展能源供给、能源金融、能源装备、能源服务新市场，形成煤电汽油和工贸金服全产业链，很好发挥浙江"能源产业主抓手、能源合作主平台、能源供应主渠道、能源保障主力军、环境保护主战场的"大能源"作用，有效补齐浙江能源短板。

一 树立发展方式转变的"大能源观"

浙江是一个能源贫乏省份，又是一个能源消耗大省。浙江能源集团积极应对浙江这种特殊情况，树立能源生产和消费新理念，走出一条有利于经济发展方式转变、能源发展方式转变的新路子。采用市场换资源方式，推动能源省际区域合作，稳步走出国门，拓展企业生存与发展空间。坚持"以电为主、多业发展"方向，强化从一次能源开发生产，到二次能源的加工，再到相关能源服务业的整个链条的全面延伸。发挥科技创新驱动作用，加快推进绿色能源建设与产业升级，走产融结合之路，着力打造新型能源企业。浙江能源集团的"大能源"发展战略，推动浙江能源集团崛起为 2000 亿级的能源航母，主要经营指标持续走在全国前列，保障了浙江省能源安全，树立了地方能源企业转型标杆。

（一）煤电汽油全产业链发展

浙江能源集团面对浙江能源紧张、电力短缺严重制约经济发展问题，坚持以保障能源安全供应为总目标，加快电力基本建设谋划产业发展，构建多维度能源产业格局。在加快火电能源建设项目的同时，不断发展水力发电、天然气发电、生物质发电等项目。截至 2017 年，浙能集团装机容量达到 3343.23 万千瓦，其装机规模位居全国地方能源集团之首，装机容量比成立之初增长了 9 倍多。

浙江能源集团加快发展天然气能源，按照"多气源、一环网"架构在全省布局天然气供应网络。从 2004 年杭湖线天然气管道投产运行开始，浙江省实现了省级天然气管网从无到有的跨越，供气范围覆盖杭州、嘉兴、湖州、绍兴、宁波、衢州、金华等地区。浙江天然气经历了从无到有、由小到大的发展历程，为优化全省能源结构、促进经济发展、提升居民生活水平、保护生态环境，打造生态浙江作出了积极贡献。

2017年9月，浙江能源集团牵头组建并控股浙江省石油股份有限公司，进军石油产业。浙江石油公司主要从事原油储备贸易、船用燃料油、成品油市场开发等业务。浙江石油公司的组建是省委、省政府积极实施国家舟山自贸区油品全产业链人民币国际化战略的重要举措，也是省能源集团抢抓机遇，让企业"小目标"契合到国家的"大战略"之中，实现企业转型升级的重要平台。

（二）助推浙江创建国家清洁能源示范省

浙江能源集团积极履行资源环境责任，加大技术改造投入，加快技术创新，大力实施节能减排先进技术，全力助推浙江创建国家清洁能源示范省。截至2015年10月底，浙能集团累计处理发电厂废水近4亿吨，全部回用或达标排放，相当于39个西湖的蓄水量。龙泉生物质发电公司分布式光伏项目2015年已建成生产。为履行社会责任，配合召开G20国际峰会，2015年12月7日21时41分，萧山发电厂2号发电机与电网解列，两台燃煤机组已全部关停，使萧电成为纯燃气绿色电厂。

通过不断加强技术改造升级、实施精细化管理，切实降低排放和发电成本。截至2017年年底，省能源集团已完成14台30万千瓦级和15台60万千瓦级机组节能增容改造，合计实现增容118万千瓦，年节约标煤约50万吨以上。2010年至今，浙能集团火电机组平均供电煤耗从317.3克/千瓦时下降到296.63克/千瓦时，稳居全国前列。"十二五"以来，省能源集团加快布局可再生能源产业，在浙江和全国投资建设水电、风电和光伏项目，于2014年开发建设嘉兴1号海上风电场项目，为后续海上风电建设积累经验。

（三）稳步推进跨区域配置资源

能源市场的竞争，是全球化的竞争，涉及价格、技术、人才、管理等方方面面。浙江经济发展强劲，能源需求增速大。近几年，随着浙江煤电发展快速，全省用煤量剧增，环境污染加剧，煤电发展空间瓶颈凸显。承担浙江能源保障供给的浙能集团，必须谋求出路，浙能集团只有向外扩展，才能保证公司发展后劲，解决能源需求快速增长的要求。浙江能源集团近年来探索出一条以市场换资源的新路。既有效保障了浙江省能源安全，也为地方能源企业转型发展树立了标杆。

浙能集团稳步推进跨区域配置资源，该举措起步于淮浙煤电一体化项目。2004 年 2 月，浙江和安徽两省决定由浙能集团和淮南矿业集团合资成立煤电一体化合作项目公司，同步建设年产 600 万吨煤炭的矿井和一座装机容量为 4×60 万千瓦的发电厂。2012 年，浙能集团在宁夏分别与中电投、华能、国电、华电、京能集团签订了能源项目框架合作协议，总装机容量 864 万千瓦。2015 年 1 月，在宁夏建成首个控股火电项目，宁夏枣泉电厂一期工程喜获宁夏回族自治区发改委核准，标志着集团实施"走出去"战略后又一个省外项目正式扎根落地。省能源集团参股的方家庄、银星、大坝四期、宁东二期及鸳鸯湖二期项目也在积极推动开展前期工作或已开工建设。目前浙能在宁东—浙江特高压直流输电线路配套电源项目中权益装机容量达 348.7 万千瓦，占比 37.6%。2015 年 9 月，浙能新疆阿克苏纺织工业城热电厂 207 米烟囱外筒提前结顶；2015 年 12 月，1 号机组大板梁全部吊装就位，推动新一轮的建设高峰。浙能准东年产 20 亿方煤制天然气项目节能评估报告于 2015 年 12 月 10 日取得国家发改委批复。此前，该项目已分别取得天然气项目排放总量指标及水资源论证报告批复。

2016 年，浙江省最大的产业援疆项目浙能阿克苏纺织工业城热电厂，自建设以来一直受到新疆及浙江省政府的重点关注和大力支持。浙能阿克苏纺织工业城热电厂 1 号机组在通过 168 小时试运后正式投产发电。工程同时设计、同时施工、同时投用了直接空冷、烟气超低排放等多项环保设施，使该机组成为目前新疆最环保的火力发电机组。

浙能集团积极响应国家"一带一路"倡议，立足集团自身竞争优势，通过与政府部门、专业机构、同行企业以及浙商群体的合作与抱团，力争将海外业务培育成为集团新的利润增长点和规模扩张的重要途径。2015 年，电建公司积极践行浙能集团"走出去"战略，通过竞标方式取得了越南沿海电厂建设项目，并用四年的时间，在一片坑洼的水塘、荒芜的杂草上为越南建造了两台622兆瓦机组发电厂，赢得了业主的高度赞誉，为浙能集团树立了一面海外业务的旗帜。

二 建设多元集约绿色安全的能源供应体系

改革开放以来，伴随浙江经济的高速发展，能源长期以应急、粗放模式发展为主，浪费相当严重。浙江能源集团转变发展方式、苦练企业内功，走集约化、精细化、清洁化发展之路，实施规范化管理，取得显著成效，实现了经济效益、社会效益和生态效益综合提升。

（一）走集约化发展之路

浙江能源集团充分利用多元化产业和地域集中的优势，推进能源供应集约化、协同化发展。为充分发挥规模优势、提高资源利用率，规避投资运营风险，浙能集团构建了"6+1+N"板块产业布局。其中"6"为6个主业板块，即电力板块、煤炭板块、油气板块、可再生能源板块、能源服务板块、金融地产板块；"1"为1个管理服务板块，即西部区域能源管理服务板块；"N"为根据产业培育成熟程度，从原有板块管控体系中派生出来，实施独立管理的产业板块。通过产业板块归类运行，重点解决人力资源的集约化调配、使用、培训等方面，切实解决熟悉经营管理、现代市场、金融财务、物流管理等优秀人才和高级技能人才稀缺的问题，极大地提升了管理效能和发展效益。

（二）走精细化发展之路

在"市场煤、计划电"的总体格局下，为适应市场竞争的倒逼机制，浙能集团在企业内部建立了精细化管理模式，通过内部挖潜来降低单位电量可变成本。集团牢固树立"精耕细作"的发展理念，孜孜不倦追求把产业做精、管理做精、技术做精，使企业资产结构更合理、产业布局更优化、抗风险能力更强、生产成本和交易成本更低、人才优势更明显、体制机制更有活力，最大限度地增强市场竞争力。

浙江能源集团实施精细化管理的主要做法主要有三条：一是以严苛的要求抓安全生产，紧紧守住安全底线，为此制定一系列生产操作流程和管理制度，完善安全生产组织，落实安全生产责任，加强安全生产控制。二是以严苛的要求抓成本控制，抓住煤炭采购这个控制成本的关键点，运用市场手段，以精细化的要求加强煤炭采购工作。同时强化成本意识、效率意识和效益意识，突出生产全程成本管理，实现企业内部的挖潜增效与增收节支。三是以严苛要求抓技术创新，把技术创新作为企业转型升级、走高质量发展之路的突破口，投入人财物力开展集中攻关，在通过应用新技术、新工艺，采用新设备，寻求压缩成本，提高企业效益和效率的新途径。

浙江能源集团长期可操作性、可检查、可验收的精细化管理，收效甚大。如基于机组结构优化和"克煤必省、度电必争"的高效管理，2015年，浙能集团平均供电煤耗为299.89克/千瓦时，为全国发电集团最低，比全国平均水平低15克/千瓦时，比五大央企平均水平低9克/千瓦时。而每降低1克煤耗，对浙能而言每年就可少消耗煤炭资源13.8万吨，创新管理在节能和降本方面的贡献不言而喻。

（三）走清洁化发展之路

浙江能源集团抓住创建国家清洁能源示范省的契机，提高煤炭清洁利用水平和可再生能源份额，促进能源和社会发展和谐、产业与自然和谐发展。2015年，浙能集团首创并且在全国电力行业率先成功推行的燃煤机组污染物减排新技术，11月26日，"多种污染物高效协同脱除集成系统"发明专利正式获得国家知识产权局授权，超低排放技术在创新性和自主性上获得了国家认可。12月11日，"超低排放"百度百科专属词条正式上线，浙江能源集团在国内"超低排放"领域的首创地位和领先优势，获全球最大中文百科平台的权威认证。目前，浙江能源集团已有51台2730.8万千瓦机组实现超低排放。通过各项污染物深度治理技术推广应用，浙能集团每年污染物年排放总量减少二氧化硫2.6万余吨、氮氧化物1.3万吨、粉尘7200吨。

（四）走技术创新之路

浙江能源集团依托集团院士专家工作站、博士后工作站、省级企业研究院等科研平台，拓展与相关院校、科研机构的合作渠道，加大科研合作与交流，深化重大科技项目研究。在开展配煤燃烧经济性、环保性研究的同时，2015年以来，组织开展了"煤热解燃烧分级转化综合利用"技术调研工作，与浙江大学就"循环流化床煤热解燃烧分级转化多联产技术"进入了深入交流，了解该项技术的基本原理、工艺流程、产品组成及工程应用等方面的情况，为集团后续煤炭分质梯级利用工作的开展打下了良好的基础。此外，为明确集团各板块能源产业发展方向，加强与浙江大学的科技交流和战略合作。从发电技术方向和节能环保技术方向就进一步深化校企合作开展了深入交流，促使集团和浙江大学在科技创新、成果转化、资源共享、人才培养及学术交流等方面持续开展深入的全方位、宽领域、多层次合作，开创互利共赢的校企合作新局面，构建新型技术创新体系。

2017年6月9日，浙能集团以超低排放环保岛技术亮相2017年阿斯塔纳世博会中国馆"全球使命与伙伴"展区，该技术实现了燃煤机组主要污染物排放指标达到天然气燃气机组排放标准，排放量是欧盟环保标准的1/6，成为目前全球位居前列的低污染物排放的燃煤机组，得到观展各国人士的赞赏。2017年4月19日，浙江省科学技术奖励大会举行，由浙能集团、浙江大学、天地环保公司和技术研究院联合申报的"燃煤机组超低排放关键技术研发及产业化"荣获2016年度浙江省科学技术进步奖一等奖。2018年1月8日，"燃煤机组超低排放关键技术研发及应用"项目又获得国家技术发明奖一等奖。标志着浙能集团科技创新成果登上了国家最高科学殿堂。

（五）走现代化管理之路

一个现代化特大型企业，必须有高度的控制力和高效的执行力。浙江能源集团制定了投资管理、资金管理、全面预算管理、生产运行和检修管理、项目建设管理等方面的定额、标准、流程、制度、规范等，规范职能部门重要归口管理事项的决策程序，梳理明确了135项重要事项的决策环节和决策权限。以制度的笼子规范权力的行使，持续开展制度的"废改立"，不断完善规章制度体系，出台集团本级权力清单，建立了覆盖浙能集团本级领导班子和中层干部在内的1091项具体职权、74张集体和个人的权力清单；逐步分层推进系统各单位的权力清单建设，明确实施依据、加强责任追究，确保了各企业的各类工作有章可循、有据可依，按规划办事。

信息化管理是现代企业运转的命脉，浙江能源集团积极以信息化建设引领企业的管理重造。为更好地推进ERP项目实施，2015年，浙江能源集团和埃森哲公司联合组建了近150人的开发团队，分为各业务模块、一体化技术平台等共13个工作小组。2015年8月，浙能集团ERP系统一期项目在集团本部、电力股份公司及兰溪、台二、凤台三家电厂同步上线试运行，并于2015年12月起在各电力企业全面推广实施。浙江能源集团明确了未来几年的信息化建设目标是建设覆盖集团总部、板块公司及营运公司的纵向贯通、横向集成的一体化企业级技术平台，形成战略决策、计划投资、经营管理、综合管理、专业运营、生产监控六大类业务应用信息系统，构建三项信息化管控保障体系，简称"ZN163"信息化工程。ERP信息化系统建设项目是"ZN163"信息化工程的核心部分，内容包括ERP系统、综合分析及辅助决策系统、采购及供应商管理系统和一体化技术平台。ERP项目的实施对优化工作流程、提升管理效能提供了先进信息化工具。

考核是激励员工创业创新的指挥棒。浙江能源集团做好企业绩效考核的"顶层设计"，创新性地推出"三化管理""板块化管理"和"强总部建设"，加强人力资源使用管理，建立了基于岗位、绩效、能力、市场的分类考核体系，发挥考核激励的指挥棒作用，发挥全体员工创业创新的潜能。

三 加快培育大能源产业链

从世界能源发展态势和我国能源发展布局看，走综合型能源发展道路，是大型能源企业转型升级、做大做强的必然选择。2008年因煤价大涨，造成发电行业政策性巨亏，企业利益不保，职工利益不保，能源公司面临着巨大压力。转变单一发电模式、培育新的利润增长点迫在眉睫。只有围绕主业，构建具有竞争优势的产业生态链，才能提高企业综合实力和竞争能力，保障企业长期健康发展。

浙江能源集团坚持"创新、协调、绿色、开放、共享"发展理念，以提高发展质量和效益为中心，以推进供给侧结构性改革为主线，在做强电力生产主业的同时，积极培育新兴产业，推动能源产业向两端延伸，构建产业微笑曲线，带动相关制造业与服务业发展，快速成长为全国装机容量最大、资产规模最大、能源产业门类最多、利润总额最高的省属能源企业。

（一）带动能源装备制造业发展

能源装备制造业作为技术密集型行业，在能源产业体系中扮演关键角色。2015年，浙江能源集团科服分公司旗下的浙江省电力建设有限公司的能源装备制造产业取得新突破，旗下天地公司与浙江天创环境有限公司合作建设的首个环保型能源装备制造基地于当年12月生产出首批产品。该基地一期投资1.6亿元，建成初期以燃煤电厂超低排放重要设备湿法电除尘设备、电厂常规结构件及节能减排改造备品备件生产为主，同时将基于工业实践，不断加强关键核心技术的研发攻关及工程转化应用，提升节能环保能源装备领域的创新能力与制造水平，稳步构建"高、精、尖"能源装备制造体系。2016年以来，该基地先后完成乐清发电厂、兰溪发电厂、嘉兴发电厂、温州发电厂4家发电企业超低排放项目所需设备产品的生产任务。该项目的成功实施为集团积极响应"中国制造2025"行动纲领，大力推进超低排放产业延伸的关键一步，也是集团混合所有制发展形式的首次尝试。

浙江能源集团以长兴基地产业转型为突破口，结合长广集团改制工作，与民企德创环保公司合资建设以湿式除尘器、管式换热器等环保装备为主的制造基地。精准切入环保能源装备制造领域，集团发挥自身资金优势和技术优势，以技术研发建立产业优势，以产融结合快速壮大产业规模，宁海电厂、新疆阿克苏纺织工业城热电厂、宁夏枣泉电厂以及新疆、宁夏等地电厂的脱硫添加剂和粉煤灰固废处置等一批能源装备改造提升项目建成并取得显著效益，是浙能集团迅速在市场中脱颖而出，成为国内环保型能源装备制造业的一匹黑马。

（二）资本运作助力企业强身健体

浙江能源集团以前瞻眼光谋划通过资本市场快速发展壮大。2007年，集团提出了产融结合发展"大能源"战略决策，把推进企业上市列上议事日程。随后组织人员对上市企业的选择、上市的可行性等问题进行调研论证。2009年年底，浙江能源集团终于确定了"集团电力主业资产整体重组改制上市"的思路——以集团全资子公司电力开发公司作为平台，整合浙能集团电力主业资产，将其变更设立为股份有限公司并引入战略投资者后，实现首次公开发行（IPO）人民币普通股（A股）并在上海证券交易所上市。公司上市所募集的资金将主要投向省内外大容量、高效率的优质电力项目建设，优化集团电力主业结构，不断增强电力主业板块的综合实力和核心竞争力。2013年12月10日，浙能电力获得了上海证券交易所关于股票上市的通知。2013年12月19日正式上市，中国首例通过换股吸收合并方式实现B股转A股公司浙能电力上市成功实现。浙能电力自上市后即紧锣密鼓地进行融资工作，至2013年10月13日，发行浙能债券100亿元，创下四项"之最"：创国内电力行业历年来可转债融资规模之最、省内上市公司有史以来在A股市场资本运作的规模之最、近两年来A股市场规模最大的非金融类企业公开增发、近两年国内资本市场申购资金规模最大的一次公开发行。同时，浙能电力注重市场开拓和投资发展工作，仅2016年，公司推进供热改造项目共计12项，投资总额达1.88亿元。

第四节　"大粮食"构建粮食安全保障体系

粮食安全和能源安全、金融安全，被并称为当今世界各国经济发展的三大安全问题。粮食是人类赖以生存的基础，粮食供需安全、粮食质量安全和粮食产业安全是国家安全体系的重要组成部分。仓廪实才能天下安，习近平总书记多次强调"中国人的饭碗要端在自己手上"。浙江人多地少，粮食和农产品省外依赖度很高，浙江省委、省政府一直高度重视解决粮食安全问题。浙江农发集团聚力补齐浙江粮食安全短板，推进"两江"粮食合作，跳出浙江布局大粮源建设大粮仓，打造外粮收储、北粮南调、粮油加工、粮油供给产业链，带动形成浙江粮食大合作大流通大服务供给体系，发挥国有企业粮食流通主渠道作用，为确保浙江百姓端稳自己的饭碗作出贡献。

一　构建粮食安全保障体系的重要性

浙江是全国第二大缺粮省。据统计，2012年，浙江粮食产量为769.8万吨，人均拥有粮食0.77斤/天。如果加上工业用粮和饲料用粮，外调粮食已超1200万吨，粮食自给率不到40%。浙江省常住人口呈净流入状态，粮食自给率将进一步下降，每年粮食自给率约下降一个百分点。随着耕地面积持续被城镇化和工业化消耗，粮食生产经营成本逐年增加，到2020年浙江省粮食缺口将超过1600万吨，如何保障浙江粮食安全已经是一个重大而紧迫的课题。

历史经验表明，只有国有粮食企业才能真正成为政府调控市场的有力工具，才能与国际粮油巨头抗衡。在粮食市场中，国有企业具有不可替代的作用，是保障浙江粮食安全的主渠道和主抓手。国有企业只有切实增强对粮食的控制力和影响力，取得突破性进展和决定性成果，才能保障浙江粮食安全。浙江省粮食经营主体以小型民营企业为主，总体呈现"低、小、散"的状况，在关键时刻难以承担重任。随着全国粮食供需矛盾的加剧，各缺粮省市纷纷出台政策，花巨资到粮食主产区"跑马圈地"。能否有效控制粮源，对于保障浙江粮食安全、稳定粮食价格具有十分重要的意义。

浙江省农发集团是国家级农业龙头企业、浙江省重点流通企业、浙江省服务业重点企业、中国服务业500强和浙江省服务业百强企业，经营"米袋子"、"菜篮子"和涉农服务业三大主业，拥有成员企业81家。在粮食经营的仓储设施、批发市场、省外合作关系、经营管理人才等方面具有一定的基础优势。但是与承担全省粮食应急保障能力的要求相比，在粮源控制、市场占有率等方面还存在很大差距。

东北是中国最大的粮仓，黑龙江省粮食年产量就超过6000万吨，80%以上为商品粮，浙江省对东北粮食的倚重度非常高。为把"米袋子"牢牢抓在自己手上，在省委、省政府支持下，浙江省农发集团走出浙江，跳出浙江布局大粮源建设大粮仓，在东北建设粮源基地，并购黑龙江省属粮企新良集团，构建起300万亩稻米生产基地—150万吨粮食收储基地—铁水联运粮食物流基地组成的"北粮南调"体系。

2015年，东北粮源基地建设全面启动，粮源基地建设中与建设银行合作开创了"助农富通"的"庆安模式"，得到建行总行董事长、总经理、监事长"三长"批示肯定，并在全国推广。经过三年拓展，农发集团所属的黑龙江绿农集团与嫩江县、庆安、五常、虎林、嫩江等稻谷主产区，建成了包括14个片区300万亩、150万吨的粮源基地。这些粮源基地通过土地流转、建立农业合作社、吸引农民和种粮大户参与等形式,实现农资订购、农机耕作、农技服务、农业融资与农信平台共享服务"五个统一",建设以资产为纽带的粮源收储加工基地,有利于更直接地掌控粮源,有效保障粮食质量,合理安排粮食调运。

除了建设300万亩稻米粮源外,通过扩大与东北大农场进行直接合作、与东北有实力的粮食公司组建成立合作公司、在东北落实租地种粮等途径,提高粮源掌控能力。另外在江西东北部的鄱阳湖平原、安徽北部、江苏北部等建立3—5个较为稳定的粮源基地。积极开拓国际粮食主产区生产基地建设,新良集团与俄罗斯滨海集团达成了24万亩耕地租用协议。

二 跳出浙江布局大粮源建设大粮仓

浙江省农发集团加快兼并整合国内粮油食品企业,逐步形成从原粮到成品粮、加工食品及饲料生产的丰富产品线,实现"产加储运贸"功能完备的粮食产业链布局和"产区—销区""国内—国际"经营区域布局;自主品牌市场占有率大幅提高,经营质量效益显著提升,企业市场竞争力明显增强。计划到2020年,粮油经营份额占全省30%左右,粮油板块产值达130亿元以上,综合实力稳居全国省级粮油企业前列。

农发集团承担实施浙江省委、省政府"北粮南调"战略重任。快速构建起一条包括粮食主产区粮源基地、收购仓储基地、港口物流通道、粮油生产加工和终端品牌销售等关键环节较完整的产业链。农发集团上控粮源、中活物流、下拓渠道做大做强粮食经营,成为省政府调控粮食市场的有力抓手。每年可在东北收储优质稻米150万吨以上,调回浙江稻米50万吨以上,成为浙江粮食供应安全的主渠道和压舱石。

建设省外粮源收储体系。重组收购黑龙江新良集团。2015年,浙江省农发集团与黑龙江省新良集团签署了重组合作协议,通过增资扩股方式对黑龙江新良集团进行重组收购,掌控其分别位于五常市、佳木斯等黑龙江省主要产粮区,占地95.1万平方米、总仓容55万吨、有日处理潮粮 2500 吨和新建 60 万吨仓容潜力的 9 个粮库。还在江西上饶、安徽六安、安徽蚌埠市建设 20 万吨粮食仓容。农发集团利用原有粮库空间，对粮库进行大规模扩容建设。到目前，农发集团粮食总库容达到 150 万吨，最高收储流转粮食可达 400 万吨。

铁水联运保障北粮南调。为突破山海关铁路瓶颈制约，农发集团改造各粮库的铁路专用线，日铁路发运粮食能力达到 1.5 万吨，成为东北粮食铁路中转的重要节点。对绿农集团位于营口鲅鱼圈港的粮食中转库设施进行改扩建，日海运发送粮食能力达到 0.5 万吨，成为东北粮食铁水联运的重要节点。省内，镇海库地处镇海港，嘉善库靠近乍浦港，参股的北仑金光粮油码头是具有 6.5 万吨散粮船的粮油专用码头，三个码头合计日粮食接收能力 2.5 万吨以上。目前农发集团年粮食中转能力达 100 万吨以上。

建设粮油产品加工体系。为确保在应急时期能迅速满足市场供应，农发集团加快了成品粮油加工能力。在东北建了 3 条大米加工线，开展大米粗加工业务。在杭州、宁波等地建设了大米精加工和分装基地，与民营大米加工企业组成稻米联营体，扩大大米加工产能。

2018 年 4 月 16 日，浙江省粮食集团增资扩股浙江新市油脂股份有限公司的签约仪式在德清举行，省粮食集团出资 8200 万元，占增资扩股后公司 40% 的股权，为新市油厂的第一大股东。新市油厂全年油料加工能力油菜籽或大豆 80 万吨，小麦 12 万吨，生产食用植物油和成品粮 20 余万吨（其中色拉油 12 万吨，精制面粉 8 万吨），"如意"牌低芥酸菜籽油深受用户信赖，连续两年参展浙江国际农业博览会获得金奖，2002 年度食用植物油被中国粮食行业协会评定为"放心油"。入股新市油厂，显著增强了农发集团的食用油生产供应能力。

提升粮食产业科技创新水平。300 万亩粮源基地标准化建设，确保原粮为产自黑龙江主要水稻种植地区的纯正东北粳稻，从种子、化肥、农药和种植技术，实施标准化、无害化生产，确保稻米质量。引进新技术科学保粮，应用电子测温、环流熏蒸、机械通风与谷物冷却"四合一"储粮技术，创新使用横向通风、浅圆仓安全储粮、控温储粮、惰性粉面拌和、机械通风低温、空调低温、谷物冷却机低温等技术措施实现准低温储粮。

三 大粮食带动大合作大流通大服务

浙江省农发集团实施"个十百千万"工程，构建粮油和农副产品流通体系，"个"就是1个新农都农产品物流中心，"十"就是10个左右的地市农产品批发市场，"百"就是100个左右的城市销售、配送终端门店；"千、万"就是通过市场连接农业专业合作社和农业龙头企业，带动千家万户农民增收。

浙江省农发集团积极建设区域性粮食物流中心，实行网络化配送销售，加快打造粮油批发网络，提高粮食集散能力。在全省规划建设10个左右的区域性粮食（农产品）物流中心。2012年，萧山新农都物流中心一期已经营业，年成交额逾130亿元，其中粮油经营量达到60多万吨，提供了杭州市30％口粮、全省60％杂粮。浙西（衢州）、浙北（长兴）、浙中（诸暨）3个粮油（农产品）物流中心也已开业。

浙江省农发集团加快线上线下相结合的优质农产品终端销售体系。建设农都农产品流通产业园农产品销售旗舰项目。该项目用地面积5.3246万平方米，总建筑面积30.82万平方米，总投资30亿元。农都农产品流通产业园项目是全国首个以"农"为特色的产业园，以"立足农、提升农、拓展农、跨越农"为战略指导，将"农"文化与城市生活有机结合，以"体验中心""智能服务平台"和"网上交易平台"为载体，首创杭州市五位一体的全新运营模式，打造农产品电商运作良性生态圈，开创全国"农"字特色项目之先河。以农都农产品流通产业园为龙头，通过自营和加盟等形式在省内大中城市构建粮油终端销售网络，并积极争取到2020年达到300家左右的门店。同时，通过在粮油批发市场设摊位、在连锁超市设专柜等方式，拓宽粮食供应渠道。积极推进粮食宅配市场建设，建设线上线下相结合的销售网络。

构建具有自主知识产权的农产品可追溯系统。2010年1月8日，农都公司自主开发的食品质量安全可追溯系统软件取得国家版权局授予的计算机软件著作权，标志着农发集团在构建农产品质量安全可追溯体系上走在了全国农产品流通企业前列。2018年1月4日，农都公司自主开发的农发城 BIM 展示软件获得国家版权局授权。农发集团在全国率先建立"从田头到餐桌"食品供应链安全管理可追溯系统，通过重点监控生产源头、仓储配送、验收索证、储藏、销售各环节，设置严格质检程序，不让不合格产品漏网，形成了高标准高质量的食品安全保障体系。

在货源控制环节，对食品供应商实施了严格的准入审核制度，同时对供应商的食品加工现场进行核查。通过采取不定期专项抽样检测，对农残、兽残、重金属残留、食品添加剂超量超范围使用、非食用物质危害、食品造假掺假等行为进行监控，样品送至专业第三方实验室进行检测分析，促进供应商主动提高自身的食品安全管理要求；在运输环节，对来货车辆环境、产品温度、感官品质进行检查，并按照国家及地方法规，对来货收取检验检疫、车辆消毒等证明，以保证产品运输过程中的质量安全；在售前把关环节，售前检测及时发现质量问题，防止不合格食品进入流通关节，对质检不合格的食品，实行食品安全一票否决制，立即撤柜停止销售。在销售现场管理环节，每月采取食品安全抽样检测、保质期核查、过期食品集中处理、清洁消毒等多种方式，确保食品安全。

第五节 "大资本"推动国有经济混合发展

加快国有经济布局优化、结构调整、战略性重组，推动国有资本做强做优做大，培育具有全球竞争力的世界一流企业，并引领社会资本深化供给侧结构性改革，背后最主要的力量就是资本。浙江聚力做强做优做大国有资本，组建浙江首家国资运营公司，构筑资本投资运营市场大平台，投资控股参股推进混合经济发展，积极实施"凤凰计划"，促进国资证券化，优化国有经济布局和结构，发挥国有资本发力供给侧结构性改革的重要作用。

一 组建运营公司推进国企资本化发展

创新国有资本运作方式，推动浙江国有经济向基础性、战略性领域集中，优化国有经济布局，形成与多种所有制经济优势互补、相互协调的发展格局，再造浙江国有企业发展新优势，成为新时代浙江国资领域改革一个突出重要的课题。

（一）组建浙江省国资运营公司

早在 2014 年 9 月，浙江省委、省政府就下发了《关于进一步深化国有企业改革的意见》（浙委发〔2014〕24 号），明确要推进国有资本运营公司试点工作。国务院于 2015 年 10 月印发了《关于改革和完善国有资产管理体制的若干意见》，时隔一年半，又发布了《国务院国资委以管资本为主推进职能转变方案》，明确了国资监管事项，迈出了从以管企业为主的国资监管体制向以管资本为主的国资监管体制转变的重要一步。此外，还推进一批国有资本投资运营公司试点，这些试点公司在战略、集团管控与业务板块授权等方面做了有益的探索。

2016 年 6 月，经浙江省委财经领导小组研究决定，成立浙江省国有资本运营公司。2016 年 12 月，经浙江省深化国有企业改革工作领导小组第二次会议审议通过，浙江省国资委正式下发国有资本运营公司的筹建方案。2017 年 2 月，国有资本公司领导班子到位，标志着作为首期注册资本金 100 亿元的省政府一级企业的浙江省国资运营公司正式成立。

国有资本运营公司作为浙江省功能类的平台公司，经营范围包括投资管理、资产运营、股权管理与资本运作、产业基金、金融服务等。浙江省国资运营公司组建以来，把贯彻落实省委、省政府的战略决策意图、强化平台的职能支撑作为主要任务，将服务浙江省国有企业的改革发展、服务浙江省产业转型升级作为主攻方向，当好企业重组的"接盘侠"、当好产业转型的"引导者"。浙江省国有资本运营公司自成立以来，资产规模快速扩大，实力不断增强，为放大国资运营平台在国资国企改革中的功能和作用构筑了坚实基础，为推进省属企业乃至全省国有企业深化改革、促进国有资本布局结构战略性调整增加新动力、打造新手段。

（二）推动国有经济混合发展

习近平总书记非常重视国有经济的混合发展，在浙江工作期间曾指出，"浙江的活力之源就在于改革，就在于率先建立了能够调动千百万人积极性的、激发千百万人创造力的体制机制。这首先又体现于具有先天市场属性的民营经济的发展。民营经济的发展为浙江国有企业改革乃至整个宏观领域的改革提供了动力源泉"。① 2015年8月24日，中共中央、国务院《关于深化国企改革的指导意见》指出，要鼓励国有资本以多种方式入股非国有企业，充分发挥国有资本投资、运营公司的资本运作平台作用，通过市场化方式，以公共服务、高新技术、生态环保、战略性产业为重点领域，对发展潜力大、成长性强的非国有企业进行股权投资。鼓励国有企业通过投资入股、联合投资、重组等多种方式，与非国有企业进行股权融合、战略合作、资源整合。2016年12月召开的中央经济工作会议明确指出，混合所有制改革是新一轮国企改革的重要突破口，要求发挥国有经济主导作用，积极促进国有资本、集体资本、非公有资本等交叉持股、相互融合，推动各种所有制资本取长补短、相互促进、共同发展。

在混改亟须破题的背景下，不论是承接剥离资产，还是引进增量资本，浙江省国有资本运营公司都被赋予了更多的责任。浙江省国有资本运营公司自成立以来，充当了国企股份制改造的红娘，为浙江省属企业整体上市、引进战略投资者、内部重组、上市公司再融资等提供研究服务和决策建议，并积极推动各种所有制资本取长补短、相互促进、共同发展，在国资国企改革中发挥重要平台作用。

浙江省国有资本运营公司作为国有股东直接参与省属企业内部重组、股权多元化、上市培育等改革实施工作，对划入浙江省国资公司直接持有的上市公司股权加强市值管理，从而加快资产证券化，加强国资流动增值。物产中大启动整体上市，为了剥离不符合上市要求的资产，浙江省利用当时新成立的国有资本运营公司平台，通过规范的评估以公允价值收购了物产中拓和不符合上市条件的非经营性资产，为物产中大上市减轻了包袱，物产中大成功整体上市，成为浙江国企混改"第一股"，国有资本运营公司发挥重要作用。在之后的浙江省建设集团股份制改造中，国资运营公司平台再一次承接了不允许上市

---

① 习近平：《干在实处　走在前列——推进浙江新发展的思考与实践》，中共中央党校出版社2006年版，第83页。

的房地产业务，支持建设集团加快混改和股份制改造。

（三）"凤凰计划"加快国资证券化

浙江省计划在"十三五"期间将省属国有资产证券化率提升到75%。浙江省国有资本运营公司积极参与省属企业内部重组、股权多元化、上市培育等改革实施工作，以资产证券化为主线深入推进混合所有制改革，研究制定了证券化的实施意见和总体方案，"一企一策"加快重点企业上市培育。2013年，浙江省能源集团下属浙能电力完成我国首例"B转A"成功实现主业上市。2014年，配合浙江省能源集团下属天达环保公司上市，浙江省国资运营公司接收了长广集团下属两家亏损企业的国有股权，助推浙江省属企业资产证券化及资源整合发展，解决了其同业竞争和业绩亏损问题。浙江能源集团收购宁波海运、巨化集团收购菲达环保，巨化集团下属华江科技、机电集团下属诺和股份完成新三板挂牌，建设集团等一批企业先后实施股改或进行上市辅导、申报。

此外，浙江省国资运营公司也参与了省交通集团下属省交工集团的股份制改造、省医疗健康集团组建、浙江外事旅游汽车有限公司股份制改造等项目，助推省属企业资产证券化及资源整合发展。2017年6月，浙商证券成功实现IPO。此外，推进国有资本与民营资本增量合作，依托浙交所建立省属企业混合所有制改革项目发布平台；推进省国资公司参与浙商创投混合所有制改革；选择5家企业开展首批混合所有制企业员工持股试点；探索市场化债转股工作，建设集团与债权银行签订框架合作协议。2015年，省属国有企业中已有11家上市，共有32家国有控股企业成功登陆资本市场，浙江省属国有资产证券化率为40.2%。2016年，省属企业国有资产证券化率为51.8%；至2017年6月底，省属企业国有资产证券化率已达52.5%。

二 发挥大资本作用优化国有经济布局

自2004年浙江省国资委成立以来，积极探索符合浙江国有企业实际的改革发展新路子，以优化产业布局为导向，大力开展重组整合工作。先后完成了浙江省农发集团合并重组浙江省粮食集团，浙江省发展集团合并重组金温铁路，浙江省能源集团吸收合并国信集团、水利水电和长广集团,三家外贸集团合并组建浙江省国贸集团,杭钢集团重组宁波建龙,浙江省交通集团和浙江省铁路集团合并重组,浙江省海港资源整合重组等一系列重大资产重组,有效打造了一批产业集聚、实力增强的企业集团。2015年8月,浙港合一,聚力发展,组建了全省海洋港口投融资平台——浙江省海港集团,成为浙江省加强海港投资运营的主抓手、主平台和主力军,有力推动了浙江省海洋资源的统筹整合和科学利用。新组建了浙江省级医疗健康、职业教育集团和数据管理公司。2016年7月,合并重组浙江省交通集团和浙江省铁路集团,打造新的浙江省级交通投融资平台——浙江省交通投资集团,承担起了浙江省高速公路、铁路等交通基础设施各项职能,推进了浙江省现代交通"五大建设"、实施了"万亿综合交通工程"。

为加快优化国资布局,浙江省国有资本运营公司自成立以来,围绕服务国家战略,推动国有经济向关系国家安全、国民经济命脉和国计民生的重要行业与关键领域、重点基础设施集中,优化国有经济布局,有效发挥国有经济整体功能作用。推动国有资本布局优化、形态转换和结构调整,支持创新发展前瞻性战略产业,加快处置低效无效资产,淘汰落后产能,剥离国有企业办社会职能,解决历史遗留问题,提高国有资本配置效率。推动国有企业战略性重组,聚焦发展实体经济突出主业、做强主业,加快推进横向联合、纵向整合和专业化重组,提高国有企业核心竞争力,增强国有经济活力、控制力、影响力、国际竞争力、抗风险能力。

浙江省国资委主任冯波声在浙江省国资运营公司主要负责人任职大会上要求,国资运营公司要当好国有经济布局优化的"调控器"、服务浙江省产业转型的"引导者"。产业转型找不到"方向",它是引导者。通过产业基金、资本运作等方式,开展市场化融资,切实发挥平台作用,撬动更多社会资本进入公共产品领域、关系国民经济命脉的重要行业和关键领域,加大战略性新兴产业投入,从而引导产业转型升级,服务浙江省发展大局。浙江省国资运营公司在创投、产业基金、金融交易市场等领域做了探索与尝试,为服务浙江省相关产业转型提供项目和资金支持。

浙江省国资运营公司董事长、党委书记桑均尧表示,浙江省国资运营公司要做好省属企业的资源配置平台。一是国有企业上市"不要"的资产,浙江省国资运营公司充当了"接盘侠"。浙江省国资运营公司承接其他省属企业根据自身功能定位和资源配置需要调整剥离的各类资产,进行整合重组和市场化处置,从而调整产业结构,优化国有经济布局。二是以保值增值为目标,在市场作用下,以资本的有序进退,盘活省属存量国有资产,推动存量资产合理流动,对授权范围内国有股权资产的市场化运作,实现资产结构调整和价值提升。三是做好省委、省政府的战略性投资平台。充分发挥国有资本运营公司规模优势和低成本融资能力,推动国有资本向基础设施、民生保障、战略性新兴产业等重点和关键领域集聚,更好地服务省委、省政府的重大战略部署。

在省国资运营公司的平台作用下,浙江省国有资本在关键领域和优势产业的集聚度进一步提高,分布在能源、交通、商贸物流等基础和优势行业的资产总额、营业收入、利润总额均占省属企业总量的85%以上。第三产业成为发展重点,国有资本比例达到75%,金融业成为重要利润来源。开拓海外市场,境外企业达到90余家,"义乌通""融易通"等跨境电商综合服务平台培育初见成效。制定了《省属国有资本布局结构调整优化实施方案》,鼓励国有资本加快向战略性新兴产业拓展,加快退出不具竞争优势产业。

三 集聚大资本打造国有航母级企业

企业强则国家强。浙江省运用"大资本"的力量,加快国有经济结构调整、战略性重组,推动国企做强做优做大,培育具有全球竞争力的世界一流企业。2017年,浙江省国资委监管企业共有19家(含3家直属企业),下属全资、控股企业共1900余户。主要分布在能源、交通、商贸物流、化工、建筑、装备制造、旅游、农粮等领域,充分发挥了省属企业对浙江省经济社会发展的支撑作用。近年来,浙江省国企投资建成了电力、机场、高速公路、化工等领域一批重大基础设施项目和重大产业项目,资产质量和收益能力连续多年名列全国前茅,正朝着具有全球竞争力的世界一流企业迈进。现有物产中大集团、浙江省能源集团、浙江省交通投资集团、浙江省海港集团、浙江省国资运营公司等5家"千亿级"企业，有8家企业入选中国企业500强。

浙江能源集团首创并且在全国电力行业率先成功推行的燃煤机组污染物减排新技术，已成长为全国装机容量最大，资产规模最大，能源产业门类最多，利润总额最高的省属能源企业。2016年年底，合并重组后的浙江省交通集团营收规模跃居全国省属交通企业首位，资产总量居浙江省属国企首位，成为全国交通基础设施行业信用评级最高的两家企业之一。2016年，杭州萧山国际机场客流量居全国第十，货邮吞吐量位居全国第六，已经成为全国五强国际航空口岸、长三角第三大机场、对台第二大航空口岸和世界百强机场之一。2016年，浙江省海港集团所属的宁波舟山港完成集装箱吞吐量2156万标准箱，蝉联全球第四；完成货物吞吐量9.22亿吨，成为全球货物吞吐量突破9亿吨的超级大港，连续第八年位居货物吞吐量世界第一大港。物产中大集团努力打造成为具有国际竞争力的产业生态组织者，自2011年以来连续入围世界500强，成为全国国企改革的十二样本之一。

推动国有资本做强做优做大。浙江省国有资本运营公司在创业投资、产业基金、金融交易市场等领域积极尝试，为服务浙江省相关产业转型提供项目和资金支撑。2016年，浙江省国资运营公司联合浙江省能源集团、交投集团、海港集团、国贸集团等四家省属企业，牵头浙江省属企业参与国同基金组建注册资本100亿元的浙江富浙投资有限公司，将其作为浙江省出资企业对国新国同基金的统一出资平台和业务对接平台。同年11月，国新国同基金在杭州注册成立，总规模1500亿元，原计划规模为500亿元的首期国同基金超额完成募资，首期实际共募集资金约700亿元，进入项目投资阶段。

2016年，浙江省国资运营公司与浙商创投、桐乡市政府发起成立浙商乌镇互联网产业投资基金，让其发挥省级基金的杠杆引领作用。此外，浙江省国资运营公司还联合复星集团、东方新华、浙商创投等具有丰富资源的企业，共同发起设立浙江浙商国际金融资产交易中心股份有限公司、健康医疗并购基金、O2O消费基金、浙商汇悦医疗并购1号资产管理等项目，助力浙江省打造金融新高地；依托旗下资产经营管理公司、融资租赁公司两家全资子公司，累计实现 7 个投资项目上市、7 个项目新三板挂牌交易，发起设立资金管理规模 10 亿元的创新发展基金和 2 亿元浙创启元投资基金。研究拟订母基金设立方案，拟联合各类社会优质资本发起设立富浙母基金，作为浙江省级国有资本的重大战略投资平台，放大国有资本作用，引导更多社会资本服务国有企业改革发展；拟设立浙江省属企业改革发展基金，规模 100 亿元，筹建方案目前正准备上报浙江省国资委审批。

第四章　创新驱动发展，培育现代产业新动能

创新是经济社会发展的不竭动力。党的十八大明确提出，要"实施创新驱动发展战略。科技创新是提高社会生产力和综合国力的战略支撑，必须摆在国家发展全局的核心位置"。党的十九大进一步指出，"创新是引领发展的第一动力，是建设现代化经济体系的战略支撑"。浙江省历来十分重视创新，始终坚持把科技创新摆在重要战略位置。2003年，习近平在浙江工作时就把科教人才工作作为"八八战略"的重要组成部分。2006年，浙江省自主创新大会首次提出了2020年建成创新型省份的战略目标。习近平总书记和党的十八大、党的十九大关于创新驱动发展的一系列新思想新要求，为国有企业在新的历史条件下实施创新驱动发展战略、建设创新型企业指明了方向。浙江国有企业把创新作为提升企业核心竞争力、推动企业转型升级的战略支撑，涌现了一大批创新型企业。

第一节　科技创新引领先进制造业发展

中国进入增速持续放缓的新常态，增长动力的重塑成为当今最紧迫的任务。突破自身发展瓶颈，解决深层次矛盾和问题，根本出路在于改革创新。创新已成为企业竞争发展的关键，谁拥有强大的创新能力，就能把握先机、赢得主动。党的十八大以来，浙江省国有企业主动适应经济发展新常态，深入实施"转型强体、创新强企"战略，充分发挥了创新促进发展、创新释放红利的牵引性作用。到2017年

年底，浙江省属国有重点制造类企业研发投入强度平均超过 3%，重点服务业企业新业态投资占比超过 50%，拥有博士后工作站 10 个、院士专家工作站 9 个、国家级重点实验室 5 个；累计获得发明专利 248 项，制定国家级行业标准 35 项，国家级品牌 5 个、省级品牌 39 个；拥有国家"千人计划" 2 人、省"千人计划" 14 人。科技创新日益成为浙江国有经济发展的第一动力。

一 强化研发提高企业创新优势

科技创新的最终目的是转化为现实的生产力，科技成果转化是科技创新活动全过程的"最后一公里"，是科技创新活动的关键环节。提高科技成果转化效率是企业发挥科技作为第一生产力的重要前提。发挥国有企业在成果转化中的重要地位、提升国有企业科技创新成效，对于促进国有企业的改革与创新发展和提质增效，具有十分重要的意义。

浙江省国有企业以自主创新和建设创新型企业为引领，构建起"以企业为主体、市场为导向、产学研相结合"的科技创新体系。坚持自主创新，坚持科技创新与体制创新、机制创新、管理创新和发展方式的创新紧密结合，原始创新、集成创新与引进消化吸收再创新紧密结合，从综合效益、创新能力、人才强企、市场开拓、管理创新等五个方面引导企业创新发展，逐步成为创新决策、研发投入、科研组织和成果转化应用的主体。

浙江省机电集团坚持"科技机电"发展战略，构建具有机电集团特色的"以企业为主体、市场为导向、产学研相结合"的科技创新体系。自 2014 年推出科技项目计划以来，已累计立项 60 项，撬动成员单位项目研发投入 6633 万元，对工艺工装的改进、产品质量的提升、主业上下游的匹配等主业核心竞争力的提升带来了极大的促进作用。2016 年，浙江省机电集团研发投入 2.14 亿元，研发费用占制造服务型企业营业收入的 4.17%，占工业总产值的 5.5%。成员单位立足自主研发，不断加大科技创新投入，近五年来，累计投入研发费用达 8.85 亿元，制造型企业的研发投入占营业收入的比例稳定在 3% 左右，而且呈现逐年提高的趋势，制造业企业新产品产值率达到 50%

以上。近年来，浙江省机电集团获得省部级科技进步特等奖 1 项、一等奖 6 项、二等奖 5 项、三等奖 8 项，专利授权超 2500 项，自主研发产品获"浙江制造精品" 2 项，"浙江省装备制造业重点领域首台（套）产品" 5 件；获得"中国工业企业自主创新 100 强""中国产学研合作创新奖""中国产学研合作突出贡献奖""中国产学研合作创新示范企业""中国产学研合作好案例""中国产学研合作军民融合奖"等荣誉。2017 年，浙江省机电集团公司获评浙江百佳年度最受欢迎企业，所属的运达公司成为第一批浙江省服务型制造示范企业，并荣获"浙江省高新技术百强企业"称号、列入"新能源及节能产业十强"。

浙江省机电集团坚持"人才强企"战略，重视创新人才的识别、培养、引进和使用，对内自主开发和培养高层次、高技能、特殊紧缺人才，对外积极引进人才，增强企业发展的后劲。集团现有在岗职工 8000 多人，专业技术人员占比达到 50% 以上。拥有浙江省特级专家 1 人，浙江省"151 人才培养工程" 94 人，浙江省有突出贡献中青年专家 6 人，在职享受国务院政府特殊津贴人员 10 人。集团创新人才队伍不断壮大，已培育形成 55 个创新团队，其中，国家级重点技术创新团队 1 个，省级重点技术创新团队 2 个。浙江省机电集团按照"科技机电"建设要求，通过高层次人才招聘会、网络招聘等多种渠道，实行对外引进人才，聘请知名专家担任集团战略顾问，引进英国公司的智力资源，加强与专家、学者的交流合作，实行人才柔性流动。

浙江省机电集团重视职工专业技能的培训，初步建立起整套初、中、高级职业类培训体系。成立了"人才培训中心"，制定了人才和教育培训规划，以开展高管人员集中培训为重点，抓好全员培训；通过继续教育、执业资格考试培训等形式加强专业技术人才培养；通过创新团队建设，发挥领军人才的引领作用，促进年轻人才的快速成长；积极组织开展人才评选、竞赛等活动，实行人才自主开发；设立"科技进步特别贡献奖"，建立集团领导与创新型人才联系制度，充分调动人才积极性。随着"科技机电"建设的不断深入，一方面通过修订完善"科技机电"考核评价体系，丰富指标内涵，提高考核要求；另一方面将"科技机电"考核评价工作从成员企业向所有成员单位推进，分类明确考核重点，实现企事业全覆盖，提升集团"科技机电"建设的创新动能。

浙江省能源集团，浙能绍兴滨海热电项目二期扩建工地，3号燃煤机组的超低排放设施建设。该燃煤发电机组烟气二氧化硫、氮氧化物、烟尘的排放浓度将达到天然气燃气轮机组的排放标准，成为高标准的清洁电厂。

"烧煤比烧天然气还清洁"的超低排放，是浙江省能源集团公司最先提出并首家实施的，得到了国家的肯定。2015年3月5日，在十二届全国人大三次会议上，"超低排放"一词被首次收录到政府工作报告当中。

燃煤电厂的超低排放技术之所以受到国家重视推广，主要基于煤炭是我国最主要一次能源的实际，以及燃煤火电为我国电力主要来源的现实。燃煤电厂若实现超低排放，可以大大减少烟气污染。省能源局负责人说：浙能燃煤发电机组超低排放改造获得成功，技术路线可行、监测数据可信、环保成效可喜。它打开了煤电发展的新空间，也将深刻影响我国的能源战略。

中国工程院院士岑可法评价浙能此举的三大创新点是：做到了烧煤比烧天然气排放更少、更清洁；首选改造采用了100万千瓦这一中国火力发电的主力机组，对中国7亿多千瓦燃煤发电机组清洁改造而言，在技术上推广具有可复制性；改造成本大大低于用天然气发电，改造的经济性好，市场前景广。

浙能集团成功实施超低排放后，投入超50亿元，在集团系统所属燃煤电厂全面推广，浙能集团超低排放进度继续走在全国发电企业行业前列。2017年12月，浙能嘉兴发电厂1号燃煤发电机组实现污染物超低排放。至此，全国最大的地方能源集团——浙江省能源集团有限公司，实现污染物超低排放机组的比例高达90%，达2367万千瓦，继续走在全国发电企业行业前列。这也标志着嘉兴电厂8台共530万千瓦机组超低排放改造工程全面建成投产，成为全国最大、机组最多的超低排放燃煤电厂。

据浙能集团董事长童亚辉介绍，从2011年开始，浙能集团在国内率先提出燃煤电厂烟气超低排放概念，并斥资 50 多亿元进行技术改造。面对国内、外无成熟经验借鉴的实际，要安全、可靠达到全世界最严格的火电厂烟气污染物排放标准，其难度可想而知。对此，浙能集团通过调研、理论计算、数字仿真模拟、中试实验，首创适应中国火电厂实际的污染物协同高效脱除技术路线，并成功实现工程化应用。项目实施后，燃煤机组的烟气二氧化硫、氮氧化物、烟尘的排放浓度达到天然气燃气轮机组的排放标准，开辟了火电燃煤机组清洁化生产的新途径。

在加快燃煤机组超低排放改造的同时，浙能集团狠抓技术设计、设备配置、运行控制等优化工作，使得所有投运机组的超低排放系统均稳定、高效运行，二氧化硫、氮氧化物、烟尘的超低排放合格率保持在 99% 以上。同时，浙能集团加强自主知识产权开发、申报工作，相关技术已获得国家发明专利授权，荣获浙江省科技进步一等奖。

二 产学研协同促进企业转型升级

在全球经济一体化不断加深和竞争日益激烈的大环境下，无论是新产品的研发、新市场的开拓、新产品的销售和服务还是组织结构及工艺流程的创新，越来越离不开不同领域不同学科资源与知识的交叉和融合。从内生的、封闭的自主创新到联盟式、合作式的协同创新，再到无边界、开放式创新是技术发展的规律。

浙江省机电集团，突出企业的科技创新主导地位，形成产学研协同创新利益共同体，构建产学研科技创新体系，有效地增强了企业核心竞争力、促进了企业的转型升级。浙江省机电集团坚持"产"为主导、"学"和"研"为基础、"用"为目的的产学研合作创新之路，致力于引导高校、科研院所贴近企业需求搞研发，促进成员单位之间、成员单位与集团外开展产学研合作，促进科研成果的转移转化。经过几年来不懈的推动，通过建立各方优势互补、共同发展、利益共享、风险共担的协同创新机制和创新利益共同体，联合共建研究机构、产业技术创新联盟，联合承担重大攻关项目和产业化项目，成员单位间开展产学研合作的意识不断增强，在技术研发、人员协作、设备设施等资源共享合作态势已经初步形成。

浙江省机电集团所属的机电院公司和机电学院联合组建的自动化系统集成与智能仪表技术创新团队,依托浙江省机械装备制造业技术创新服务平台,致力于先进检测与控制技术、矿井环境监测与农业新技术领域的研究,先后承担并完成了国家"863"项目1项、浙江省重大科技专项多项。运达公司风电团队与诺丁汉大学、浙江大学合作开展"风力发电先进控制技术"研究;液压创新团队已就"液压动力单元""轨道交通机车车辆液压减振器"项目展开合作研究。浙江机电集团先后被授予中国产学研合作创新奖、中国产学研合作突出贡献奖、中国产学研合作创新示范企业、中国产学研合作好案例和中国产学研合作军民融合奖等荣誉。

浙江省机电集团以自主创新为引领,坚持"科技机电"战略,构建具有机电集团特色的"以企业为主体、市场为导向、产学研相结合"的科技创新体系。浙江省机电集团公司现拥有各类省级以上创新平台14个,其中,国家级重点实验室1个、国家地方联合工程实验室1个、省级重点实验室6个、博士后科研工作站2个、院士工作站3个、浙江省重点企业研究院1个、省部级创新团队7支。2017年,机电院公司"铸造机器人应用技术浙江省工程研究中心"成功入选2017年省级工程实验室(工程研究中心);运达公司"院士专家工作站"获评优秀省级院士专家工作站;机电学院获批国家级高技能人才培训基地、入选浙江省重点建设高职院校;万里学院入选教育部"全国第二批深化创新创业教育改革示范高校"。浙江省机电集团通过构建包括专家人才、科技成果、载体平台、检测认证、资质业绩、设备信息、产品信息、人才培养等八个模块的"集团基础能力数据库",实现浙江省机电集团成员单位资源信息的共享,助推成员单位的产学研合作。

三 打造孵化器引领高新产业发展

创新孵化器是培育高新技术企业的主要载体和平台,是区域科技创新体系的重要内容,是促进经济社会发展的创新源和创业源。打造创新孵化器引领新兴产业发展,国有企业责无旁贷。

（一）弯道超车孵化智能健康产业

根据《2016—2021年中国大健康产业市场运行暨产业发展趋势研究报告》预计，2017年中国健康产业规模为4.9万亿元，2021年将达到12.9万亿元，2017—2021年均复合增长率约为27.26%。大健康产业覆盖的群体涉及母婴、儿童、青壮年、老年人、慢性病或者有特定体质需求的群体，是一个覆盖健康医疗服务、医保、商保和健康云数据的全生态链。大健康产业巨大的市场规模及其前景，也让杭州钢铁集团看到了弯道超车的机会。

杭州钢铁集团"十三五"智能健康产业发展规划中提出，要充分发挥国企品牌、经济实力、土地资源、产业基础、融资平台和社会影响力等优势，高起点、高标准发展智能健康产业，努力建设全国一流的大型智能健康产业集团。重点瞄准智能健康设备制造、医疗康复护理养老、高端特殊医疗食品等健康产业公司，利用集团资金优势，积极筛选有良好发展前景和较高技术含量的标的公司，择机进行收购兼并，以快速度、高起点直接切入大健康产业。

高起点直接切入大健康产业。在杭州钢铁集团转型升级，第三次创业之际，建议同步大力推进混改和员工持股工作，彻底改变国企官僚气息浓重、公司治理效率低下的弊病，经营权和实际所有权合一，充分激发国企改革的巨大潜能，调动各方资本和员工的积极性，利用市场经济规律和现代公司治理制度，高起点直接切入大健康产业，力争再次成为国企转型升级和混改的先进典型。同时，充分利用大数据公司的优势推进智能健康产业发展，吸引相关公司医疗健康数据存储落户大数据公司；同时根据半山基地的实际情况争取相关健康产业项目落户半山基地配合教育、地产等兄弟公司推进健康产业板块相关工作。

设立健康产业投资基金。美国、德国和以色列等国有一批处于国际最前沿的大学、医院和研究机构，同时法律和会计制度比较细致完善规范，退出机制明确，这类项目反而比国内健康产业风投项目有着更高的安全边际，风险更小回收更快。因此，杭州钢铁集团利用富春公司的海外优势，和国内优秀成熟的风投基金抱团出海，探索研究海外优质高科技健康项目Pre-IPO股权投资的可行性，在2—3年获取数倍收益退出的基础上，争取获得国内市场的总代理权，布局全国市场，充分享受高科技带来的双重红利。

打造智能健康制造上市平台。杭州钢铁集团在数家体外诊断（IVD）智能医疗和特医食品等企业中选择1—2家进行收购兼并，快速高水平进入智能健康、精准医疗和特医食品领域，利用国企品牌做强做大。另外，利用当前证监会IPO一级市场壳资源贬值的机遇，把优质健康产业资源在二级市场快速借壳上市，为杭钢集团再打造一个上市平台。

组建杭钢医疗康复护理养老集团。杭州钢铁集团在和万科合建养老院的基础上，收购若干家康复医院和养老院，和省三甲医院和浙报传媒等进行合作，吸引神经外科、骨科等优质康复病人，开展医养康复项目；依托康复医院再组建一家健康管理公司，开展健康体检服务；收购兼并若干家月子中心，开展产妇护理服务。

（二）构建绿色循环经济产业链

早在2005年，习近平在浙江工作时就提出了"绿水青山就是金山银山"的"两山理论"，并指出，要"把发展循环经济贯彻于企业、区域、产业、社会等各个不同层面"。习近平总书记在党的十九大报告中进一步指出，要"建立健全绿色低碳循环发展的经济体系""构建市场导向的绿色技术创新体系"。循环经济是一种以资源的高效利用和循环利用为核心，以"减量化、再利用、资源化"为原则，以低消耗、低排放、高效率为基本特征，符合可持续发展理念的经济增长模式，是对"大量生产、大量消费、大量废弃"的传统增长模式的根本变革，对解决中国资源对经济发展的瓶颈制约具有迫切的现实意义。发展循环经济必须依托技术进步，应注重关键技术的开发和应用，破解技术瓶颈，为循环经济产业链的构建创造条件。

巨化集团创建于1958年，是国内的老牌化工生产企业。1998年3月，被确定为浙江省首批国有资产授权经营单位。同年6月，浙江巨化股份有限公司股票在上海证券交易所上市。经过五十多年的发展，现下设四十多个分、子公司和控股参股公司，形成了以氟化工为龙头，氯碱化工和煤化工为基础，精细化工、合成材料、石油化工为高新技术突破口的化工产业链。公司建有国家级企业技术中心、企业博士后工作站,是"国家氟材料工程技术研究中心""浙江巨化中俄科技合作园"的依托单位。现为国有特大型企业、中国重要的氟化工生产基地和浙江省最大的化工基地。

长期以来,巨化以"蓝天碧水,造氟社会"为宗旨,坚持绿色低碳循环发展理念,坚持治理"三废"能力与技术改造相结合,与推进产业转型升级同步,构建绿色技术创新体系和构建循环经济产业链,提升了区域环境安全保障能力。2009年以来,巨化集团成立环保事业部,努力打造集高端研发、清洁生产、生态服务和再生利用于一体的绿色高效产业基地,外排废水、废气实现了稳定达标排放,实现经济效益、社会效益、环境效益和循环经济发展,为国家和行业发展循环经济、节能减排提供实践经验。

氟化工是巨化循环经济产业链的核心,其生产涉及的氟、氯、碳等元素的高效利用是提升氟化工技术水平和市场竞争力的关键。为此,巨化集团公司根据自身的产业特点,建立了符合巨化发展要求的氟化工产业链。盐化工是巨化循环经济产业链中极为重要的一环,巨化集团成功开发与应用了电石渣综合利用、变压吸附回收氯乙烯、盐酸脱析回收氯化氢等技术,夯实了巨化循环经济产业链的基础。煤化工是巨化循环经济产业链构建的起点,巨化集团成功开发与应用了二氧化碳综合利用、尿素解析液深度水解、含氰污水全循环改造、吹风气热能回收等技术,进一步确保了其对核心产业的配套保障作用,也使巨化循环经济产业链构建的优势得到进一步体现。

目前,循环经济产业链框架已经形成,关键技术开发、应用取得突破,拥有了一批先进、适用的技术,传统产业得到提升改造,核心产业实现良性发展,产业链得以进一步充实和延伸,积累了循环经济的实践经验。巨化集团正确处理好环保产业近期效益和远期效益的关系,正确处理好局部效益和整体效益的关系,与地方政府的节能减排、循环经济建设工作携手共进,结合企业特点开展循环经济实践,实现了产业的优化和提升。

2014年6月14日,时任省委书记夏宝龙赴农发集团上虞公司考察循环农业,对省农发集团积极推进现代农业和循环经济的工作予以充分肯定。农发集团在上虞现代农业园区建立地方原种猪基因保护基地和现代化养殖场,专业从事金华两头乌的原种保护和原种产品开发利用,并加快发展循环农业,主要经营理念是做精做强精品示范农业,重点是三个循环,即原种保护与综合开发循环利用;种植与养殖循环利用;废弃物环保治理,资源再利用,实现农牧循环。园区循环农业按照"减量化、无害化、资源化"的原则,进行排泄物综合治理,实行清洁生产、雨污分流、干湿分离、沼气工程、生化处理、氧化塘沉淀曝氧处理,废水灌溉农田等一系列综合治理措施。主要做法是将猪尿、废水经污水收集管网集中到沼气池,沼液流经管道进入氧化塘曝氧,再进行生化处理池处理,处理后废水经六级狐尾藻生态池的降解,进一步降低水中的富营养成分,出水达到国家二级农用水灌溉标准,最后经灌溉管网浇灌到农田;雨水集中收集经雨水管网排放;猪粪以干清粪方法集中在堆粪棚发酵,后送有机肥厂加工农田有机肥;沼气收集到储气柜实行沼气发电、食堂用气。养猪场与饲料地、蔬菜地、苗木配套,沼气综合利用的模式较好地促进养殖业与种植业同步发展,收到良好成效。

(三) 共建中俄科技合作园

浙江巨化中俄科技合作园是经中俄两国政府科技主管部门批准,中国第一家以企业为主体、市场化运作的中俄科技合作园,位于浙江衢州高新技术产业园区内,规划面积 2 平方公里,于 2001 年 5 月 19 日正式开园运作。建园以来,实施了一批重大科技合作项目并创建了多个技术研发平台。巨化与俄罗斯应用化学科学中心、俄罗斯塑料聚合物控股股份公司、俄罗斯光学院等单位共同实施了氟聚合物、人工晶体等十多个科技合作项目,其中中俄合资企业浙江巨圣氟化学有限公司 PTFE 项目仅用了两年半时间,大大缩短了从研发到中试再到产业化所需的时间,成为中俄科技合作的示范性项目。还成立了由中外专家组成的专家委员会,组建了"中俄氟化工联合实验室""国家氟材料工程技术研究中心"等联合研发载体,建成了国内一流的氟化工实验工厂,为我国的氟化工科研开发创造了良好的基础条件,使巨化集团成为重要的氟化工研发及生产基地。

在中俄双方的共同努力下,浙江巨化中俄科技合作园建设取得积极成效。园内产业链日渐配套完善,产业集聚效应开始显现,高新技术产业和企业不断集聚，形成规模经济优势。合作园的发展建设，带动了合作园的所在地——浙江省衢州市与俄罗斯的科技合作。如今衢州市开化、常山、江山等县市的企业非常重视与俄罗斯的科技合作，以此来提升技术水平，拓展市场空间。中俄项目的合作为衢州市"工业立市、借力发展、特色竞争"三大发展战略的实施、为浙西区域经济的发展作出了重要贡献。

第二节 产业创新培育新兴市场业态

产业创新是推动经济发展的动力，是国有企业可持续发展的保证。在"互联网+"和共享经济发展的背景下，中国产业商业模式、市场业态将发生根本性变革，传统平台、联盟、联合体必须升级换代。产业技术创新及组织创新，是企业商业模式、市场业态创新的原动力和逻辑起点。浙江物产中大长期致力于现代流通产业发展与供应链金融探索，正从传统的贸易商向流通4.0新型综合商社转型，朝着打造国内领先的供应链服务集成商与综合金融服务提供商迈进。浙江省商业集团以雷迪森旅业为基础，打造以"雷迪森"为核心品牌的主题文化酒店产业；浙江省农发集团以杭州湾花田小镇为依托，突出休闲旅游产业定位和"农"字特色，积极发展农业休闲服务业；浙江省旅游集团业已成为浙江省全域旅游投资运营商和旅游全产业链创新引领者，不断引领时尚文旅消费新潮流。

一 打造流通4.0优化产业生态

流通是国民经济的先导性行业、基础产业，是价值实现与价值创造的过程，在整个国民经济中发挥着越来越重要的作用。德国提出"工业4.0"，旨在通过利用信息通信技术和信息物理系统相结合的手段，打造一个高度灵活的个性化和数字化的产品与服务的生产模式。浙江物产中大长期致力于现代流通产业发展与探索，正从传统的贸易商向流通4.0新型综合商社转型，金融朝着打造国内领先的供应链服务集成商与综合金融服务提供商迈进。所谓流通4.0版就是通过互联网把供应商、制造商、消费者紧密联系在一起，实现以需求为导向，专业化分工细化，在为上下游客户创造价值中实现自身的价值，形成自身独特的竞争优势。

早在2015年2月，浙江物产中大就与浙江大学、浙江工商大学现代商贸研究中心联合主办了物流4.0研讨会，并发布西湖宣言，即《流通4.0行动指南（讨论稿）》。在此次宣言中浙江物产表示，按照流通4.0的要求，加快构建钢铁、化工、能源、粮食、外贸等O2O电商集成服务平台，在全球范围内实现流通资源优化配置和整合，打造流通4.0新型综合商社。同年9月底，浙江物产中大公开表示，作为浙江省首家混合所有制改革的整体上市企业，要按照流通4.0的产业组织和上市公司运行管控准则，创新组织架构、管理体制、激励机制，激发团队的创造力和竞争力，进一步提高互联网时代平台化运作的供应链集成服务水平，更快、更优地响应市场变化和客户需求，在为市场和客户创造价值的过程中提升企业价值。

物产中大集团正在形成"一体两翼"，即集成服务为主体、金融和实业为两翼的集成服务商、金融业、不动产和高端制造业的产业格局，又继续打造提升钢铁电商平台、出口综合服务平台，再利用互联网和物产信息公司与团队等特殊优势，突破商业模式与流程。在"电商换市"的风口下，物产中大集团已经有了"物产通""义乌通""保税通"等一系列知名电商平台的物产，将继续打造钢铁等大宗商品贸易和汽车销售的电子商务交易平台，深入开展跨境电商业务，联合本次配套融资引进的战略投资者，浙江物产将引领企业做大线上线下的交易。集团正在大力践行"流通4.0"，即以互联网、物联网、大数据、云计算等现代信息技术为支撑，以消费者驱动为理念，以自身大型流通企业为核心，打造供应链上的供应商、制造商、消费者等利益相关方跨界融合的物产中大生态圈，实现从商品经营到提供集成服务的转变，朝平台化、集成化、智能化、国际化、金融化的方向努力。

二 培育与现代商贸紧密结合的供应链金融

商贸流通业与供应链金融的产业链条属性具有一致性。传统模式下开展的供应链金融以银行为主导，而今基于大型物流企业的供应链金融在国内开展得较为成熟。供应链金融不仅将上下游企业联系起来，而且将消费者、金融机构与物流企业联系起来，形成一个商贸流通生态系统和商贸流通金融系统，这将是商贸流通业的发展方向。

浙江省国际贸易集团已形成了轻工纺织、农副食品、机电工程、医药化工等具有自身特色优势的集团商贸流通板块，有浙商资产、浙商保理、融资租赁、般若理财和东方资本 5 家类金融公司。其商贸流通板块积累了大量的中小企业客户信息和渠道，为金融服务板块提供优质的金融服务对象。同时，其金融服务板块也为商贸板块具有真实贸易背景的供应链服务提供产品、人才和风控支撑。集团针对供应商，提供收取货款、定期对账、财款催收、销售分账户管理等金融服务，通过保理、应收账款质押融资、应收账款池融资等方式为商贸板块供应商提供融资服务。通过"期现货结合、内外贸一体"的运作模式，为商贸企业量身定制风险规避方案，实现套期保值和套利。针对经销商，提供货款支付、定期对账等金融服务，也与外部金融机构合作，提供预付款融资、仓单质押融资、现货质押融资、代理采购等融资服务。针对物流企业，提供运费融资、设备融资租赁、仓库和卡车财产险的服务。此外，在传统供应链金融产品的基础上，顺应大资管时代发展，依托金融服务企业的 PE 投资、产业基金、资产管理、投资银行和财务顾问等服务，深入参与集团商贸流通板块的资本运作项目，推动商贸流通板块的资产证券化。

浙江省商业集团以打造现代服务业产业链为主轴，以提升综合金融服务能力为核心，带动商贸产业转型升级。旗下的浙商保险以"保险业务"为核心，结合"互联网＋"，深耕浙江市场，积极加强产业链保险业务的渗透性。浙商汇融依托产业背景，创新金融工具，在资管、并购、创投等领域，提升了社会资本管理专业承接能力。新世纪期货依托专业研究力量，形成了期现结合、套期保值、跨市场套利等多层次盈利模式，初步构建出了供应链金融体系。建融公司利用金融平台和项目平台，集聚金融资本和产业资本，积极推进公司从纯粹的融资平台和渠道角色定位向具有投资和运营专业能力的综合运营商转型，形成了金融、商贸与产业共济发展模式。

物产中大集团整体上市以来，充分利用供应链金融以及其他金融创新手段，以贸易、实业、金融互融互促，形成了流通集成服务为主体、金融和高端实业为两翼的产融良性互动的三大业务格局。物产中大集团旗下金融单位依托集团主业，立足金融市场，不断创新业务品种，拓展各项业务规模，全面提升金融服务能力，实现了稳步布局，快速发展，涵盖了财务公司、融资租赁、期货、典当资产管理、平台交易、私募股权管理、保险代理等金融服务领域，逐步形成了业态较为丰富的金融产业体系，在流通主业在经济下行压力下盈利波动加大、高端实业尚处培育过程的发展现状下，其良好的盈利能力和对其他业务板块的促进作用，将进一步优化集团发展方式，增强集团盈利水平。

三 文化创意引领文旅消费新潮流

浙江省商业集团以雷迪森旅业为基础，打造以"雷迪森"为核心品牌的主题文化酒店产业，同时，延伸酒店专业服务素质，衍生打造健康医疗产业链，切入健康养老服务产业。浙江省农发集团以杭州湾花田小镇为依托，突出休闲旅游产业定位和"农"字特色，积极发展农业休闲服务业，农旅融合，培育发展休闲旅游、养生度假、文化创意、生态人居等融合业态。浙江省旅游集团集旅游策划、旅游规划、景观设计、投资建设、运营管理、品牌输出为一体，业已成为浙江省全域旅游投资运营商和旅游全产业链创新引领者，不断引领时尚文旅消费新潮流。

（一）打造主题文化酒店产业

浙江省商业集团以国大集团为平台，借鉴国内外养老地产领先开发理念，引进产业资本和金融资本，以多资源多要素有机集合为基点，以大项目引领和带动，通过养老地产、旅游地产、教育地产、商业地产结合开发，在浙江省内探索布局复合型的健康房产项目。

雷迪森旅业突出主题文化精品酒店精且专、小而美的发展主线，以主题文化为牵引，在自然景观突出、人文沉淀深厚、宗教文化浓郁的区域，布设体验感、参与感、融合感较强的目的地酒店。通过租赁经营、收购兼并、管理输出等方式，加快发展节奏和步伐，把握酒店细分市场兴起的契机，控资源、选项目、精布局。促进养生概念与旅游产品的紧密结合，形成差异化竞争优势，全力把雷迪森品牌打造成为在国内具有较高知名度和美誉度的主题文化酒店中的领先品牌。

浙江省商业集团积极谋求与国际酒店管理集团进行合作，实现注册住宅专家（CRS）的打通直连，推动交叉销售，为"雷迪森"品牌带来增量效应；通过合资合作、发展联盟、项目互换、双品牌等模式实现"雷迪森"品牌境外布局；积极关注国内及国际酒店管理集团相关品牌的并购机会，适时推动战略价值互补型并购。计划到"十三五"期末，"雷迪森"品牌全权管理酒店数量在30家以上，品牌特许酒店数量在20家以上，"雷迪森"跻身中国驰名商标，雷迪森旅业集团发展规模及品牌形象跻身中国本土酒店管理集团20强、世界酒店管理集团100强。

（二）发展农业休闲服务业

2013年以来，浙江省农发集团积极发展农业休闲服务业，着力提高农业附加值，打造农业特色小镇。杭州湾花田小镇于2016年年初被列入第二批浙江省级"特色小镇"创建名单，规划面积23平方公里，核心区面积5.8平方公里，总投资额近200亿元。杭州湾花田小镇农旅融合，突出休闲旅游产业定位和"农"字特色，以浙江省农发集团13000亩现代农业园区和上虞滨海新城运动旅游休闲功能区为依托，以花卉产业链为核心，培育发展休闲旅游、养生度假、文化创意、生态人居等融合业态。杭州湾花田小镇建设"田园中的小镇""花海中的小镇"，打造全国著名的田园慢生活休闲旅游小镇和旅游产业总部集聚区，已成为整合浙江省属国企、央企、知名民企和国家级开发区四方优势，实现生产、生态、生活有机结合的重大项目。2016年1月4日，时任浙江省省长李强专程赴杭州湾花田小镇考察调研，对省农发集团创建花田小镇给予充分肯定，要求集中优势资源，创新发展模式，打造全国一流的农旅融合的产业特色小镇。

2016年，杭州湾花田小镇已有10家企业入驻小镇，当年实现产值2.79亿元，上缴税收1722万元，其中旅游服务收入6753万元，全年接待游客达到54.64万人次。2016年11月，农发集团、浙江蓝城、绿城理想小镇集团、绍兴市上虞杭州湾建设开发集团有限公司签订了战略合作协议和投资协议。截至2016年年底，已累计完成投资约 27.23 亿元，成功引进欢乐大世界项目，被列为国家 4A 级旅游景区和省级湿地公园。

浙江省农发集团在规划建设"杭州湾花田小镇"时，坚持立足"农"字特色，充分突出自己的优势，通过农业景观化、旅游体验化、产业融合化，把度假休闲与田园生态紧密结合起来，打造"田园中的小镇""花海中的小镇"，提升"杭州湾花田小镇"品牌特色和影响力。其中，杭州湾海上花田景区一期 660 亩景区，合计建筑面积 2806 平方米，已形成以四季花海、滨海湿地为主体景观的"乡村休闲式主题乐园、交通枢纽型品牌景区"，开发运营了婚庆广场、戏曲舞台等二十多个休闲旅游项目，自开园以来入园游客数突破 80 万人次，文旅产业相得益彰，品牌效应初步形成。

（三）引领旅游全产业链创新

浙江省旅游集团是一家集旅游策划、旅游规划、景观设计、投资建设、运营管理、品牌输出为一体的全域旅游投资运营商和旅游全产业链创新引领者。浙江省旅游集团根据国内外旅游消费市场变化，积极创新旅游产品和商业模式，全力构建休闲康旅产业链。形成了拥有旅游交通、酒店投资管理、旅行服务、医疗健康、旅游目的地投资运营、旅游小镇投资建设、旅游金融、旅游文化会展及旅游产业研究等"1+8"旅游产业板块。有全资及控股、参股企业八十多家，运营管理规模为 20 亿元的浙江省古村落（传统村落）保护利用基金、规模为 100 亿元的浙江省旅游产业投资基金和规模为 100 亿元的浙江省医疗健康产业基金。

旅游交通板块布局机场班线、旅游大巴、班线客运、出租汽车、汽车租赁、游船接待、汽车修理、厂校班车等业务领域，拥有"逸舟游船""品爱车队""天使之翼"等品牌。作为浙江省内知名的旅游交通服务企业，公司先后被授予"北京奥运交通保障单位""上海世博会交通保障单位"和第八届残疾人运动会"十佳接待服务单位"等荣誉称号，为 G20 杭州峰会地面交通服务总牵头单位。

酒店投资管理板块拥有以"蝶来"为母品牌的蝶来（豪华酒店及度假村）、蝶来三舍（文化艺术精品度假酒店）、蝶来雅谷（健康主题酒店）、蝶来花半（现代中式美学生活酒店）四大品牌，管理蝶来望湖宾馆、蝶来浙江宾馆、萧山机场蝶来大酒店、千岛湖温馨岛蝶来度假酒店、杭州香格里拉饭店、蝶来三舍、蝶来花半等酒店30余家,分布在全国6个省,11个市。

旅行服务板块拥有"浙江中旅""浙江国旅"等著名品牌,具备标准化的操作流程,推行精细化的管理模式,提供至诚至微的旅游服务,全省共有门店和代理社500多家,位列全国旅行社集团20强,是省内旅行服务龙头企业。

医疗健康板块拥有浙医健杭州医院、衢州医院、长兴医院、浙江仁馨医药公司、浙江寓健健康管理公司、浙江寓健怡唐健康管理公司、衢州佳德健康产业发展公司以及杭州雅谷泉山庄健康主题酒店。

旅游目的地投资运营板块是具有规划落地设计、景区建设运营、特色小镇开发运营、PPP项目建设运营、品牌输出管理等为一体的旅游全产业链供应商。现已管理运营包括江山江郎山、开化根宫佛国等5A景区在内的十多家景区,并投资了建德江南秘境国际旅游度假区、淳安千岛湖遂安列岛等多个旅游综合体项目。

旅游小镇投资建设板块加快从城市商住地产向旅游、健康、文创产业综合开发转型,目前正打造"湛景""旅游小镇""健康花园"等旅游、健康产业综合体。

旅游金融板块围绕旅游和健康两大主业开展投资业务,包括基金管理、股权投资(风险投资)、并购投资、金融证券产品投资、资产管理业务、投资管理咨询服务等。

旅游文化会展板块集旅游品牌推广、国内外会议、活动、展览策划与承办,文化传播、演艺与赛事承办与服务等综合服务于一身,致力于打造浙江省"四最"文化会展专业公司,即达到浙江省规模最大、专业水平最高,服务质量最好、品牌最优的文化会展龙头企业。

旅游产业研究板块以打造旅游目的地"产业研究中心、产品研发中心、成果转化中心"为宗旨,围绕产品创新、模式创新和业态创新,构筑立足浙江、面向全国的旅游产业、全域旅游和旅游目的地的研究平台。重点开展全域旅游发展政策研究、区域旅游发展战略研究、特色旅游业态和产品研究,参与旅游发展战略咨询、旅游大数据应用研究、旅游项目规划编制以及热点问题研究、行业学术交流等前沿业务。

浙江省旅游集团曾多次入选中国旅游集团20强、浙江省服务业百强企业和中国饭店管理集团30强。"浙旅"和"浙江外事"商标被认定为省著名商标。"十三五"时期，浙江省旅游集团将坚持旅游产业与健康产业"两轮驱动"，存量提质增效与增量重点突破"两路并进"，内强素质与外塑形象"两手并举"的发展路径，重点发挥好规模为100亿元的浙江省旅游产业投资基金和规模为20亿元的浙江省古村落（传统村落）保护利用基金作用。实施助推浙江省万亿旅游产业"511"行动计划，即五年内培育5家旅游类上市企业，以旅游产业基金撬动社会资本投资1000亿元以上，建设运营100个以上旅游项目。发挥好规模为100亿元的浙江省医疗健康产业基金的引领作用，大力发展健康业态。力争到"十三五"期末实现营业收入和资产总额分别突破100亿元、2家控股和参股企业上市的"双百亿、双上市"目标。

第三节　金融创新支持实体经济发展

金融与实体经济相辅相成、互促共进。随着中国经济发展进入新常态，转型升级机遇与压力并存，金融如何更好地服务实体经济成为当前金融工作的重要命题。浙江是新常态下率先遭遇经济转型调整阵痛的一个省份。金融服务实体经济的关键在于发挥金融对实体经济创新的支持作用，培育新的经济增长点。浙江省委、省政府加大金融保障、深化金融改革、强化资本对接、打造战略平台、推动金融创新，金融服务实体经济的精准性和有效性不断提升，有效支持了浙江省经济走稳向好，为落实中央推进供给侧结构性改革等决策部署，打好转型升级系列组合拳提供了强大的金融支持。

一　树立服务实体经济的价值理念

虚拟经济与实体经济背离已成为全球经济体系的"典型化"特征之一，中国经济同样面临"脱实向虚"问题。在理论界，最早企图突破金融与实体经济"两分"框架的是瑞典经济学家维克赛尔,他致力于在"金融世界"和"实体(真实)世界"之间找到一座"由此达彼"的桥梁。在他看来,利率就是这座桥梁:通过货币利率和自然利率对应调整、前者向后者靠近的"累积过程",引致储蓄和投资、供给(生产)和需求发生方向相反的变化,最终驱使均衡达成,进而决定经济活动的总体水平;而利率结构的变化,则可能影响资源配置的效率,进而影响经济活动的总体水平。

20世纪60年代,金融中介理论的异军突起,开辟了探讨金融与实体经济关系的新路径。这一理论,从实体经济运行不可或缺的要素入手,循着交易成本、不对称信息、中介效率、分配效率、风险管理和价值增值等方面切入,层层考察了金融与实体经济的关系,阐述了两者间相互关联和相互影响的关系。格利和肖认为,货币资产有着不同的类型,而不同类型的货币资产的名义扩张或收缩,对实体经济活动的运行会产生不同的影响。在内在货币创造的过程中,金融与实体经济之间是相互勾连、彼此渗透的,这个过程引起财富转移,进而对劳动力、当期产出和货币的总需求产生影响。

20世纪70—80年代,信息经济学、新增长理论和新金融发展理论兴起,进一步打破了传统金融研究的僵局。伯南克和格特勒将金融作为内生性体系纳入(实体经济)动态随机一般均衡模型,揭示出投资水平与企业的资产负债表状况间的关系,以及金融市场波动逐步"绑架"传统经济周期的现实,进而让我们认识了"金融经济周期";而以默顿为代表的金融功能学说,更为我们探讨金融与实体经济的关系提供了新的分析角度。根据默顿的概括,金融体系具有六项基本功能:清算和支付功能,即提供便利商品、劳务和资产交易的支付清算手段;融通资金和股权细化功能,即通过提供各种机制,汇聚资金并导向大规模的物理上无法分割的投资项目;为在时空上实现经济资源转移提供渠道,即金融体系提供了促使经济资源跨时间、地域和产业转移的方法和机制;风险管理功能,即提供应付不测和控制风险的手段及途径;信息提供功能,即通过提供价格(利率、收益率和汇率等)信号,帮助协调不同经济部门的非集中化决策;解决激励问题,即帮助解决在金融交易双方拥有不对称信息及委托代理行为中的激励问题。

长期以来，学界、政府与社会对于金融功能的理解，基本上集中于其储蓄和投资方面，而忽视了其他重要功能。金融的功能或多或少被扭曲了，金融仅仅被看作向经济活动输送资金的"血脉"。实际上，金融工具林林总总，金融活动纷繁复杂，其根本目的就是在市场经济运行中媒介资源配置过程。"金融要服务实体经济"根本的要求就是有效发挥其媒介配置的功能，为实体经济提供更好的金融服务则要求的是降低流通成本，以提高金融的中介效率和分配效率。

金融是现代经济的核心，强调金融服务实体经济，并不意味着金融是实体经济的附属。金融与实体经济是利益共同体，一荣俱荣、一损俱损。只有金融与实体经济相辅相成、互促共进，国民经济才能持续健康发展。在经济发展新常态下，金融服务实体经济的关键，在于发挥金融对实体经济创新的支持作用，培育新的经济增长点。对于创新性经济活动，金融体系的作用不仅仅在于提高其资金可得性，而且包括创造一个有效率的"试验场"，在风险可控的条件下发挥金融筛选创新的功能，并为创新成果的转化和扩散提供支持。

二 发挥金融服务实体经济的作用

金融不是实体经济的附属，而是同实体经济共生共荣。近年来，围绕实体经济转型升级的金融需求，浙江国有金融系统坚持金融支持供给侧结构性改革和促进经济转型升级的主线，深入开展金融改革创新，强化金融保障，探索发展适应新常态的区域新金融，金融服务实体经济的精准性和有效性不断提升，初步形成了金融与实体经济相互支撑、良性互动的发展态势。

以浙商银行股份有限公司为例，这家由中国银监会批准的全国性股份制商业银行，总行设在浙江省杭州市，是唯一一家总部位于浙江的全国性股份制商业银行。浙商银行前身为"浙江商业银行"，2004年8月改制为现在的浙商银行，浙商银行在创新能力、风控能力、市场服务能力、价值创造能力上具有明显竞争优势，成为最具竞争力全国性股份制商业银行和浙江省最重要金融平台。浙商银行主动适应经济新常态，积极服务实体经济，落实国家各项金融和产业政策，通过金融服务大力推进供给侧结构性改革，在提升金融服务能力的同时，实现了自身规模、质量和效益的协调发展。浙商银行逐步探索出符合自身客户需求的业务发展模式。

（一）创新流动性服务

浙商银行围绕企业"降低融资成本、提升服务效率"两大核心需求，以帮助企业盘活资产、解决资金流动性管理难点为切入点，创设涌金票据池、资产池、出口池等池化融资平台及超短贷、至臻贷等一系列流动性服务产品，以"池化"和"线上化"的融资业务管理助推企业去杠杆、降成本、提效率。一是盘活了企业资产。相比于同业类似产品，池化融资平台不仅可接受和盘活企业持有的"两小一短"（小银行、小面额、短余期）票据，更将入池资产拓展至商业承兑汇票、信用证、应收账款、理财产品、大额存单等各类可货币化的流动性资产，分类入池质押生成池融资额度，可随时在额度内办理各类融资业务。由此能大幅降低企业备付金要求，企业可主动对资产负债表进行缩表管理，在降低资产负债率的同时降低融资成本。二是提升了企业流动性管理能力。企业财务杠杆与流动性密不可分，资金流动性管理较好的企业其杠杆率也处在相对合理的区间。依托池化融资平台基础功能，浙商银行创新研发超短贷、至臻贷等支持客户随借随还，满足其短期流动资金贷款需求，这项功能已成为企业管理资金头寸的重要金融工具。经测算，票据池等池化融资方式能有效盘活企业金融资源，相比传统模式降低企业融资成本约20%。同时，通过全程线上化操作，也显著提高了企业融资效率。三是协助企业统筹资源配置。在池化融资产品中，浙商银行还创新研发了集团额度调剂、额度转移计价功能及回款资金归集等改善资源管理的功能，集团可通过池化产品实现沉淀资产在集团成员间的分配，加强集团内部结算、内部资源共享和资金周转，优化了资源配置，减少外部融资需求的同时降低了整体融资成本。四是提速增效加强了客户体验。浙商银行流动性服务产品基本实现了全流程线上化操作，改变了以往银行柜面系统的复杂流程，提升金融服务效率的同时间接降低了客户成本，提升了企业流动性管理能力，并在降低企业财务成本的同时达到了"自然"去杠杆的效果，为企业转型升级注入新活力。浙商银行也积极与PE

机构、基金公司等非银行金融机构开展创新合作,探索架设投贷联动的新型金融服务桥梁,为企业参与直接融资市场提供全链条、综合化投融资服务和跨越多币种、多市场的直接融资顾问服务,帮助企业优化和重塑资产负债表,有效降低杠杆。

(二) 创新小微金融业务

浙商银行针对小企业客户资金需求"短、小、频、急"的痛点,通过创新产品设计,主动采取措施帮助小微企业去杠杆、降成本。一是从客户的授信合作银行家数和银行授信敞口总额两方面控制授信投向,加强对客户贷款的总额度管理和资金用途监控,解决小微企业主业范围内的实际生产经营资金缺口问题的同时,防范企业过度融资、盲目投资。二是根据企业需求设计多个期限维度的特色产品解决融资期限不匹配而引发的掉头寸成本问题,进而帮助小微企业降成本。如三年贷、十年贷、"还贷通·到期转"等产品,既满足企业最长 10 年的中长期融资需求,也支持其随借随还、循环使用方式,按其实际用款金额、按日计息,减少利息支出。

(三) 创新市民消费金融服务

浙商银行面向工薪阶层,打造出多个场景化组合套餐,提供满足个人客户个性化融资需求的特色产品和服务。以增薪卡产品为例,围绕其代发工资业务专用借记卡属性,客户能自主选择叠加"增薪卡+活利加/增利加/增金宝+信用卡""增薪卡+永乐理财+财富池+财市场"等多个餐套,能同时满足客户资金周转、免费资金通道划转、高收益理财回报等多重需求。解决了以往商业银行"高收益"和"流动性"无法兼得的痛点,帮助企业在不增加财务成本的前提下为员工增加工资收益,帮助企业员工实现了一站理财、融资、增信以及理财转让服务。

(四) 创新网络银行服务

浙商银行还高度重视互联网技术在经营管理中的运用,不仅在产品创新、客户获取、客户服务上推动线上化,而且在风险控制、决策支持、运营管理等中后台导入互联网技术,提高服务效率、降低客户成本。持续服务好实体经济,深入服务供给侧结构性改革去杠杆、降成本,既是贯彻落实国家"三去一降一补"重大战略措施的重要组成部分,也是浙商银行持续健康平稳的必然要求。未来浙商银行将继续深入推进全资产经营战略,抓住重点,通过强化产品创新,精准服务目标客户群体,提高金融服务实体经济质效,帮助企业去杠杆、降成本,优化企业融资结构。

三 提升金融企业集团融合融通能力

(一) 全面布局金融业态

浙江省委、省政府和省国资委审时度势,对浙江省国贸集团提出了"深化改革、瘦身强体、转型升级"的战略目标。在传统外贸主业遇到巨大挑战的宏观背景下,省国贸集团一方面深耕商贸主业,确保经营业绩稳定增长;另一方面积极谋划进军金融业培育金融大集团。"十二五"期间,省国贸集团取得大地期货有限公司获得了资产管理、风险管理服务子公司牌照,成为浙江省为数不多的全牌照期货公司,并取得了中国金融期货交易所交易结算会员资格。2016年,大地期货传统经纪业务、资产管理业务和风险管理业务等主营业务三管齐下,全年管理资产规模达29.38亿元;浙商金汇信托股份有限公司在资本市场投资信托、投行中介及消费金融等新型业务领域发展迅速。

浙江省国贸集团依托上市金控平台和集团专业精益的资产管理能力,与国内外产融生态圈的合作者加强产融协同的探索,为客户提供产融综合系统集成服务,探索了产融、融融及贸融互动的可行模式,放大了国有资本运营的控制力和影响力。

为丰富金融资源,2012年12月,省国贸集团引入国际知名的寿险企业——大韩生命株式会社,共同设立中韩人寿保险有限公司,注册资本5亿元,国贸集团持股50%。2016年共收购不良资产债权本金263.4亿元,为全省银行业不良贷款实现"双降"做出了积极贡献。浙商资产收购不良资产债权,使得全省银行业不良贷款余额减少32亿元,不良贷款率下降0.32个百分点。集团下属浙江省浙商商业保理有限公司成立于2013年11月8日,是浙江省内唯——家经省政府同意设立的国有保理试点企业,注册资本1亿元,公司为商贸流通环节提供服务支持,促进浙江省商贸流通业健康发展。"十二五"期间,省国贸集团通过多种途径获得了较为丰富的金融资源,成为省属企业中拥有金融牌照最齐全、金融资源最丰富的集团。

(二) 打造类金融产业

2012 年以来,省国贸集团所属上市公司——浙江东方集团股份有限公司,积极顺应集团发展战略,布局类金融板块,以"借船出海、收购兼并,产融互动、投融结合,以融促商、集成服务"为方向,组建类金融服务业主体。同年 9 月,浙江东方出资设立浙江国金融资租赁股份有限公司,注册资本 5000 万美元,以中小企业技术改造设备融资租赁为主攻方向,涵盖节能、环保、水务和工程机械等行业领域,致力打造国内一流的专业融资租赁企业。

同年,浙江东方引进一流的专业投资团队,共同发起成立浙江国贸东方投资管理有限公司和杭州东方嘉富资产管理有限公司,打造专业化的资产管理机构。公司成立至今累计募集管理基金 80 亿元,其中,包括浙江首支先进制造业产业基金杭州兆富投资合伙企业(有限合伙)及首支定向增发基金。浙江东方还通过公司本级和下属投资平台,深度布局直接投资,陆续形成了海康威视、华安证券等多个既有高度市场影响力又有优异经济回报的投资案例。经过几年的布局,省国贸集团直接或间接参控股的各级金融、类金融企业已达 22 家,其中参股 11 家,控股 11 家。

(三) 搭建资本集聚大平台

2015 年 10 月,省国资委向省政府建议,利用省国贸集团控股的浙江东方上市公司平台,通过资产注入推进金融资产整合,实现省国贸集团金融资产证券化,将浙江东方打造成为浙江省第一家以金融为主的综合性控股上市公司。2017 年,省国贸集团浙江东方的资产重组成功,标志着浙江省拥有了极为稀缺的持有多张金融牌照的上市金控平台。A 股资本市场提供的大舞台,强力助推了省国贸集团和浙江东方未来做强金融业务。

浙江东方重组完成后,以"大资管"为核心提升金控平台的整体资产规模和市场影响力,利用上市公司的融资渠道,进一步补充金融子公司资本,增强风险抵御能力。积极获取更多的牌照以丰富和完善金融业务布局,初步构建全品类的投资能力,形成"大资管"的业务格局。构建互联网平台,多渠道获取客户、贴近客户,围绕互联网平台形成业务互通、线上线下一体化的业务能力。搭建国际化平台,拓展海外金融业务。加快建设金融大集团。

第四节 服务创新加大生产性服务供给

制造业与生产性服务业存在一种相互依赖、互动发展的关系,制造业如果缺少了生产性服务业的支持,就会遇到发展的瓶颈问题。加大生产性服务供给,关系经济转型升级,是实现一二三次产业在更高层次上协调发展的关键所在,是适应把握引领经济发展新常态、推进供给侧结构性改革的重大举措。浙江国有企业通过服务创新,加大生产性服务供给,在推进经济转型升级、产业融合发展中发挥了积极引领作用。

一 发挥国企所属高校的人才供给

随着高等教育从注重规模的外延式发展转向提高教学质量、注重学生能力提升的内涵式发展,职业教育在整个国家教育系统的重要地位日益凸显。杭钢、浙商集团、机电集团等省属国企敏锐把握人才需求动向,根据市场的需要及时调整专业结构和课程设置,提高办学质量和规模,为浙江经济发展输送大量急需的技能型人才。

(一)建设"创新创业"型高校

浙江省商业集团有浙江商业职业技术学院、浙江工商职业技术学院和浙江商业技师学院等三所高校,这是该集团人力资源培养、开发、储备基地,产业发展和转型升级的研发中心和智力支持中心,也是集团集合和协同教育产业资源,推动市场化、产业化、资本化运作的重要战略平台。三所高职院校发展各有特色,浙江商业职业技术学院被誉为"浙商人才培养的摇篮",浙江工商职业技术学院被喻为"宁波商邦文化"的摇篮,浙江商业技师学院在烹饪人才培养方面具有相当高的地位,被同行誉为"厨师的黄埔军校""厨师的摇篮"。

浙江省商业集团锚定创建创新创业型高校的目标,集中教育资源,做强专业学科,依托产业,产学结合,加强产教融合、校企合作,加快打造国内一流"创新创业"型职教院校。为此该集团积极探索合作办学模式,构建集团整体层面的大平台合作机制,通过"三个对接"实现校企合作、产教融合、资源共享、要素共建、利益共赢、发展共兴。

一是学校发展与集团发展对接。以项目为切入点,以集团产业为依托,打造校企合作平台。根据集团产业发展需求,着重培养操作型机能人才、职工再教育,优化专业课程结构,使学校与企业、专业与职业、学业与岗位更好对接。为提高教学质量,学校在打造"双师型"教学团队上下功夫,企业培养实践与理论双得的复合型管理人才。同时加大学生多岗位实训的教学比重,提高学生技术操作能力。学校还与集团各企业合作开展技术创新、项目论证、市场调研,解决企业经营管理过程遇到的问题,使职业教育与企业发展优势互补、资源共享、合作共赢。

二是与区域经济发展对接。在办学中深度结合区域经济建设需求,围绕地方经济发展政策导向,谋划学校发展思路,搭建成为"政府搭桥、主管部门牵线、行业企业学校共同参与"的社会服务体系。紧扣浙江特色产业、特色小镇等发展需求,重点支持建设特色专业,用优势专业、特色专业对接地方优势产业、特色产业。该集团三所学校进入"三名工程"名单,部分专业进入省里重点支持建设的50个专业。

三是教育资源产业化发展。抓住国家支持社会力量兴办职业教育,鼓励企业行业、政府机构、职业院校利用自身优势组建职教集团的契机,组建全产业链、跨行业的职教集团,促进教育链与产业链深度融合,加快教育产业化。浙江商业职业技术学院强化金融、商贸、电子信息、环保、旅游、文化创意等商科类专业群建设,培育新兴产业和跨界融合的特色专业;浙江工商职业技术学院整体推进智能制造类专业与现代商贸类专业的协调融合发展,重点加强面向汽车后市场、先进模具制造、智能家电、电子商务、文化创意等产业的服务能力,形成"工商并重、二三产融合"的专业结构;浙江商业技师学院则以烹饪、酒店等专业为龙头,注重培养"高、精、尖"技能,借助商务厅打造"浙菜"品牌的契机,使之成为拳头专业。

（二）打造浙江"工匠摇篮"

杭钢职教集团拥有浙江工贸职业技术学院、浙江工业职业技术学院、杭州钢铁集团公司技工学校、浙江省冶金研究院有限公司、浙江省工业设计研究院、杭钢技术研究院、杭钢教育后勤服务有限公司、杭钢人力资源开发公司、杭钢智谷科技有限公司等在内的高职院校、科研机构等教育科研单位，其中下属两所高职学院都是教育部确定的全国职业教育先进单位、人社部确定的高技能人才培训基地，被确定为浙江省四年制高等职业教育人才培养试点院校，同时杭钢职教集团与多个地方政府、行业协会、企业、院校联合成立杭钢职教集团院校联盟，构建长期战略合作伙伴关系，中高级实用性人才和产业化研究的资源雄厚，已经形成产学研结合的教育生态链。截至2017年年底，杭钢职教集团下属职教院校共设置有各类专业57个，其中国家精品专业2个、国家专业教学资源库1个、中央财政支持建设专业4个、省级重点、示范建设、特色专业共28个，国家精品课程3门、省级精品课程31门，全日制在校学生22000余人。同时还拥有2个博士后工作站、20多个省级以上实验室、50多个培训基地、1500余个科研专利，拥有雄厚的职业教育基础和强大的技术、人才优势。

"十三五"期间，杭钢职教集团加快拓展力度，打造浙江"工匠摇篮"。将新增5所职教院校，50家职业教育联盟单位，建立500家校企合作关系，联合100所院校，培养10万名高素质应用型人才，同时要建成企校融合的产学研创实践基地（协同创新中心）5个，引入3—4个国际先进的职教合作项目，并将职业教育的先进模式输出到"一带一路"沿线国家，努力将杭钢职教集团打造成为在全国具有示范性和影响力的现代职业教育集团。

创新体制机制。采用整合、资产划转、收购、兼并、控股、品牌输出等方式，加快集聚内外部优质教育资源。以集团化、规模化、国际化、高端化办学，推动产教融合、专业提升，实现资源共享。不断向"大教育"领域延伸，加快教育资产证券化，发展在线教育、学前教育、国际教育等新兴教育产业。建立统一品牌和考评体系，形成中高职教育贯通、专科与应用技术本科纵向衔接、职前与职后培训协同发展的管理体系，努力探索教育事业与企业经营资产清晰、产权明确、管理科学、运行高效的办学模式。

产教深度融合。根据浙江八大万亿产业和杭钢集团四大产业的用人需求，建立更加紧密的产校融合、校企合作的新型办学模式，进一步促进成员单位和联盟单位深度合作、协同发展。优化专业和学科设置，按照"把专业建在产业链上，把学校建在开发区里"的要求，着力培养信息数据、节能环保、大健康、旅游、时尚、金融与高端装备制造等相关产业领域的技术技能人才，与行业领军企业共建技术和产品研发中心、实验实训平台，实现教育和就业、专业和产业的"零距离"、毕业和上岗的"零过渡"。

实施"走出去"战略。积极参与国际化办学，推进与国外先进职业教育机构的合作交流，开展与国外一流职业学校开展合作办学，引进急需的国外优质教育资源，实现人才培养标准与国外先进标准对接。积极与省内中职院校、中西部中高职院校，开展专业申报和合作办学，促进职业教育均衡发展，为全社会培养大批高水平技术技能人才，不断提高杭钢职教集团在国内外的品牌影响力。

（三）锻造培养现代制造业技师的航母

锻造国际一流高职教育航母，是省机电集团坚定的办学雄心。2016年11月，以浙江省机电集团所属浙江省万里教育集团、浙江机电职业技术学院、浙江省机电技师学院、浙江经济职业技术学院、浙江建设技师学院等6所学校为主体，组建了浙江省职业教育集团。这是浙江省首个具有企业法人主体地位的紧密型职业教育集团，标志着这艘职业教育航母正式起航。

浙江省职教集团是集学历教育、职业培训、科研开发、技术服务、成果转移转化、创业孵化等功能于一体的大型职业教育集团。拥有浙江省万里教育集团（浙江省品牌学院，包括浙江万里学院和宁波诺丁汉大学两所学校）、浙江机电职业技术学院、浙江经济职业技术学院、浙江省机电技师学院、浙江建设技师学院5家教育单位，在校生达56000多名。理事成员企业有浙江省机电设计研究院有限公司、浙江省机械工业情报研究所、浙江运达风电股份有限公司等多家高新技术成员企业。

浙江省职教集团组建后，坚持以服务区域经济和社会转型升级为导向，以促进优质就业和服务创新驱动为根本，以提高人才培养质量为目标，以创新体制机制建设、构建产教融合平台为手段，推动校企合作育人、合作发展，发挥职业教育联盟的综合优势，建设规模、结构、质量、效益协调发展，在全国有影响力的示范性职教集团。浙江省职教集团加大了与现代制造业的结合，精耕细作"产学研"模式，提升科研水平，不断满足经济发展、中国制造和企业转型升级的需要，为浙江省经济发展培养和提供了各类高素质的研究、应用和技能型人才。

义乌经济以小商品的生产、加工和销售为主，模具是当地玩具、工艺品、饰品、拉链、文具等行业机械装备最主要的支撑，堪称小商品制造的"工业之母"。浙江省职教集团下属浙江省机电技师学院，利用地处义乌的便利，把模具设计开发作为学院主导品牌重点培育。2013年12月，义乌市人民政府与浙江省机电集团签署了战略合作协议：以浙江省机电技师学院模具设计与制造专业为依托，整合所属的浙江机电职业技术学院和浙江省机电设计研究院、浙江省机电产品质量检测所、浙江红旗机械有限公司模具有限公司等高端优质资源单位，推进义乌高科技产业项目合作，服务、提升义乌模具产业的转型、发展。2014年10月，浙江机电技师学院模具产学研基地正式入驻义乌模具城，这是签署战略合作协议后的一个"里程碑"式的合作项目，是义乌模具城内唯一一家产学研基地。学校通过对模具专业学生开展实践型教学，帮助企业完成项目订单、开发项目新产品，为企业打造模具研发、生产、检测"人才链"，变单个人才培养为团队人才培养，真正实现了产学研一体化教学。

浙江省职教集团地处宁波的下属学校浙江万里学院，通过快速发展，已成为占地1388亩，有全日制在校本科生、研究生、留学生等2万余名的大型高校。拥有专任教师千余名，高级职称教师400余名，包括中科院院士、国务院特殊津贴专家、教育部"新世纪优秀人才支持计划"、省级"151"人才、高校教学名师、甬江学者及省高校中青年学科带头人。拥有商学院、物流与电子商务学院、法学院、文化与传播学院、外语学院、设计艺术与建筑学院、生物与环境学院、电子与计算机学院、基础学院等二级学院，开设46个本科专业、有2

个工程硕士授权领域。学校为"浙江省应用型建设试点示范学校""国家硕士专业学位研究生教育试点单位""全国地方院校新闻传播学应用型人才培养试点单位"和"浙江省计算机专业应用型人才培养试点单位"。与中国青年报社共建有"新媒体协同创新基地",与宁波市委宣传部共建有"新闻学院"。承担教育部新世纪高等教育教学改革工程项目。学校科技成果先后获得浙江省科学技术二等奖、农业部农林牧渔丰收奖一等奖、国家海洋创新成果奖二等奖等。建立了国家级科技特派员创业培训基地和3个浙江省科技特派员示范基地,为科研成果走进田间地头、促进地方经济发展做出了重要贡献。

浙江省职教集团下属浙江机电职业技术学院,已成为浙江省先进制造业紧缺人才培养的重要基地,"国家示范性高等职业院校建设单位",教育部53所"国家高技能型紧缺人才培养项目"院校之一。2015年被列为浙江省四年制高职教育人才培养试点学院和全国高等职业院校服务贡献50强,2016年获评首届浙江省黄炎培职业教育奖优秀学院奖和"浙江省国际化特色高校"建设单位。2017年,被浙江省财政厅、教育厅确定为浙江省高职重点校建设单位。学校积极探索实践"产学研"相结合的办学之道路,与浙江大学、杭州市机械科学研究院有限公司共建"浙江省机械装备制造技术创新服务平台";与浙江省机械工业联合会在省内共建"浙江省中小企业机电技术应用中心";与申发集团共建"浙江省滑动轴承工程技术研究中心"。与世界500强企业合作,在校内建立GE、欧姆龙、西门子技术应用等实验室,与浙江凯达集团、浙大中控、娃哈哈集团等企业集团开展产学研合作,建立了235个校外实习实训基地。学院聘请160余名行业专家担任学院办学、产学研、专业指导委员会委员。学校毕业生首次就业率平均达98%以上,重点专业就业率近100%,名列全省高职院校前茅。

二 提高科研院所的科技服务能力

科技与经济"两张皮"问题是长期困扰中国经济社会发展的一个大难题。增强国有企业所属科研院所的科技服务能力,从供给端推动科技成果产业化,是解决这一难题的重要路径之一。

浙江省机电集团公司多年来，立足自身产业发展，致力于提高科技创新能力和成果转化水平，通过技术进步提升存量产业盈利能力，打造战略性新兴产业培育增量产业的核心竞争力，累计实现科技成果转化收入150亿元，其中风机产品销售收入达97亿元。以该集团以"三网五刊"①为载体，面向全省为行业提供情报服务的社会公益服务的体系。同时，利用浙江省机械工程学会、浙江省机械工业联合会、浙江省农业机械学会、浙江省电机动力学会、浙江省仪器仪表学会、浙江省铸造协会、浙江省电梯行业协会、浙江省通用小型汽油机协会、浙江省产品质量评价协会和浙江省粘接技术协会等民间团体力量，承担行业服务，促进行业技术创新，引领行业技术发展的责任。

浙江省机电集团所属的浙江省机电设计研究院，集科研开发、技术服务和产品检测为一体，以产业化、工程化为两翼，建有25个专业实验室，2个省级重点实验室，以专有、特有技术为引领，完成了多项国家和省级重大科研项目。在水泵电机、金属成形、低压电器、环保、厌氧胶等领域专业技术能力处于行业先进水平；在机电产品检测领域具有雄厚实力，为国家强制认证指定检测机构、国家工业产品生产许可证检测机构国际互认CB实验室；同时，积极拓展轨道交通、智能交通数字公路等新领域，城市智能交通工程业务近年来快速增长。机电院公司交通机电工程除高速公路外，向智能交通、轨道交通项目拓展，2016年实现工程业务收入4.68亿元，同比增长57.60%；检测业务发展迅速，连续三年实现30%左右的增长，技改项目基本达产。2017年，机电院公司主持的《复杂铸件近净成形铁型覆砂铸造关键技术与装备》项目获浙江省科技进步奖二等奖、中国机械工业科学技术奖一等奖。

浙江省机电集团所属的浙江省机械工业情报研究所，以"浙江机械信息网"、《机电工程》等为载体，为社会提供机电行业情报信息服务，及时发布机电行业最前沿的权威资讯。2016年，《机电工程》

---

① 三网五刊，是指"浙江机械信息网""机电工程杂志网""机电杂志英文网"网络和《浙江机械工业》《机电工程》《浙江农机》《工业信息参考》《机械工业标准与信息》期刊。

杂志期刊综合影响因子列全省 36 种理工类期刊第 1 位，连续多年位列前 1—2 名。2017 年，情报所参与的《农田信息多尺度获取与精准管理关键技术及装备》获 2016 年浙江省科技进步奖二等奖。

随着浙江省机电集团科研平台建设的长足发展，立足自主研发能力和承接国家重大科研项目能力得到有力提升，科技奖项不断增加，知识产权拥有量大幅增加。近年来，集团获得各类各级科技奖项累计达 60 余项。累计拥有专利 2500 余件，其中发明专利 215 件，软件著作权超过 200 项。2017 年，集团新增专利 300 件。其中运达公司"2.0MW 变速恒频风力发电机组（WD2000）"被认定为 2016 年"浙江制造精品"；"2.0MW 低风速型风力发电机组"被认定为浙江省装备制造业重点领域首台（套）产品；浙江诺和机电股份有限公司"可调式大功率车用重载液压绞盘（NHBF210S/NH）"被认定为 2018 年度浙江省装备制造业重点领域首台（套）产品；机电院公司主持制定的国家标准 GB/T32505—2016《机床专用变频调速设备》获滨江区 20 万元的标准制定奖励资金；运达公司主持制定的"浙江制造"团体标准 T/ZZB0173—2017《双馈式并网型风力发电机组》正式发布，成为风电行业首个"浙江制造"团体标准；诺和公司《恒功率电动绞盘》标准获"浙江制造"标准立项。

三　打造创新平台促进产业融合发展

（一）跨界融合的产业生态组织者

产业生态系统是由能对某一产业的价值创造和发展产生重要影响的各种要素相互作用、相互完善、相互补充而形成的有机系统。产业生态组织者则是产业集成服务、客户增值服务、数据信息服务的资源整合者和系统协同者。物产中大集团以流通集成服务为主体、金融和高端实业为两翼，实现产业跨界融合，构建商贸流通产业生态系统的，获取自身竞争优势，并为生态圈内企业实现可持续发展提供有力支持，成为具有国际竞争力的产业生态组织者。

物产金属公司面对大宗商品外部环境震荡、内部竞争激烈的情况，不断优化业务结构，积极探索商业模式转型之路。2016 年，物产金属公司调整形成了更加专业化的事业部，调整后的事业部在服贸易、配供配送、国际贸易、金融投资、电商服务五个领域，拥有了更加集中、更具优势的资源配置。在精耕钢铁主业的同时，物产金属公司依托子公司物产石化的既有油品业务，联合优质成品油生产商，共同开拓浙江地区的加油站业务。

中大元通云服务公司的二手车公司在原有的自营、市场管理和评估拍卖等三大业务的基础上，大力发展公车拍卖业务、创新发展线上线下结合的汽车奥特莱斯综合销售业务和二手车金融业务，为二手车公司立足浙江，走向全国探明了路径。2016年3月以来，二手车公司尝试二手车金融业务，宁波云行业务试点成效显著。零部件公司在服务好两方的基础上，大力发展三方业务，积极开展上下游市场化配供业务和供应链金融服务业务，带动零部件市场化。

中大国际积极开展棉纱供应链金融项目和棉纱进出口经营业务，并以纺服产业区域为中心，尝试开展供应链金融业务，满足了地区企业在资源、资金、流通方面的综合需求。该公司和阿克苏纺织工业园区的入园企业开展合作实现业务流程中的资金闭环运作，并且为合作工厂提供原料采购、行情信息、销售渠道等增值服务，还丰富了公司棉纱经营的产品种类。

物产环能公司积极适应互联网技术发展的新形势，通过打造煤炭电子销售平台，创新煤炭销售服务新模式，为客户提供从线上到线下的优质服务。不断优化海运APP平台。通过APP平台实现海运需求招标、投标、合同签订、船舶跟踪、运费结算供应商综合评价等功能，使海运物流工作更加公开、透明、公正，并充分发挥了移动互联网方便、快捷、高效的优势，降低了运营成本、提高了经济效益。

物产化工公司以化工供应链集成服务商为转型方向，不断改革创新，推进"流通4.0"落地，探索商流、物流、资金流、信息流"四流合一"的供应链集成服务模式。业务部门以供应链项目为抓手，逐步推进产业链上各个环节资源、服务的整合和集成；"物产通"PVC电商平台，加大对金融服务、物流服务、信息服务等模块的改进，强化平台的增值服务点，2016年平台实现线上销售599万吨，营收35.5亿元，自主下单比例为66%。公司还利用现有贸易背景和流量，通过盈泰国际（新加坡）有限公司这个自有平台，搭建以客户为

"点"、境内境外银行为"网"的第三方金融服务平台，实现了贸融业务的突破，利润超千万元。

物产电商坚持创新引领发展，紧紧围绕"聚焦主业、集聚资源、自主创新、引领发展"，积极在国家重大战略需求、国民经济热点领域和国家综合改革试点关键时期谋篇布局，持续聚焦"跨境+互联网"主业，打造"物产天地"生态，布局网络仓配体系，夯实信息内控体系，创新金融服务增效，探索体制机制改革，全面推进以结果为导向的创新创业，有力支撑地方产业发展和转型升级。

物产欧泰公司按照"国际化、集成化、金融化、平台化"的流通4.0模式发展要求，理念落地、扎实行动。一是国际化方面，启动新加坡平台实体化运营，全球化采购、全球化销售，内外贸易紧密结合；二是集成化方面，聚焦核心客户，逐步提供差异化的品种资源（包括个性化委托加工）、供应链金融、物流配供等服务；三是金融化方面，提高规模化经营下的期现结合、真实贸易背景下的国际金融和客户风险管理服务能力；四是平台化方面，对接华东各地橡胶产业集聚区，获取一定终端客户后电商平台化运营，积累大数据挖掘增值服务，探索逐步对接浙油中心平台OTC场外交易市场开展专业品种供应链服务。

物产融租公司自开展厂商租赁合作平台战略以来，商用车业务范围从浙江扩展到全国，成为国内商用车融资租赁领域知名企业；业务模式从单一终端散户到厂家授信、经销商授信、大客户授信多种模式综合运用；投放规模和营业利润连续四年翻番，2016年度总投放额超20亿元；合作大客户名单包括一汽解放、中国重汽、广汽日野、华菱星马、天地华宇、恒路物流、华振物流、中铁物流等。公司商用车事业部一直在探索有自身特色的发展方向，通过行业细分，摸索快递物流、零担物流、危化品运输、港口牵引及工程运输领域的不同车型、不同的营运规律；通过客户群体细分，量身制定金融产品及风险防范措施；通过经销商和大客户综合授信模式，风控措施到位租后管理正常有序；通过专业的尽调和高效的审批，极大地提升了业务投放效率，增加了与经销商、终端客户的黏性，也有力地促进了经销商消贷业务比例。

中大期货公司与高校整合双方优势资源，开展"产学研"对接，合作开展中大期货"高校精英"培育计划，以"培训—模拟盘—实盘—实习"相结合的形式推出。共有两家营业部开展"高校精英"培育活动。福州营业部的"中大杯"校园期货挑战赛历时5个月，流程涉及培训学习、模拟比赛和优秀学员实习等全面而综合的训练内容。宁波营业部通过与高校进行合作，作为学院的实习基地，为在校学生提供修实习学分的良好平台。"高校精英"培育计划在高校内掀起了一阵金融衍生品学习热潮，在品牌宣传的同时，给营业部引入了优秀的应届毕业生作为后续发展的人才储备，同时，部分高校学生和教授成为营业部的有效客户。

中大元通实业公司旗下元通线缆制造公司，成功研制"铜护套防火电线""铜芯陶瓷化硅橡胶绝缘阻燃防火软线缆"等多款新技术产品，前者能够在火灾中连续三小时不断电，为逃生、救援争取了时间；后者通过设计改良，使线缆的护套材料在燃烧时会变成陶瓷，无毒无害、环保阻燃，解决了普通材质的线缆易燃烧且会释放卤素等有害气体的难题，为大型商场、工矿企业等公共场所提供更高层级的安全保障。丹特卫顿热泵公司成功开发了远程物联网信息采集系统，通过对终端设备的实时数据进行同步监测，开启"发现数据异常—判断可能故障—通知服务网点—主动上门维护"的全新售后模式，有效提升了服务效率与客户满意度。此外，借助手机 APP 的开发，消费者即便远在千里，也能够用手机控制家中空调、地暖的开关与温度，给传统的空调装上了智慧的大脑。2016 年，元通线缆制造公司及丹特卫顿热泵公司双双获评"国家级高新技术企业"。

物产长乐公司旗下浙江物产长乐创龄生物科技有限公司引进专业骨干团队，依托长乐林场优质生态资源，发挥专业团队的技术优势发展林下经济，打造中草药野化基地，成为物产长乐公司发展森林有机农业的创新平台，真正体现"药材好、药才好"。项目规划总占地（林地）面积1000亩，目前已完成一期300亩的建设，森林铁皮石斛系列产品已全面上市，被省林业厅列入2017年"全省林下经济重点示范项目"。

（二）农产品流通体系服务乡村振兴

农产品流通体系建设是农业现代化的关键环节，也是农业和服务业融合发展的主要依托，直接关系到农民增收、农业增效。农发集团通过构建农产品流通体系，服务乡村振兴大计。早在 2005 年，浙江省农发集团就提出了建设以杭州为中心，以物流配送中心为枢纽，以生产基地为基础，以城市大型专业农产品批发市场和连锁、便利店为终端网店的新型农产品市场体系。2008 年，浙江省农发集团成立新农都实业公司，致力于在全省铺就农产品流通的高速通道，让国内外安全健康绿色的农产品普惠城乡。至 2017 年，新农都实业公司实现了总资产翻三番的发展高速度，跻身全省大型流通企业行列，成为农产品流通领域的标杆型企业。

一是创新赢利模式。新农都实业公司发挥农产品流通主渠道作用，摆脱单一的以商业地产开发建设为赢利点的业务模式，大胆向产业链两端延伸发展。通过完善物流中心中央结算系统、提供配套增值服务，实现由传统的"销售＋租金＋管理费"模式向"佣金＋租金"模式转变；通过运用物联技术，有效整合新农都客户群资源、"中国农业网"大数据资源、"家庭农场"基地资源、零售终端的个性化需求资源、自有品牌运营资源等产业链两端优质资源，将可控资源转化为新的利润增长点。同时，合理调整自有资产比重，确定存量资产去化，盘活资金，有效降低财务成本、资产折旧成本。积极向管理要效益，加大节能降耗，通过推行实施精细化管理、规范自动化流程，进一步降低人力及管理运营成本。

二是创新运营模式。新农都实业公司定位于全产业链拓展，形成以农产品流通平台为依托，以农业基地、自有品牌、终端零售、电子商务、种子种业、商业地产等运营建设为补充的多元化经营模式。通过"实体＋虚拟""线上＋线下""零售＋配送""基地＋渠道""自有品牌＋服务品牌"的关联运作，实现企业向专业化运营、品牌化管理、订单式采购、个性化服务的转变，进一步增强企业核心竞争力，形成一套适合于新农都的经营模式。

三是创新拓展模式。按照"个十百千万"产业生态布局，创造样板、快速复制拓展。农发集团全力实施"个十百千万"工程，即建设一个新农都萧山农产品物流配送中心，在全省建设十个左右大型专业农产品批发市场，与全省千家农业企业协会、专业合作社、农业龙头企业合作建立多种形式的农产品基地，利用生产基地带动几十万农户。通过实施"个十百千万"工程，以杭州为中心，以农产品交易和配送中心为枢纽，以生产基地为基础，以城市大型专业农产品批发市场和连锁便利店为终端，建设覆盖浙江全省、辐射全国的新型农产品流通生态系统。同时立足农产品产业链业务，大胆探索和发展国内与跨境贸易相结合、浙江省内与省外布点相呼应的发展模式，即以舟山项目为依托，启动浙台贸易。在基本完成省内农产品流通平台布点建设基础上，借助农发集团农产品基地、渠道、终端资源，积极稳妥地向省外布局复制，推动新农都在国内外的新一轮拓展。

第五章 以管资本为主,建立现代治理体系

党的十八届三中全会《中共中央关于全面深化改革若干重大问题的决定》明确提出,完善国有资产管理体制,以管资本为主加强国有资产监管,改革国有资本授权经营体制,组建若干国有资本运营公司,支持有条件的国有企业改组为国有资本投资公司。这为国有企业适应经济市场化改革不断深入的新形势,继续完善国有资产管理监管体制指明了方向。以管资本为主加强国有资产监管,有利于改变传统的国有资产管理方式,有利于真正实现政企分开,有利于调整优化国有经济布局结构,有利于提高国有资产运营效率,有利于建立完善国有企业现代企业制度。浙江省积极创新适应市场化、现代化、国际化的国有资产管理体制改革,走出了一条"党建引领、放管结合、各司其职"的新道路。

第一节 浙江国有资产管理体制的改革实践

中国的国有资产管理体制改革,是伴随和适应国有企业改革发展而进行的。某种程度上,国有企业改革发展的过程,也就是国有资产管理体制改革的过程。改革开放以来,伴随着放权让利、建立现代企业制度、国有企业战略重组、调整优化国有经济布局结构、混合所有制改革等改革实践过程,浙江国有资产管理体制改革,也相应经历了由管企业到管资产,再到以管资本为主的改革演进,并形成了以"三统一""三分开""三结合""管资本"为主要特征的国有资产管理

体系。在国有资产监管方面,思想认识更加深入,监管手段更有针对性,国有资产监管对促进国有企业改革发展的作用更为明显。

一 "三统一"的改革实践

改革开放前,中国实行的是高度集中的计划经济体制。与计划经济体制相适应,国家对国有企业实行国有国营管理方式,政府直接参与国有企业的经营决策和日常管理,企业在人事、财务、物资、生产、供应、销售等方面没有自主权,一切得听命于政府相关部门。企业资金由政府拨付,利润上缴政府,亏损由政府弥补。政府作为国有企业的出资者,对企业的债务承担无限责任。整个计划经济时代,行政手段管理企业、决策高度集中、企业国有国营、政府对企业承担无限责任、所有权与经营权不分、企业无自主权等,构成了当时国有资产管理体制的基本特点。

随着中国经济规模的扩大,国有企业数量的大幅增加,经济关系的日益复杂。这种"国有国营、高度集中"的国有资产管理体制,到改革开放初期,已明显不能适应生产力发展的需要,暴露的弊端越来越明显。于是中国启动了以放权让利为主线的第一轮国有企业改革。在对国有企业放权让利的同时,也赋予国有企业责任和义务,包括利润上缴和利润留成挂钩、职工利益与企业经营状况挂钩、拨改贷、利改税、利润包干、承包经营等,体现了国有企业责任、权利、义务等"三统一"的改革思想。

浙江国有企业放权让利阶段改革,主要围绕国家、企业、职工之间的责任、权利、义务关系展开,进行了扩大企业自主权、经济责任制、利改税、承包经营责任制等为主要内容的改革,目的是想搞活搞好国有企业。1979年10月,浙江省发出《关于扩大国营企业经营管理自主权试点的暂行办法》,选择了74个全国所有制工业企业进行试点。1980年1月,浙江省政府颁布《扩大商业、供销、粮食企业经营管理自主权试点暂行办法》,选择了120个企业进行扩权试点。1982年2月,浙江省委批转省经委《关于落实中共中央、国务院〈关于国营工业企业进行全面整顿的决定〉的实施意见》,召开了全省工交会议和全省企业整顿工作会议,围绕加强技术改造、提高经济效益、完善经济责任制、加强劳动纪律、健全劳动组织、建设领导班子等方面，对 300 多个国营重点企业进行了全面整顿。1983 年 6 月，浙江省政府批准省财政厅《关于贯彻执行国营企业利改税试行办法的补充规定》，开始两步利改税改革。1984 年 1 月，浙江省委批准建立浙江省经济体制改革领导小组。1984 年 8 月，浙江省政府批转省计经委《关于计划管理体制改革的几点意见》，浙江省开始放开市场，收缩对国有企业的指令性计划。1984 年开始进行厂长负责制试点，到 1985 年年底，654 家企业实行厂长负责制的试点。1985 年 1 月，浙江省政府发出《关于进一步扩大企业自主权的若干补充规定》，再次扩大企业自主权。1987 年 8 月，浙江省政府批转省计经委、省财政厅《关于逐步推行国营工交企业承包经营责任制的意见》，浙江开始推行企业承包经营责任制。1988 年 4 月，浙江省发出《关于全民所有制工业企业深化改革推行和完善承包经营责任制的通知》，企业承包经营责任制全面推开。1989 年 1 月，浙江对公路管理、航运管理改为条块结合、以块为主的领导体制。1989 年 12 月，浙江省政府办公厅转发省经济研究中心等单位《关于组建和发展企业集团的试行意见》。1990 年 3 月，浙江省政府发出通知，全民所有制工业企业继续推行和完善承包经营责任制。

浙江由于市场化改革起步较早，责权利导向的扩大企业自主权、经济责任制、利改税、承包经营等改革，改革的意识比较积极、比较务实，改革涉及方方面面。先后在有关市县试行经济承包责任制、签订厂长承包责任书；针对企业承包中"包赢不包亏、养厂不养人"及随意压低承包指标的情况，实行风险抵押承包改革，在国内较早引入企业承包风险机制的改革，形成了"包死基数、确保上交、超收多留、欠收自补""企业工资总额与经济效益总挂钩"等改革实践经验，走在全国前面。

20 世纪 80 年代至 90 年代初期，伴随着国有企业的放权让利改革，浙江国有资产管理体制改革也逐步进行，国家、企业、职工之间的责任、权限、义务关系逐步清晰，政府对国有企业的简政放权、减税让利得到加强，所有权和经营权分开达成共识。尽管由于当时的历史局限性和配套政策没跟上，改革有许多不足，如政府对国有企业存在多头管理问题，管人、管事、管资产相互脱离，存在"九龙治水"现象，对国有企业管理的责任、权利、义务问题仍然模糊，但是树立起了国有企业改革发展的责任、权限、义务"三统一"意识，并贯穿于后续的国有资产监管体制改革过程中，成为国有资产管理体制的基本原则。

二 "三分开"的改革实践

进入20世纪90年代，基于前期探索的实践经验，以产权多元化为核心的公司制股份制改革和建立现代企业制度，逐步成为深化国有企业改革发展的共识。现代企业制度的建立，赋予了国有企业法人财产权，形成了股东会、董事会、监事会和经营层权力制衡的公司治理结构，企业成为自主经营、自负盈亏、自我发展和自我约束的市场竞争主体，初步形成了政资分开、政企分开、经营权和所有权分开的国有资产监督管理体制。

通过改革建立现代企业制度的目的是促进国有企业转化经营机制，成为自主经营、自负盈亏、自我发展和自我约束的市场竞争主体。浙江省委、省政府专门召开了全省转换企业经营机制工作会议，贯彻国务院颁发的《全民所有制工业企业转换经营机制条例》，发布了《浙江省全民所有制工业企业转换经营机制实施办法》。先后选择141家企业分两批开展现代企业制度改革试点，其中3家入选全国100家现代企业制度改革试点。经过试点推广，至20世纪末大多数国有大中型骨干企业初步建立现代企业制度，大多数国有大中型亏损企业摆脱困境，国有企业经营状况明显改善。

20世纪90年代至21世纪初，伴随着现代企业制度改革，浙江国有资产管理体制改革发生了以下变化：一是明确了在国家所有的前提下的"统一所有，分级代表"，由中央与地方分别行使企业国有资产出资人的职责，注重发挥中央与地方的积极性；二是政府与企业之间关系的调整，进行产权制度改革，突破原来仅限于利益关系的调整，为"政资分开""政企分开"提供了组织制度基础；三是国有企业普遍建立起现代企业制度，企业获得法人财产权，所有权和经营权进一步分开。

三 "三结合"的改革实践

浙江省 1996 年成立的省国有资产管理委员会及办事机构，对促进国有企业建立现代企业制度，推动国有企业改革改制改造和战略重组方面发挥了重要作用。当时国有资产管理委员会是政府相关部门组成的政府议事机构，其办事机构挂在财政厅下面，仅是国有资产出资人名义上代表。省各厅局仍然管着本部门的国有资产，省国有资产管理委员会办事机构，既无权管人、管事，也无管理资产的实际权力。因此，实际上政府公共管理职能并没有与国有资产管理职能完全分开。

2002 年，为了适应建立社会主义市场经济体制和推进国有企业改革的需要，党的十六大在坚持继续调整国有经济的布局和结构的改革方向的基础上，进一步明确了国有企业的定位，即：关系国民经济命脉和国家安全的大型国有企业、基础设施和重要自然资源等，由中央政府代表国家履行出资人职责。这次会议明确指出，要重新设立专门履行国有资产管理职能的管理机构；由中央与地方分别代表国家履行企业国有资产出资人的职责，前提是国家所有；对企业国有资产的管理要管人、管事、管资产相结合。党的十六届二中全会进一步明确了国有资产监管机构的性质、主要职责、监管范围、与所出资企业的关系等重要问题。2003 年 3 月，国务院国有资产监督管理委员会成立，2003 年 5 月，国务院颁布了《企业国有资产监督管理暂行条例》，将原来分散的资产权、投资权、运营权、人事权统一起来了，彻底解决了出资人缺位的问题，这是我国国有资产管理体制改革的一个重大突破。

2004 年 6 月，浙江省委、省政府召开了全省国有企业改革座谈会，部署了浙江新一轮国有企业改革发展目标任务。2004 年 7 月，浙江省国有资产监督管理委员会正式挂牌成立。2004 年 7 月，浙江省国资委召开省属国有企业清产核算动员会，开始了历时一年多的省属国有企业清产核算工作。作为省政府的直属特设机构，代表省政府履行国有资产出资人职责，享有所有者权益，真正建立了责任和权利、义务相统一，管资产和管人、管事相结合的国有资产监督管理新框架，改变了原有体制下国企多头管理、无人负责的状况，并通过委托代理关系建立起对企业经营者的激励约束机制，隔开了其他政府部门对企业的直接干预，初步实现了出资人职能的一体化和集中化。全省 11 个市和 57 个县（市、区）组建了独立或相对独立的国资监管机构，初步形成全省三级国资联动的组织体制。

四 以"管资本"为主的新一轮改革

党的十八届三中全会《中共中央关于全面深化改革若干重大问题的决定》提出，完善国有资产管理体制，以管资本为主加强国有资产监管，改革国有资本授权经营体制，组建若干国有资本运营公司，支持有条件的国有企业改组为国有资本投资公司。浙江国有企业积极适应市场经济环境，较早树立以管资本为主的国有资产管理、运营、监督理念。早在 2000 年 12 月，浙江省委、省政府就印发了《浙江省国有资产管理体制改革和省级营运机构组建方案》，构建起"国资监管机构、国资运营机构、国资经营机构"三层次的国有资产管理体系，组建了一批省级国有资产营运机构。2004 年 11 月，中共浙江省委办公厅、浙江省人民政府办公厅印发了《关于加快推进省属国有企业改革的实施意见》，强调要以完善国有资产授权经营为手段，实现国有资产保值增值。

根据《中共中央关于全面深化改革若干重大问题的决定》和《关于深化国有企业改革的指导意见》精神，浙江省委、省政府出台了《关于进一步深化国有企业改革的意见》，提出要以国有资产证券化为抓手，积极发展混合所有制经济，以规范经营、提高效率为重点加快推进国有企业治理体系和治理能力现代化，以管资本为转变方向完善国有资产监督管理体制，不断增强国有经济的活力、控制力和影响力，有效服务于全省经济社会发展大局。并对完善法人治理结构、选人用人机制、激励约束机制，建立现代企业制度，以管资本为主健全优化国资监管体系等提出了明确的改革任务。

浙江省为了贯彻落实《关于深化国有企业改革的指导意见》这个总文件精神，出台了相关改革实施方案，积极推进十项改革试点。先后组建了海港集团、交投集团和机场集团，构建形成浙江海、陆、空三个交通投资融资建设大平台。2017年2月，组建了浙江首家省级国有资本运营平台——浙江省国有资本运营有限公司，走出从管资产向管资本转变新步伐。

第二节　以管资本为主建立国有资本运营管理体系

建立适应社会主义市场经济的国有资本运营管理体系，是保证国有资产保值增值的基础。浙江积极探索实践国有资本的授权经营改革，形成监管机构—运营机构—经营机构"三层次"的国有资产授权经营体系，形成了裁判员—教练员—运动员"三员"特色的国有资本运营体制，推进混合改革和资本证券化实现以管资本为主的国资监督机制，从而构建了"管资本""三分开""三结合"为特征的国有资本运营管理体系，确保了国有资产保值增值。

一　建立"三层次"国资授权经营体制

党的十八届三中全会通过的《中共中央关于全面深化改革若干重大问题的决定》明确指出：完善国有资产管理体制，以管资本为主加强国有资产监管，改革国有资本授权经营体制，组建若干国有资本运营公司，支持有条件的国有企业改组为国有资本投资公司。以管资本为主改革国有资本授权经营体制，是十八届三中全会对国有资产管理体制改革的重大创新。

2015年8月，中共中央、国务院印发了《关于深化国有企业改革的指导意见》，对以管资本为主改革国有资本授权经营体制作了更为具体的部署：改组组建国有资本投资、运营公司，探索有效的运营模式，通过开展投资融资、产业培育、资本整合，推动产业聚集和转型升级，优化国有资本布局结构；通过股权运作、价值管理、有序进退，促进国有资本合理流动，实现保值增值。科学界定国有资本所有权和经营权的边界，国有资产监管机构依法对国有资本投资、运营公司和其他直接监管的企业履行出资人职责，并授权国有资本投资、运营公司对授权范围内的国有资本履行出资人职责。国有资本投资、运营公司作为国有资本市场化运作的专业平台，依法自主开展国有资本运作，对所出资企业行使股东职责，按照责权对应原则切实承担起国有资产保值增值责任。开展政府直接授权国有资本投资、运营公司履行出资人职责的试点。

浙江是较早开始探索国有资产授权经营体制的省份。2000年12月，浙江省委、省政府印发了《浙江省国有资产管理体制改革和省级营运机构组建方案》（以下简称《方案》），《方案》指出，由于传统体制的长期影响和历史条件的制约，国有企业政企不分、政资不分的弊病仍未从根本上解决，所有权对企业的约束和监督还没有完全到位，国有经济的调整和国有企业的改革、改组还存在体制障碍，建立新型的国有资产管理、监督、营运体系已是当务之急。《方案》明确省国有资产管理委员会和办公室的职责，提出全省国有资产管理、监督和营运体系实行"三层次"构架，提出省级国资营运机构的组建方案。具体内容如下。

1. 总体要求。国有资产管理体制改革要按照建立现代企业制度的要求，实行政企分开，党政机关与所办的经济实体和直接管理的企业在人财物等方面彻底脱钩；根据"国家所有、分级管理、授权经营、分工监督"的原则，积极探索国有资产管理的有效形式，建立与健全出资人制度和资产责任制度，确保国有资产保值增值；按照党管干部和管人管资产相结合的原则，进一步理顺关系，避免多头管理。要根据以上总的要求，抓紧建立和完善与现代企业制度相适应的、有效的新型国有资产管理、监督、营运体系，明确权责，规范管理，推进全省国有企业的改革和发展。

2. 新型框架：全省国有资产管理、监督和营运体系实行"三层次"构架，即：国有资产管理委员会及其办事机构—国有资产营运机构—国有独资和国有控股、参股企业。

国有资产管理委员会（以下简称国资委）是国有资产的管理、监督机构。国有资产营运机构（以下简称国资营运机构）是经国资委授权的国有资产出资主体，行使出资人权利，并承担保值增值责任。国有独资和国有控股、参股企业（以下简称企业）依照产权关系隶属某一资产营运机构，同时又是自主经营独立的企业法人。

国资委代表政府行使国有资产所有者职能，对国资营运机构实施管理、监督，与国资营运机构之间是授权—代理关系；国资营运机构经授权，依据产权关系通过股东会和董事会对所投资企业行使出资人权利，与所投资企业是资产纽带关系，不存在行政隶属关系。

建立"三层次"构架后，政府管理社会经济的职能与国有资产所有者职能分开，国有资产行政管理职能与经营管理职能分开，国有资产出资权与企业法人财产权分离。政府职能部门将与国资营运机构及企业彻底脱钩，不再行使直接管理经营性国有资产的职能，而面向全社会、全行业实行宏观管理和指导，包括从行业的角度，对国资营运机构及企业的运行进行宏观管理和指导。

3. 省级国资营运机构组建方案。根据省属国有企业的布局状况，组建以下省级国资营运机构。

（1）已授权经营的集团（控股）公司为：杭钢集团公司、巨化集团公司、物产集团公司、中大集团公司、建工集团公司、商业集团公司、煤炭集团公司、轻纺集团公司、三狮集团公司、东联集团公司。

（2）已批准授权经营的集体（控股）公司为：粮食集团公司、旅游集团公司、国信集团公司、机电集团公司、石化集团公司、建材集团公司。

（3）按外经贸类、农林水利类、基础设施类和工贸类分别组建以下机构。

外经贸类国资营运机构。分别以中大控股、东方控股、土畜产和粮油进出口公司为主体组建（其中中大已经授权），将省外经贸厅管理的其他外经贸类企业分别归入。

农林水利类国资营运机构。分别以农发集团公司、水利投资公司为主体，吸收省农业厅、水利厅、林业局、海洋渔业局等部门所属企业组建，营运机构以农业类投资为主要业务。

基础设施类国资营运机构。计委系统以经济建设投资公司为主体，归并铁路投资等所属企业，组建省基础设施资产经营公司；交通系统以省高等级公路投资公司为主体，吸收交通系统其他企业组建省交通建设资产经营公司；组建能源建设资产经营公司。

工贸类国资营运机构。省机械厅、石化厅、建材总公司及其所属企业已分别成建制转为集团公司，并将实行国资授权经营。另外，拟对浙江长广（集团）有限责任公司、丝绸公司改组为国资营运机构，实行授权经营。

2004年6月，浙江省委、省政府召开了省属国有企业改革座谈会。根据省属国有企业改革座谈会精神，2004年11月，中共浙江省委办公厅、浙江省人民政府办公厅印发了《关于加快推进省属国有企业改革的实施意见》（以下简称《意见》），进一步强调，要以完善国有资产授权经营为手段，实现国有资产保值增值。《意见》具体内容：在总结国有独资企业授权经营经验的基础上，探索多元投资主体企业授权经营的新思路，研究在多元产权制度下实现国有资产保值增值的新途径；制定完善企业重大事项管理、企业重大决策责任追究、国有资产经营综合评价考核等制度，规范国有产权代表行为；完善对产权代表实行契约式授权的方式，落实权利、责任和义务，实现国有资产保值增值的目标管理；建立短效与长效相结合的激励约束机制，在进一步完善年薪制的基础上，探索期权、模拟股权、管理要素入股等激励机制，研究经营者收入与企业长期经营业绩相结合的有效方式；探索对在国资营运机构、企业集团公司和资产经营公司等不同机构中任职的国有产权代表，按不同岗位和目标实行有效管理和考核的办法。

自2000年12月实施《浙江省国有资产管理体制改革和省级营运机构组建方案》，浙江真正开始了"国资监管机构—国资营运机构—国资经营机构"的"三层次"国资管理体系。2004年浙江省成立国资委以后，进一步深化"三层次"国资管理监督运营体制，对促进国有资产运营"三统一""三分开""三结合"改革，健全现代企业制度，增强国有企业活力，优化国有经济布局，促进国有企业做强做优做大，发挥了重要作用。2004年共有国资营运机构28家，通过不断兼并重组和国有经济优化布局，目前共有国资营运机构16家。国资运营机构数量不断减少，主业不断突出，资本运作能力不断增强。

二 构建"三员"国资运营管理机制

浙江在建立"国资监管机构—国资运营机构—国资经营机构"

"三层次"国有资产管理体制的基础上,积极探索实践以管资本为主的"三分开""三统一"国有资本运营管理模式,国资监管机构充当裁判员、国资运营机构充当教练员、国资经营机构充当运动员,构建起职责明确、协作协同的"三员"国有资本运营管理体系,形成共保国有资产保值增值力量。

国资监管机构突出抓党建和管考核。浙江省国资委在工作实践中充分认识到企业党建和企业文化,对激发国有企业活力具有重要性。认为建立富有活力的现代企业制度,培养有红船精神和浙商精神的国有企业家,是发挥国有资本授权经营"放活"作用、实现国有资产保值增值的根本动力。因此,浙江省国资委坚持和加强党对国有企业的领导,把党建作为建立现代企业制度的重要抓手,将企业文化作为企业党建的重要载体。因此,在时任浙江省省委书记习近平的直接支持下,国资委在通常内设机构的基础上,率先增设了党建工作处、企业文化处,负责国有企业的党建和企业文化建设。这是浙江省国资委两个特色工作机构,构成了浙江国资监督管理工作的特色内容。另外,浙江省坚持责任、权利、义务"三统一"原则,加强制度建设,管好对国有企业的绩效考核,实行奖金、期权等多形式奖励制度,发挥业绩考核的引导和激励约束作用,驱动企业向有利于国有资产保值增值、有利于企业提高发展质量和效益、有利于企业转变发展方式的方向发展。

国资运营机构抓决策和管资本。省国资委以抓党建、管考核为统领,实现了对国资运营机构(一级国企集团)的充分授权,国资运营机构获得充分的法人财产权和经营自主权。浙江国资运营机构以抓好决策和管好资本为核心,普遍构建了以"决策中心、投融中心、财务中心、风控中心"的"四个中心"为特点的国资运营机制,贯彻落实省委、省政府产业发展政策和经济发展布局,围绕集团功能主业、布局资源链、延伸产业链、培育创新链,在用好资本、管好资本、控制风险方面发挥重要作用,促进国有企业平衡经营发展。

国资经营机构抓市场和管经营。在国资监管机构抓党建和管考核、国资运营机构抓决策和管资本的作用下,国资经营机构,即各级国有企业在自己的主业领域，充分发挥市场主体的本性，积极适应社会主义市场经济环境和发展规律，开展自己的业务经营，参与市场竞争获取市场份额，管好经营成本提高经营效益。浙江"三层"国资管理体系，为释放国资经营机构活力和提高竞争力提供了制度保障。

浙江国有资本运营管理实践，构建起的国资监管机构充当裁判员、国资运营机构充当教练员、国资经营机构充当运动员的"三员"国资运营管理体系，有效解决了当前国有资产监管的"婆婆"和"媳妇"矛盾问题，界定清楚了国资监管机构、国资运营机构、国资经营机构三者权利边界，明确了国资监管机构、国资运营机构、国资经营机构的责任、权利和义务，为进一步促进政资、政企、所有权和经营权的分开提供了理论和实践依据。

三　利用资本市场促进国资合理流动

推动国有资本合理流动，是优化国有资本配置、优化国有经济布局结构的重要路径。中共中央、国务院发布的《关于深化国有企业改革的指导意见》明确要求，以管资本为主推动国有资本合理流动优化配置。坚持以市场为导向、以企业为主体，有进有退、有所为有所不为，优化国有资本布局结构，增强国有经济整体功能和效率。紧紧围绕服务国家战略，落实国家产业政策和重点产业布局调整总体要求，优化国有资本重点投资方向和领域，推动国有资本向关系国家安全、国民经济命脉和国计民生的重要行业和关键领域、重点基础设施集中，向前瞻性战略性产业集中，向具有核心竞争力的优势企业集中。发挥国有资本投资、运营公司的作用，清理退出一批、重组整合一批、创新发展一批国有企业。建立健全优胜劣汰市场化退出机制，充分发挥失业救济和再就业培训等的作用，解决好职工安置问题，切实保障退出企业依法实现关闭或破产，加快处置低效无效资产，淘汰落后产能。支持企业依法合规通过证券交易、产权交易等资本市场，以市场公允价格处置企业资产，实现国有资本形态转换，变现的国有资本用于更需要的领域和行业。推动国有企业加快管理创新、商业模式创新，合理限定法人层级，有效压缩管理层级。发挥国有企业在实施创新驱动发展战略和制造强国战略中的骨干和表率作用，强化企业在技术创新中的主体地位，重视培养科研人才和高技能人才。支持国有企业开展国际化经营，鼓励国有企业之间以及国有企业与其他所有制企业之间以资本为纽带，强强联合、优势互补，加快培育一批具有世界一流水平的跨国公司。

浙江利用资本市场优化国有资本配置实践走在全国前列。2004年11月，浙江耀江集团整体产权公开转让签约仪式在浙江产权交易所举行，溢价率达到20%。这是国内第一个省级国有企业大集团整体产权挂牌转让的成功先例，企业产权多元化迈出了具有历史意义的一步。浙江发挥浙江产权交易中心的作用，利用市场机制发现国有资产真实价值和价格，在国有资产转让方面进行了富有成效的探索，在确保国有资产不流失方面形成了丰富的经验。

浙江在国有企业产权转让规范上，从源头入手，实施委托中介机构审计、评估"阳光工程"，建立中介机构库和评标专家库，并实行考核和动态管理机制。在企业改制重组中，实行职工安置方案和资产真实完整为主要内容的"双承诺制"，切实维护职工合法利益。开展了全省国有产权交易机构的清理整顿和年检工作，积极培育地方性国有产权交易市场，基本形成了覆盖全省的国有产权交易平台，国有产权交易普遍进入市场公开操作。为解决资产评估报告时效与国有企业改革进程之间的矛盾，浙江还实行了资产"预评估"的做法，对加快改革进程起到了积极的促进作用。

浙江以管资本为主，建立国有产权多层次、多形式、多渠道的交易市场体系，在促进国有资产合理流动、优化国有经济布局结构方面发挥了重要作用：一是利用综合市场化手段，评价国有企业的经济效益和政治责任、社会责任履行情况，使国资委对国有企业和企业家的评价更为客观、长远，解决了国有企业家为了应对短期考评，而采取短期经营行为问题。二是开辟了国有资产股份化、证券化新形式，为推动国有企业混合改革、社会认购、职工持股提供了新平台。三是为国有资产的合理流动、低成本进退提供了新路径，促进国有资产的市场化配置和使用效率提高。

第三节 以管资本为主完善国有资本监督管理体系

建立科学有效的国有资本监督管理体系，是深化国有企业改革的重要环节。浙江按照党的十八届三中全会明确提出的"完善国有资产管理体制，以管资本为主加强国有资产监管"的要求，积极探索"以管资本为主线明确国资监管机构职能、以管预算为抓手优化国有资本布局结构、以管制度为基础提高国有资本管控能力"的做法，取得积极成效，不断完善以管资本为主的国有资本监督管理体系。

一 以管资本为主线明确国资监管机构职能

2003年以来，中央和地方各级国资监管机构"国资委"相继成立。国务院2003年5月发布的《企业国有资产监督管理暂行条例》，对企业国有资产界定、国资监管机构职能、企业负责人管理、企业重大事项管理、企业国有资产管理、企业国有资产监督、法律责任等作了明确规定。其中，国资委职能包括九条内容：（1）根据国务院授权，依照《中华人民共和国公司法》等法律和行政法规履行出资人职责，监管中央（和地方）所属企业（不含金融类企业）的国有资产，加强国有资产的管理工作。（2）承担监督所监管企业国有资产保值增值的责任，建立和完善国有资产保值增值指标体系，制定考核标准，通过统计、稽核对所监管企业国有资产的保值增值情况进行监管，负责所监管企业工资分配管理工作，制定所监管企业负责人收入分配政策并组织实施。（3）指导推进国有企业改革和重组，推进国有企业的现代企业制度建设，完善公司治理结构，推动国有经济布局和结构的战略性调整。（4）通过法定程序对所监管企业负责人进行任免、考核并根据其经营业绩进行奖惩，建立符合社会主义市场经济体制和现代企业制度要求的选人、用人机制，完善经营者激励和约束制度。（5）按照有关规定，代表国务院向所监管企业派出监事会，负责监事会的日常管理工作。（6）负责组织所监管企业上缴国有资本收益，参与制定国有资本经营预算有关管理制度和办法，按照有关规定负责国有资本经营预决算编制和执行等工作。(7) 按照出资人职责，负责督促检查所监管企业贯彻落实国家安全生产方针政策及有关法律法规、标准等工作。(8) 负责企业国有资产基础管理，起草国有资产管理的法律法规草案，制定有关规章、制度，依法对地方国有资产管理工作进行指导和监督。(9) 承办国务院交办的其他事项。

根据《企业国有资产监督管理暂行条例》，国资监管机构的工作职能是明确的。但是在实际运行中，国资监管机构和国有企业的边界并不是很好掌握，存在管得过多或者放得过多问题。浙江由于市场化起步较早、市场经济发达，2000年就实行国有资产授权经营方案。浙江国资委积极适应较为发达的浙江市场经济、适应国有资产授权经营体制，将自己主要定位于负责改革研究、产权管理、考核管理、监事管理、企业领导管理、党建和企业文化等方面职能。在履行国有资产监管职能方面，定位清晰、重点突出、抓手有力，体现了以管资本为主的国有资产监管职能。

浙江省国资委内设机构12个，分别是办公室、政策法规处、产权管理处、企业改革与发展处、财务监督和统计评价处、业绩考核与分配处、监事会工作处、企业领导人员管理处、党建工作处、宣传工作处、人事处、机关党委。与其他省区市国资委比较，内设机构数量较少，除去如办公室、人事处、党委机关等工作处，直接与监管企业有关系的只有8个工作处，说明浙江国资委对国企"放"的工作做得比较好。另外，企业领导人员管理处、党建工作处、宣传工作处3个工作处，是浙江国资委特色的工作处，反映浙江省国资委对国有企业"管"的重点，放在国企领导培养和队伍建设、国企党组织建设、国有企业文化建设等方面。

二 以管预算为抓手优化国有资本布局结构

调整优化国有资本布局和结构，发力供给侧结构性改革和服务重大发展战略，是国有企业的重要使命，也是国资监管机构的重要职能。2007年9月，国务院发布了《关于试行国有资本经营预算的意见》，标志着我国开始正式建立国有资本经营预算制度。根据《中华人民共和国预算法》等文件，2008年4月，浙江省政府印发了《关于试行国有资本经营预算的意见》，国有资本经营预算成为浙江优化国有经济布局的重要工具。国有资本经营预算，是国家以所有者身份依法取得国有资本收益并对所得收益进行分配而发生的各项收支预算。实行国有资本经营预算，对于增强政府宏观调控能力，深化国有企业改革，完善收入分配制度，推进国有经济布局和结构的战略性调整，集中解决国有企业发展中的体制性、机制性问题，具有重要意义。

中共中央、国务院发布的《关于深化国有企业改革的指导意见》，进一步强调，要建立覆盖全部国有企业、分级管理的国有资本经营预算管理制度。目前，浙江省属国有企业已经实现了国有企业全面预算全覆盖，绝大多数企业成立全面预算委员会，推行预算完成情况与业绩考核挂钩，保证预算执行效果。浙江各国有企业积极进行预决算对标管理，实行"预算、决算、绩效评价"三者有机结合，综合向企业下达"年度财务管理意见书"。指导企业建立和落实目标成本责任制，加大降本增效和风险管控力度。许多省属企业推行集约化、精细化、规范化管理制度，努力挖掘企业成本竞争优势，筑牢投资、担保、债务风险管控堤防。

浙江国有企业积极推行国有资本预算制度，在加强国有资本监督管理方面发挥了积极作用：一是将国有资本经营预算与政府公共预算分开，体现了政府作为社会公共管理者和国有资本所有者两种职能的分离，进一步促进政资分开，保证了国有企业在收益分配和资本再投资的独立性。二是国有资本监管机构通过国有资本经营预算报告，全面掌握国有企业的资本结构、经营收入、运营成本、财务风险等方面的情况，有利于及时采取有针对性有效的管控措施。三是国有企业按照国有资本经营预算报告，实施再投资计划，有利于优化国有经济布局和结构，促使国有资本流向最需要的行业领域以及最有效率的企业和业务。

三　以管制度为基础提高国有资本管控能力

浙江在积极实施国有资本经营预算制度的同时，为强化出资人在企业法人治理结构中的地位，促使国有企业切实担负起国有资产保值增值的责任和义务，配套出台了"国有企业产权报告""财务报告""职务报告""重大投资报告"4个报告制度。1个国有资本经营预算制度加上4个国有企业报告制度，构建了浙江国有资本管控"1+4"制度体系，形成了国有企业经营综合评价体系、国有资产立体监管体系、企业责任考核激励机制、企业经营风险预警机制，使浙江国有企业从"自主"经营走向"自觉"经营，对促进浙江国有企业的科学决策、合理投资、稳健运行、精细管理、风险管控等方面发挥重要作用，取得了很好的效果。

浙江全面实行国有产权代表、企业重大财务事项、内部审计和专职监管人员4个报告制度，通过国有产权代表报告制度和企业重大财务事项报告制度，规范省属企业重大事项和行为；通过内审报告制度，指导企业建立健全内审监督机制；通过专职监管报告制度，促进企业法人治理结构建设。通过4个报告制度建设，进一步加强财务资产、投资融资、考核分配等方面的管理，合理有效地防范和规避国有资产经营风险和财务风险，确保国有资产的安全运行和保值增值，在提高浙江管控国有资本能力方面发挥了重要作用：一是加强了财务资产管理，建立起企业全面预算管理、资金集中管理和内部审计监督相协调的财务管理模式，进一步增强了集团公司的财务管理和控制能力，加强了对外投资、担保、债务、债权等方面管理，建立健全了内部审计工作制度，完善法律风险防范机制。二是规范了考核分配管理，落实了国有资本经营责任考核制度，形成年薪制与中长期激励相衔接的激励约束机制，规范企业收入分配，调动企业各类人员积极性。三是强化了企业国有产权监管，深入实施"阳光工程"，不断完善国有资产清产核资、评估、定价、转让和处置等环节的流程和规则，增强产权管理制度刚性，确保国有资产在流动中保值增值。四是理顺法人治理关系。按照《公司法》和现代企业制度要求，完善企业法人治理结构。

第四节　党建引领，提升国企现代治理水平

习近平总书记在全国国有企业党的建设工作会议上指出，坚持党

的领导、加强党的建设，是中国国有企业的光荣传统，是国有企业的"根"和"魂"，是中国国有企业的独特优势。毫不动摇地坚持党的领导、加强党的建设，是国有企业改革发展必须牢牢坚持的根本方向和根本原则，也是提升国企现代治理水平的根本保证。2017年6月，浙江省委召开全省国有企业党的建设工作会议，浙江省委书记车俊同志提出，要坚持党对国有企业领导不动摇，以党建新成效引领国企新发展。2018年2月，浙江省委组织部、浙江省国资委印发了《浙江省国有企业党建工作责任制实施办法》，为新一轮国企改革发展中坚持和加强党对国有企业的领导，党建引领提高浙江国有企业现代治理能力，提供了行动指南和要求。

一 加强党建增强国企治理能力

（一）将党建融入企业治理各个环节

浙江国企改革高举中国特色现代国有企业制度旗帜，把党的领导融入公司治理各环节，把企业党组织内嵌到公司治理结构之中，明确和落实党组织在公司法人治理结构中的法定地位，组织落实、干部到位、职责明确、监督严格，通过党建巩固党组织对国有企业的领导核心和政治核心地位，切实发挥党组织把方向、管大局、保落实作用。数据显示，浙江85.3%的党组织班子成员通过法定程序进入董事会、经理层，24家省属企业中的党员董事长全部同时担任党委书记；国有企业领导班子中，党员占78.9%，为党组织参与重大问题决策、发挥党组织政治功能提供了有力的组织保障。

党组织参与决策的程序。浙江国有企业注重强化党组织与董事会、监事会、高级管理层的协调配合，形成了"党委领导定调，董事会战略决策，高级管理层全权经营"的中国特色现代企业治理体系。

一是党委班子成员通过双向进入、交叉任职，分别进入董事会、监事会和高级管理层。党委书记兼任董事长，党委副书记、总经理、监事长，若干名党委委员组建董事会，部分上市国有企业外聘独立董事。党委的机构设置、职责分工、工作任务和企业的管理体制、管理制度、工作规范有效融合，实践现代企业治理的中国特色化。

二是党委班子根据中央和国家大政方针，结合企业发展全局，提出战略方向、产业布局以及重要改革等方案,经党委会集体研究后,向董事会提出建议。董事会根据公司章程做出战略决策,布置战略规划,交由管理层细化和实施,并指导和督促高级管理层建立分工明确的战略分解责任体系,确保各项战略规划符合国家战略并有效落实。

三是高管层是公司治理架构中贯彻党委意志和董事会战略的执行机构。党委不直接干预高管层的日常经营管理,而是通过两种方式加强领导。一种是党委班子直接参与管理层决策,如部分党委成员担任重要部门经理或子公司一把手,把党委的决策意图落实到经营管理计划和发展责任之中,通过党员高管执行党委决定、细化落实措施;另一种是党委通过各级党组织统领和推进基层经营机构的改革发展,以党建带工建、带团建,带领工会、共青团组织和广大员工群众,积极支持和参与企业发展。

党组织参与决策的内容清单。(1) 企业贯彻执行党的路线方针政策、国家法律法规和上级重要决定的重大措施。(2) 企业改革发展重大事项。包括企业发展战略和中长期发展规划,企业改制、资产重组、产权转让以及自备运作和大额投资方案,重要改革方案和重要管理制度的制定、修改,企业的合并、分立、变更、解散,下属企业的设立和撤销等。(3) 企业生产经营重大事项。包括生产经营方针和年度计划,年度财务预决算,超预算资金的调动和使用,对大额捐赠和赞助,重要设备和技术引进,采购大宗物资和购买服务,安全生产、维护稳定等方面的重要措施。(4) 企业干部人事、分配重大事项。包括企业中高层管理人员的选拔任用、教育培训、考核奖惩、专业技术职务聘任及企业后备领导人员的确定,内部机构设置、调整和人员编制,工资体系调整和奖金分配方案。(5) 涉及职工切身利益重大事项。包括收入分配方案、劳动保护、福利、生活及其他涉及职工切身利益的重大事项。(6) 其他应当由党委研究讨论或决定的重大问题。

(二) 培养党领导下忠诚卓越的企业家队伍

"火车跑得快,全靠车头带。"浙江国有企业从无基础、无政策、无资源,国有资产全国倒数第一,到把资产总量、盈利能力做到全国第四位,以如此薄弱的基础取得如此骄人的成绩,一个关键因素是在党领导下，培养出一大批国有企业的企业家队伍。浙江国有企业的企业家同时具备两个特点：既是"党的人"，也是"职业人"。浙江在培养国有企业的企业家队伍时，紧紧围绕"对党忠诚、勇于创新、治企有方、兴企有为、清正廉洁"的二十字方针，同时用红船精神锻造新时代浙商精神，发扬浙商骨子里的工匠精神，通过多层次多形式对企业家的培养，在浙江大地上涌现了一批忠诚爱国、不畏困难、勇于挑战、善于竞争、思维开阔，富有家国情怀和懂市场经济理论的国有企业家队伍。尤其是党的十八大以来，在浙江基本形成了优秀企业家层出不穷、国有企业竞相发展、国有经济和民营经济互补互助的良性发展局面。

物产中大集团培养企业高管五大本领。物产中大集团经历了二十多年的发展，已经成为世界500强的上市公司。在这过程中培养了大批企业高管，也是这些企业高管，尤其是党员高管，以他们的实际行动在经济领域为党工作、为企业奉献、努力拼搏。

物产中大集团要求企业高管要勤练"一远、二选、三爱、四不、五勤"五大本领。"一远"，是志存高远、站得高看得远。培养高管团队志存高远的宽旷情怀，练就超越现实的战略管理能力。"二选"，是选对事、选准人。培养高管团队选项目、控风险本领，练就适应市场经济的判断能力。"选准人"，包括培养和引进人才，培养高管选人用人基本功。"三爱"，培养高管爱员工、爱企业、爱社会的博爱胸怀。爱员工，要在严格要求和纪律下去关爱和帮助员工，给团队和员工以信任和尊重，并善于激发其潜能。爱企业，要把企业当作人生的事业，以强烈的责任意识，不断提高管理能力，不断创新，追求精品，把企业做强、做大、做久。爱社会，要心存为社会进步、为社会造福，绝不能伤害社会、伤害消费者。"四不"，要求高管不刚愎自用、不因循守旧、不违背规律、不享乐主义。不刚愎自用，不可过于自信而忘乎所以。不因循守旧，要敢于创新、善于创新，切不可安于现状，不思进取。不违背规律，要按规律办事，切不可盲目而为、乱作乱为。不享乐主义，成为想干事、能干事、成大事的榜样，成为严于律己、艰苦奋斗的榜样。"五勤"，培养高管养成眼勤、脑勤、嘴勤、脚勤、手勤习惯。眼勤，要勤看、勤读、勤学，加强学习、积累知识、开阔眼界；脑勤，要勤于动脑、勤于思考；嘴勤，要学会说、主动说、善于说，对上级领导要善于请示，对兄弟部门要善于沟通，对下级单位要善于督促；脚勤，要多深入基层、市场，贴近市场与客户，倾听心声，为客户提供更有价值的产品和服务；手勤，要勤记、勤写、勤落实，勤于总结，勤抓落实。

浙江省属企业党的十八大以来中层以上人员培训情况。党的十八大以来，浙江省共培训轮训省属国有企业中层以上人员2.5万多人次。方法一：推进政企、异企交流和企业内部交流，打通管理人才与专业人才培养使用通道。选派省属国有企业经营管理人员到国家部委、中央企业、省直机关、市县挂职锻炼。方法二：开展"五个一"人才工程，着力培育杰出人才，重点加强创新型人才、海外高端人才、企业管理人才的引进和培育，有力支撑国有企业转型发展。方法三：组织开展到教育基地学习，各省属国有企业分别到南湖、古田、浦江郑义门、余姚四明山等教育基地感悟学习。方法四：开设培训班，通过与高校、党校等机构，分批按计划组织企业领导人员、企业副职后备人员、二级单位主要负责人等培训。方法五：开展互联网学院，建立学分制授课。

（三）营造企业风清气正的发展环境

一个企业要想充满正气，永葆生机和活力，需源源不断的"荡涤剂"来及时清除内部的"杂质"和"污垢"，党组织作为企业的先进群体，正起着"荡涤剂"的作用。相比于私营企业，国有企业有更完善的党组织，有更强大的自我净化、自我完善、自我革新、自我提高能力。浙江国有企业连续12年开展"四好"领导班子创建，连续7年开展争创"四强"党组织、争做"四优"党员活动，通过紧抓"关键少数"、强化民主监督、完善党员退出机制等举措，在各个层面上查找自身不足，自觉清除各种"灰尘污染"和"生物感染"，始终保持思想纯净、组织纯洁、作风纯正，不断推动国有企业风清气正，充满活力和生机。

国际贸易集团实施"阳光工程"促进企业风清气正。国贸集团将腐败易发多发的部位、岗位和环节为重点，以党员干部、特别是领导人员为主要对象，从五个方面推进"阳光工程"，以自身正本清源来带动企业风清气正。

一是严格执行党风廉政建设责任制。制定量化考核指标和具体考核办法，将考核结果与企业负责人业绩考核相衔接。同时把"一岗双责"要求推广拓展到全体员工，形成惩防体系建设责任的全覆盖。二是认真落实"三重一大"决策制度。抓好"三重一大"集体决策制度的执行，形成决策议事有监督把关、决策执行有检查纠偏、决策失误有问责惩戒的监督制约机制。三是深入推进廉政风险防控机制建设。建立完善"内控有制度、岗位有职责、操作有程序、过程有监督、风险有监控、工作有评价、责任有追究"的业务制度。四是全面推进党务公开和厂务公开工作。全面制定党务公开实施细则，认真抓好落实。完善厂务公开工作，将企业重大决策问题、企业生产经营管理方面的重要问题、涉及职工切身利益方面的问题、与企业领导班子建设和党风廉政建设密切相关的问题等信息予以公开。五是积极推进廉政文化建设。推进"规范从业、清廉尽职"的廉洁文化理念，将各级领导人员廉洁从业规范通过廉洁文化加以深化、升华和传播，渗透到企业管理的各个环节，固化到制度、标准中，体现到企业员工的日常行为中。

浙江国有企业正本清源，对不合格党员坚决清除出队伍。浙江国有企业对不合格党员的处置要按照"坚持标准、立足教育、区别对待、严肃处置"的原则进行，对不合格又拒不改正的党员坚决清除队伍，保证党员队伍的风清气正，净化企业生产经营环境。第一类：思想跟不上形势、认识模糊，反对党的路线方针政策；第二类：工作消极，存在违反职业道德行为；第三类：不能正常参加党的活动，不按时缴纳党费；第四类：利己主义严重，损害群众利益；第五类：在企业宣传宗教迷信活动。

二 建立富有活力的选人用人机制

人才是企业发展的第一要素。培养一批对党忠诚、勇于创新、治企有方、兴企有为、清正廉洁的卓越企业家队伍是企业持续发展的保障。浙江国有企业特别注重"狮子型"企业家的培养，以"狮子型"企业家带领"狮子型"团队。所谓"狮子型"企业家，具有不畏困难、勇于挑战、善于竞争、思维开阔等诸多浙商与生俱来的优良品格，能打破惯有思路，克服客观瓶颈，突破现有发展模式，带领企业寻找新的经济增长点。浙江近年来通过多层次多形式对企业家的培养，基本形成了优秀企业家层出不穷、竞相发展的良好局面。

（一）建立了一套提升企业家思想政治素质的机制

一是特别注重企业家政治意识培养，不断提高国企领导人员的思想政治素质。习近平总书记指出，国有企业领导人员是党在经济领域的执政骨干，要把党的路线、方针、政策落实到企业经营管理的各项工作中去，思想政治素质必须牢靠。浙江国有企业不断增强企业家的政治素养，培养企业家善于从政治上判断形势、分析问题，增强政治敏锐性和鉴别力，做到讲政治、讲大局，始终对国家负责、对社会负责、对企业负责、对职工群众负责。从政治上、思想上、行动上与党中央保持高度一致，确保党的路线方针政策在企业的贯彻落实。注重发挥企业党组织的政治核心作用，通过加强党的建设促进企业发展。

二是特别注重加强企业家能力意识培养，不断增强国企领导人员的宏观把握能力。决策能力是对企业家区别于一般经营管理人员的高层次要求，关系着企业的长远发展。可以说，那些在各个行业领先的大企业，都是坚持不懈地实施发展战略的结果。浙江培养企业家在保证党性的同时，特别注重企业家现代化、国际化经营管理能力的培养，注重情怀的培养。浙江国企的企业家善于从世界经济发展的大趋势中谋划企业的发展，善于从国际国内形势的相互联系中把握企业的发展方向，善于从国际国内两个市场中寻找发展的机遇和空间，善于找准企业在市场中的位置，科学制定企业发展的目标和战略。浙江的国企领导人员时刻树立国际化的经营理念，视野开阔，思路开阔，敢于和善于参与国际竞争，勇于走出去与国际化大公司接触。过去5年，浙江省共培训轮训省属国有企业中层以上人员2.5万多人次。推进政企、异企交流和企业内部交流，打通管理人才与专业人才培养使用通道。2014年以来，选派60多名省属国有企业经营管理人员到国家部委、中央企业、省直机关、市县挂职锻炼。2015年开始，开展"五个一"人才工程，着力培育杰出人才。

三是特别注重加强企业家团队意识培养，不断提高国企领导人员团结协作的能力。团结，能够出生产力、凝聚力、战斗力、创造力，能够出感情、出健康、出效率、出业绩。企业是个团队，处于企业任何职位的人，都需要通过沟通和协作，从而实现企业和自我的双重价值。浙江国有企业通过推进法人治理结构建设，在企业中建立起了决策、监督、执行等各机构职能明确、协作制衡的有效机制，使各机构在企业中如团队中的个体，不缺位、不错位、不越位。企业家在企业各机构中分别担任着重要职务，相互间的精诚合作通过团队精神来维系，也是党性的一种体现。

四是特别注重加强企业家作风意识培养，确保国有企业领导人员务实清廉形象。国有企业的企业家作风和形象，是事关党的形象、事关改革发展稳定大局的一件大事，为企业广大职工群众和社会所关注。浙江国有企业加强企业家队伍作风建设，重点是按照习近平总书记"把国有企业党的建设纳入整体工作部署"要求，贯彻落实好浙江省委、省政府关于开展"作风建设年"活动。浙江国企深刻把握作风建设内涵，丰富活动内容，在企业内部扎扎实实开展好"作风建设年"活动，并把作风建设形成常态化。

(二) 建立了一套适应市场化要求的选人用人机制

浙江严格按照市场决定资源配置这一市场经济的一般规律办事，实践出了把党管干部和市场配置人才资源有机结合的浙江经验。在继续执行"动议、民主推荐、考察、讨论决定、任职、全程纪实及中层后备人员管理"等传统的选人用人管理办法的同时，开辟了竞争上岗、公开招聘、测评推荐等市场化选人用人方式，兼顾了"伯乐相马"和"赛场选马"。对市场化选出的人才，按照现代企业制度要求，重点放在对企业干部的实绩考核上，实行任期目标和年度目标责任制，最终依旧通过党来依法选聘、严格考核体现党管干部的原则。

一是以适应市场化选人用人为要求，坚持选人用人的制度创新，从制度上保证国有企业市场化选人的合法合规。浙江通过完善公司法人治理结构，以规范董事会建设为核心，浙江省国资委会同浙江省委组织部出台了《关于推进省属企业职业经理人制度建设的试行意见》《关于进一步加强省属企业中层管理人员队伍建设的指导意见》《省属企业兼职外部董事管理办法》，起草了省属企业董事会建设指导意见，建立了首批56名符合资格条件的外部董事人才库，已在物产中大、商业集团等竞争类企业开展外部董事制度试点，在二、三级企业开展职业经理人制度试点。

二是严密设计流程，改革薪酬待遇，坚持选人用人的方式创新，确保招聘条件吸引力强，招聘过程公开公正，选出人员忠诚胜任。市场化招聘步骤分为筹备阶段和实施阶段。在筹备阶段，着重做好规范董事会建设、细化实施方案和制定配套管理制度三项工作。在制定配套管理制度时，特别注重薪酬结构的设计，根据市场化制定薪酬待遇、绩效等内容。在实施阶段，坚持党管干部、依法落实董事会职权和市场化操作的"三项原则"，实行公开选聘职位、公开选聘资格条件、公开考核指标、公开薪酬标准、公开录用结果的"五个公开"，着力规范成立选聘机构、研究制定方案、发布招聘公告、资格审查、面试初试、面试复试、考察录用的"七道程序"。

物产中大试点情况。物产中大创浙江先河，通过市场化招聘两名职业经理人担任集团副总经理，一位分管金融，一位分管高端实业。金融和高端实业是物产中大"一体两翼"格局中的两翼，其中"一体"指的是流通业为主体。本次选聘的职位不受"限薪令"的限制，其中，金融方向副总经理基本年薪100万元，高端实业方向副总经理基本年薪80万元，并提供与业绩挂钩的绩效年薪。物产中大在招聘过程中主要把握两个环节，一个是人员甄选环节，公司对报名者的能力、价值观等情况与企业进行匹配。另一个是绩效环节，根据工作目标对招聘的职业经理人进行绩效考核。物产中大的班子成员结构多元，9位高管中从外部调进来的高管占很高比例，高管间的薪水也存在较大差异，且市场化高薪聘请的高管对原来的管理人员工作队伍未造成冲击。

三是建立科学合理的业绩评价和考核体系，坚持选人用人的管理创新，通过考核来体现党管干部的原则。绩效考核是市场化用人机制建设中一个承上启下的关键环节，也是建立和完善激励约束机制的基础。浙江国有企业在实事求是和注重实绩的原则下，建立客观、公正、科学的业绩考核评价体系，采取有效措施保证考核过程的规范和公正。考核标准的设定注重定性与定量标准的结合，考核方式以年度经营业绩考核与任期经营业绩考核相结合，分类实施奖惩与任免。对于考核期内企业发生清产核资、资产重组、改制上市、重大投资等情况的给予特别关注。

四是促进企业人才中介机构的发展，坚持选人用人渠道创新，通过多途径吸引人才进入国有企业。人才中介机构的发展是企业经营管理人员市场化选聘中不可或缺的重要一环。浙江的人才中介机构体系包括人才资质认定、人才测评、人才服务机构等专门化的机构。浙江国有企业拓宽选人用人渠道，加强与中介公司（包括猎头公司）战略合作，不断放宽用人视野，从全球选择企业所需人才。

（三）激励约束结合驱动人才在创新中成长

习近平总书记指出，创新的事业呼唤创新的人才。实现中华民族伟大复兴，人才越多越好，本事越大越好。知识就是力量，人才就是未来。我国要走在世界前列，必须在创新实践中发现人才、在创新活动中培养人才、在创新事业中凝聚人才，必须大力培养造就规模宏大、机构合理、素质优良的创新型人才。浙江国有企业充分重视人才工作，始终把人才资源开发放在企业创新发展的最优先位置，改革人才培养、引进、使用等机制，激励约束结合驱动人才在创新中成长，努力造就一批适应现代市场经济的经营管理人才和高水平创新团队，注重培养一线创新人才和青年工作队伍。

一是完善对各类人才的激励机制，通过正面激励驱动人才在创新中成长。有效的激励机制能够激发经营管理者的潜能，在创造突出业绩中不断增长真才实干。从浙江的实践看，主要有三种激励方式。

第一种是股权激励，实现经营管理者和国有资产利益共同体。股权激励是对企业经营管理者较为有效的激励方式。国有企业过去单纯工资加奖金的收入分配形式，无法在市场化的用人机制下体现对经营者的激励。浙江国有企业不断创新对经营管理者激励的形式和内容，以股权、期权等多种形式，实现人力资本作为要素参与分配，把经营者的利益与国有资产的利益紧密联系起来。创新了能够使创造财富的劳动、知识、技术、经营、管理等人力资本价值得到充分体现的分配机制。在此过程中，企业经营管理者只有不断增强企业经营水平，不断做大企业市值，个人的价值才能得到更好的体现。

第二种是薪酬激励，完善职位晋升机制和绩效管理机制。薪酬激励从两方面展开：在分配制度上，实行岗位绩效工资制，以岗定薪，岗变薪变；在人事管理上，大力推行岗位管理制度，加强岗位管理，完善岗位工资。充分发挥薪酬福利和绩效工资的激励导向作用，激发人才的工作内动力，从而推动个人和国有企业整体目标的实现。通过实施绩效考核和绩效管理，不断改进工作，提升员工素质，激励岗位成才。

第三种是福利待遇激励，千方百计为员工创造学习成长条件。一方面是加大对员工的培训力度。对员工的培训教育不仅体现国有企业对员工个人的关心，还可以培养员工的价值观，使其提高遵守企业行为规范要求的自觉性。通过培训教育，提高全体人员的理论和技能水平，促进信息共享、知识更新和技术创新，不断为员工的成长进步提供良好的学习机会。另一方面是切实开展社会保险全覆盖。社会保险是对企业员工生老病死的最后保障，只有帮助企业员工彻底解决后顾之忧，才能使员工一门心思投入生产学习，为员工的成长进步提供良好环境。

二是完善对各类人才的约束机制，通过反面约束驱动人才在创新中成长。浙江国有企业不断健全约束和监督机制，彻底解决对经营者激励低效和监督乏力的这两个国有企业一直存在的两个问题。过去在国有企业中，内部人控制问题严重，甚至使党委会、职代会、工会以及纪检监察等内部监督机制难以发挥应有的作用。浙江在完善经营者业绩考核体系和激励机制的同时，不断健全对经营管理者的约束和监督机制，最大限度地防止和纠正内部人控制，既保证了企业的健康发展，又通过制度控制了经营管理者出现重大失误的概率。国有企业的监督由国资委管资产，组织部管干部任命，党委在国有企业发挥政治核心作用，《公司法》《税法》等法律，以及工商、税务、审计、银行等部门，对国有企业形成了有效的外部监督环境，起到有力的外部监督作用。在企业内部，各省属国有企业按照公司法建立的法人治理结构企业内部监督机制的组织基础，同时党组织、工会、企业内部审计等内部监督机制也基本完善。健全国资监管体系，加强国资监管干部队伍建设，制定或修订了国有重大资产评估、境外国资监管等60

余项规范性文件，形成了具有浙江特色的国资监管制度体系。在监事会方面，浙江省国资委着重推行外派监事会工作，出台了《浙江省省属企业外派监事会工作指引》《关于加强省属企业子企业监事会工作的指导意见》，持续推进监事会监督机制的完善，较好地发挥了外派监事会制度的独特优势。集中开展企业"三公"经费大清查、经营风险大排查和历史遗留问题大处理等"六大专项行动"，进一步推动企业持续健康发展。巨化集团公司强调监督工作的独立性和权威性，实施了纪检、监察、审计、法务、下派监事组"五位一体"的大监督运行机制，参照省属企业外派监事会体制，建立了专职的外派监事会队伍，在省属企业中第一个比较系统地建立了子企业监事会监督体制，有力地促进了企业的持续健康发展。

三 弘扬红船精神培育国企软实力

习近平总书记在党的十九大闭幕后就带领中央政治局常委集体瞻仰中共一大会址和南湖红船，回顾建党历史，重温入党誓词，总结"红船精神"，为全党上了一堂生动深刻、直抵灵魂的好党课。习近平总书记将"红船精神"概括为：开天辟地、敢为人先的首创精神，坚定理想、百折不挠的奋斗精神，立党为公、忠诚为民的奉献精神，并要求"我们要结合时代特点大力弘扬'红船精神'"。"红船精神"是中国革命的精神之源，是国家改革发展的精神动力，无论是国家繁荣、民族兴盛，还是企业发展，都与首创奉献精神密切相关。浙江的改革发展要继续走在全国前列，更需要继续保持"开天辟地、敢为人先的首创精神"，带动经济社会发展步入新的历史阶段。作为浙江的国有企业，必须要保持首创开拓的"红船精神"，通过创新开拓、勇于奉献，不断在改革发展中增强自身的软实力，成为国企的文化自觉。

农发集团树立"和、效、公、源"企业文化。农发集团十分重视价值体系建设，把它作为履行国企社会责任，在基层基础创新改革价值观的重要平台，在发展中构建了以"和、效、公、源"为重点的企业价值观。"和"，就是和谐谋发展，和谐促改革，和谐保稳定，和谐育文化。增强国企社会责任，实现企业增效、员工增收、社会增益，确保社会、企业、员工的和谐统一。"效"，就是转变经济增长方式，增强科技意识、质量意识、品牌意识、价值意识，兼顾效率与效益，实现企业又好又快发展。"公"，就是依法治企，公平竞争，诚信相待；建立规则公开、机会平等、分配公平的有效机制，规范管理。"源"，就是积极参与社会主义新农村建设，面向"三农"，服务"三农"；以人为本，加强党建；开源节流，集约经营。通过企业重组改革以来的大力培育，"和、效、公、源"成为企业重要的价值观深入人心，并在企业改革创新过程中发挥了核心作用。

浙能集团以党建增强软实力。浙能集团现有党委51个，党总支18个，党支部343个，党员9392人。浙能集团党委提出党建二元是生产力，认为大能源必须要有大党建来保障，强发展也必须要有强党建来推动。在党建工作和企业文化中，浙能集团始终坚持创新发展，将永不自满、永不懈怠的精神作为企业长足发展的重要法宝，立足于不断解放思想，创新观念。浙能集团加强党建工作创新，着力抓好"五大工程"（领导班子"四好"工程、党支部"堡垒"工程、党员"亮化"工程、职工"素质"工程和企业"文化"工程建设），通过开展党务公开、设立"党建工作创新奖"、建立党建工作目标责任制、开展企业党建区域共建、坚持过"党员政治生日"、推行党建工作质量管理体系试点等，进一步激发党建工作活力和动力。五大党建工程被中央党校列为一个典型的教材。深入人心的创新文化，为浙能集团的不断超越发展注入了强劲的动力。在党建创新引领下，集团一方面建立了党委巡查工作机制和改革创新容错免责机制，推进从严治党，建立巡查组开展全面和专项巡查，解决党怎么样引领企业打发展的问题；另一方面建立改革创新容错机制，不担当不作为的问责机制。这两个机制，对保障国企干部积极性、创造性和担当精神，推动改革创新，发挥了重要基础性作用。

杭钢集团以党建加强班子建设推动企业发展。杭钢集团党委针对企业发展创新党建工作，着力构建以领导班子建设、素质工程建设、基层组织建设、和谐企业建设、社会责任建设和党风廉政建设为核心的党建工作的制度化体系，发挥国有企业党组织的政治核心优势，展示出了新时期国有企业的良好形象。尤其是其以"三级联创"模式确保"四好"班子建设，统领企业的发展战略创新和发展方式创新，为企业实现跨行业、跨地区、跨所有制的创新发展提供了领导保障。多年来，针对企业跨行业、跨地区、跨所有制的多元化发展方式需求，杭钢集团在各级班子建设上，形成了"抓本级、带下级、促基层"的"三级联创"模式，把"四好"班子创建的重心向二级单位和基层党支部延伸，一方面，进一步深化和完善创建活动考核办法，将节能减排、自主创新、经营业绩、党建创新、实事工程、素质工程和社会责任建设等重点工作作为考核主要内容，强化目标责任制，形成了一级抓一级、上下共促进的良好局面；另一方面，围绕每年的工作重点，组织开展"保持先进性、提高执行力""推动发展、促进和谐""转变作风、增强执行、服务基层、推动发展"等各种主题活动，全面推行以"好搭档、好助手"为主要内容的创建载体，推动作风建设不断向纵深发展，形成各级班子建设的长效机制，确保以各级班子的先进性统领企业的创新发展，为企业转型升级和改革创新提供了强有力的政治、思想和组织保证，取得了丰硕的发展成果。

第六章　谱写新时代浙江国企改革发展新华章

浙江省省委书记车俊指出：回顾40年来的生动实践，浙江之所以有现在这样的大好局面，关键在改革；未来要实现省委"两个高水平"的奋斗目标，关键还在改革。浙江国企改革发展40年，特别是实施"八八战略"15年来的生动实践证明，国有企业可以做强做优做大，在经济社会发展各方面发挥主导作用。面对新时代国有企业改革发展的新使命、新任务、新责任，要深入贯彻习近平新时代中国特色社会主义思想，按照中央国有企业改革发展的精神要求，聚焦重大发展战略，聚焦创新驱动发展，聚焦国计民生发展，深化新一轮国有企业改革，提升国有企业现代治理能力水平，谱写新时代浙江国有企业改革发展新华章。

第一节　浙江国企改革发展的理论思考

浙江国有企业改革发展40年的生动实践，富含浙江特色、中国元素、理论意义，体现了习近平新时代中国特色社会主义的国企改革发展思想。深入研究浙江国有企业改革发展实践的理论意义，对理解中共中央、国务院《关于深化国有企业改革的指导意见》，阐释为什么要发展国有经济、如何发展国有经济、怎样改革国有企业等问题，具有重要理论价值和实践指导意义。

一　准确把握国有经济的地位作用

2015年8月24日，中共中央、国务院印发了《关于深化国有企业改革的指导意见》(以下简称《指导意见》)。《指导意见》指出：国有企业属于全民所有，是推进国家现代化、保障人民共同利益的重要力量，是我们党和国家事业发展的重要物质基础和政治基础。国有经济的"两个基础"论断，明确了国有企业在中国特色社会主义现代化建设中的地位作用，回答了为什么要坚持和加强党对国有企业的领导、为什么要毫不动摇发展国有经济的问题。国有经济"两个基础"定位，赋予了国有企业的角色使命，即坚持党对国有企业的领导，坚持正确的国有企业改革发展方向，优化国有经济布局结构，做强做优做大国有企业，增强国有经济的活力、控制力、影响力、抗风险能力，发挥国有经济在中国特色社会主义现代化建设中的主导作用。

中华人民共和国成立以来，国有企业一直履行着"党和国家事业发展的物质基础和政治基础"的角色使命，在推进国家现代化、保障人民共同利益方面发挥重要作用，作出重大贡献。

改革开放以来，特别是中国社会主义市场经济形成以来，随着中国经济市场化、现代化、国际化的发展，民营经济的不断发展壮大，国有经济和民营经济在国民经济发展中形成分工。民营企业在推动经济发展、扩大社会就业、增加财税收入等方面，发挥着越来越重要的作用，国有企业在民营企业干不了、干不好、不愿干的基础性、公共性、外部性、安全性、战略性等行业和领域，发挥着越来越重要的作用。国有企业的总体使命没有变，但在角色和功能上发生了结构性变化，由原来国家现代化建设的主体力量，变为国家现代化建设的主导力量。

21世纪初期，国有企业进行改革、改制、改组和抓大放小、战略重组后，国有经济出现平稳健康发展。国有经济之所以开始平稳发展，关键在于适应市场经济和民营经济发展的变化，调整优化了国有经济布局和结构，在角色使命上作出的战略调整，集聚到关系国计民生和国家安全的基础性、安全性、公共性、外部性、战略性等行业领域。因此，进入新时代后，我们要正确认识和与时俱进更新国有企业的角色使命，根据中国社会主义经济的市场化、现代化、国际化发展需要，不断调整优化国有经济布局和结构，这是做强做优做大国有企业的基础，是发挥国有经济主导作用的关键。

习近平同志主政浙江期间，深入调查研究，深刻分析浙江发展面临的机遇和挑战，以敏锐的政治洞察力、巨大的创新勇气和坚定的历史担当精神，提出了进一步发挥"八个方面的优势"、推进"八个方面举措"的重大决策和系统部署。"八八战略"为浙江改革开放发展提出了顶层设计和系统谋划，成为具有长期指导意义的浙江发展的总纲、总方略。习近平同志立于浙江国企改革的系统谋划，拉开了浙江国企高质量发展的序幕，在全国最早系统设计、自觉主动地调整国有经济布局结构，持续、大幅度做好国有资本重组整合，将国有资源向基础设施建设、资源能源开发、公共服务供给等领域集中，较早地完成了第一轮国有经济布局的调整，迎来了浙江国有经济发展的"黄金十五年"，取得了丰硕的发展成果，走在了全国的前列。进入新时代后，浙江国有经济发展、国有企业改革如何进一步引向深入，继续走在全国前列，打造具有全球竞争力的浙江国企，是摆在我们面前的时代课题。

当前浙江省经济正处在转变发展方式、优化经济结构、转换增长动力的攻坚期，国有企业和国有经济必须在建设浙江现代化经济体系中更好地发挥主导作用，推动浙江经济发展的质量变革、效率变革和动力变革，在深化供给侧结构性改革、加快建设创新型省份、实施乡村振兴战略、实现区域协调发展、加快完善社会主义市场经济体制、形成全面开放新格局中发挥好主力军作用。

二 正确处理国有经济和民营经济的市场关系

习近平同志早在浙江工作时就指出，要正确处理国有经济和民营经济之间"相互融合、相得益彰、共同发展"的关系，两者之间应该相辅相成、相得益彰，而不是相互排斥、相互抵消。他在 2004 年考察调研浙江国有企业发展情况时曾说，浙江"民营经济的发展不仅没有陷于国有经济绝境，反而为国有经济的改革与发展创造了优越的外部条件，实现了多种所有制经济的相互融合、相得益彰、共同发展关系。这就是说蛋糕做大了，蓄水池做大了，国有企业相应地也就壮大了。这个民营企业多的地方、先发的地方，民营经济的一些市场属性对国有企业在客观上有着很大影响,起着促进观念更新的作用,制度参照的作用,市场开拓的作用,参与改制、分流的作用"。① 准确认识中国基本经济制度的科学内涵,正确认识国有经济和民营经济这种"相互融合、相得益彰、共同发展"关系,对辨明学界关于"国退民进""国进民退"的争论,对纠正一些学者关于国有经济和民营经济是"此消彼长"关系观点,② 具有重要实践认识意义,它有利于建构正确的理论,指导和深化中国国有企业改革发展。

浙江由于市场化起步较早、民营经济率先发展。在国有企业与民营企业的市场竞争过程中,较早认识到国有经济与民营经济这种"相互融合、相得益彰、共同发展"关系,并形成了浙江国有经济与民营经济"双轮驱动"和融合发展格局。改革开放初期,国有经济在总量、技术、人才方面处于绝对优势,民营经济处于萌发状态,总量规模很小,国有经济与民营经济在互动中外溢出的生产技术、人才和管理经验,孵化了民营企业。20世纪90年代开始到21世纪初,推行国有企业全面改制,民营企业承接国有企业资产,有效地将国有经济转化为民营经济。21世纪初开始,浙江国企改革发展按照"宜强则强、宜留则留、宜退则退"的思路,调整优化国有经济布局和结构,集中到基础性、战略性、公共性产业领域,发挥了供给侧结构性改革效应,国有经济转向服务重大发展战略和服务民营经济环境。

浙江国有经济发展之所以能走在全国前列,主要原因之一,就是适应经济市场化和民营经济的发展,较好较快地找到了国有经济的市场定位,形成国有经济与民营经济在市场上的互动发展。国有企业提供基础设施、能源资源、外部性服务、公共服务,为民营企业发展破解了资源能源瓶颈,为民企企业发展提供了良好的外部环境。浙江的国有企业因为服务民营经济、民生经济,而获得民营经济发展的回报,经营质量和效益明显提升,总资产、净资产、营业收入、净利润等各项指标居全国前茅。

---

① 习近平:《干在实处 走在前列——推进浙江新发展的思考与实践》,中共中央党校出版社2006年版,第85—86页。

② 谢地、张旺鉴:《谁阻碍了民营经济的成长——基于民营经济与外资经济关系、国有经济关系的观察》,《社会科学辑刊》2015年第6期。

要在新时代正确处理浙江国有经济和民营经济关系，就要发挥好两者各自优势，扬长避短，协调发展。从国有经济和国有企业的角度看，必须按习近平同志提出的"宜强则强、宜留则留、宜退则退"的原则，积极调整优化国有经济布局结构，聚焦于在基础性、公共性、战略性等行业领域，发力供给侧结构性改革，提高基础设施服务质量，保障能源资源供给，加大公共服务力度，为民营经济发展提供良好、稳定的外部市场环境；扩大国有企业大平台、大资本、大产业的正外部性效应，聚焦于战略性新兴产业发展，引领和带动民营企业科技创新创业发展。

要从战略高度推进混合所有制改革。国企混改是真正涉及产权层面的改革，对国有企业改革具有"牵一发动全身"的效果，关系到企业激励约束机制的完善，关系到企业战略投资者的选择，关系到企业运营效率的提升、企业办社会职能的剥离和国有资产管理体制的改革。因此，推进国企混改是深化新时代浙江国企改革的关键举措和重要突破口。浙江国企要在混合所有制改革中积极探索创新，迈出更大步伐，大力发展全新意义上的混合所有制经济，全面深化国有企业改革，大幅提高企业运行效率，实现资源的最优配置，提升浙江国企的可持续发展能力和竞争力。同时，通过赋予非公经济在国企改革中的控股权利，推动国企和民营等各类资本深度融合，进一步发展浙江民营经济对市场敏感和灵活性强的优势，在放大国有资本杠杆的同时，增强混合所有制企业活力，推进浙江国企实现与浙江民企的优势互补和竞争发展，为浙江经济更好地配置资源，提升经济发展整体效率和质量，发挥浙江国企的独特作用。

三 科学界定国有企业的产权属性

国有企业属于全民所有，是推进国家现代化、保障人民共同利益的重要力量，是我们党和国家事业发展的重要物质基础和政治基础。国有企业的这一性质定位，决定了国有企业除了有一般企业的市场属性外，还有因特殊使命而被赋予的政治属性。国有企业的"双重属性"要求国有企业既要体现市场性，按照市场机制配置资源，提高国有资本效率，确保国有资产保值增值；又要体现政治性，完成赋予它的角色使命，发挥国有经济的主导作用。

国有企业的"双重属性"，决定了国有企业受两种力量支配，一种是市场力量，一种是政治力量。这要求国有企业要建立与之相适应的现代企业制度和经营机制。浙江国有企业改革发展实践中，积极探索实践"国资委—国资运营机构（国有企业集团）—国企下属子公司（国企利润中心）"三个核心层级的国有资本运营管理体系，较好地解决了国有企业同时受市场力量和政治力量支配的矛盾问题。国资委主要负责"抓党建、管考核"，坚持党对国有企业的领导，通过对国企集团党委班子建设，抓住国企党委班子的"关键少数"，增强国有企业的使命感、责任感，配套有效的"双效益"考核制度，激励和约束结合，提高国资运行机构及所属国有企业的决策力、战斗力、创造力。国资运营机构（授权经营的国有企业集团）主要负责"抓决策、管资本"，发挥国有企业集团的"决策中心、资本中心、审计中心、风控中心"四个中心的作用，重点做好集团层面的经营决策、资本运营，确保国有资产保值增值。国企下属子公司是企业的经营利润中心，主要负责"抓市场、管经营"，贯彻落实集团公司的经营决策部署，完全按照市场化的经营方式，开展国企各项业务的经营活动。

浙江"国资委—国资运营机构（国有企业集团）—国企下属子公司（国企利润中心）"三个核心层级的国有资本运营管理和国有企业治理机制，促进了国有企业市场性和政治性的统一，较好地解决了国有企业市场力量和政治力量的可能相冲突的矛盾。浙江国有企业现代治理的重要特点是，它不仅仅就国资监管、现代企业制度、市场经营等某一个方面进行改革，而是将国资委、董事会、经营层三个核心层面综合起来开展系统性的改革，形成了权责分工、协作协同的国有资产管理运营监督体系。浙江这一改革经验，值得新一轮国有企业改革发展借鉴。

当然，浙江国企改革在新时期要更好地适应有着多元投资主体参股甚至非公有制经济控股的混合制新的治理和监管要求，倒逼浙江国资监管方式和监管机构自身的改革，进一步明晰监管边界，在全国率先探索出一条更好地适应国企混合所有制改革大趋势的有效机制，真正实现从"管资产与管人管事相结合""既当婆婆又当老板"到"以管资本为主"转变，在提升监管效能的同时，把混合所有制的优势发挥到最佳状态。

第二节　新时代国企改革发展的新使命

中国特色社会主义进入新时代，国有经济作为中国特色社会主义的物质基础和政治基础，要坚定国企的角色使命，坚持国企改革发展的正确道路，推进新一轮的国企改革，破解国企发展问题，更好发挥国有经济的主导作用，为全面建成小康社会和加快社会主义现代化建设作出新的贡献。

一　新时代国企改革发展的新使命

党的十九大报告描绘了中国未来发展的蓝图。在到 2020 年全面建成小康社会、实现第一个百年目标的基础上，乘势而上开启全面建设社会主义现代化国家新征程，向第二个百年奋斗目标进军。第一个阶段，从二〇二〇年到二〇三五年，在全面建成小康社会的基础上，再奋斗十五年，基本实现社会主义现代化。到那时，中国经济实力、科技实力将大幅跃升，跻身创新型国家前列；人民平等参与、平等发展权利得到充分保障，法治国家、法治政府、法治社会基本建成，各方面制度更加完善，国家治理体系和治理能力现代化基本实现；社会文明程度达到新的高度，国家文化软实力显著增强，中华文化影响更加广泛深入；人民生活更为宽裕，中等收入群体比例明显提高，城乡区域发展差距和居民生活水平差距显著缩小，基本公共服务均等化基本实现，全体人民共同富裕迈出坚实步伐；现代社会治理格局基本形成，社会充满活力又和谐有序；生态环境根本好转，美丽中国目标基本实现。第二个阶段，从二〇三五年到本世纪中叶，在基本实现现代化的基础上，再奋斗十五年，把中国建成富强民主文明和谐美丽的社会主义现代化强国。到那时，中国物质文明、政治文明、精神文明、社会文明、生态文明将全面提升，实现国家治理体系和治理能力现代化，成为综合国力和国际影响力领先的国家，全体人民共同富裕基本实现，中国人民将享有更加幸福安康的生活，中华民族将以更加昂扬的姿态屹立于世界民族之林。

改革开放以来，国企改革经过扩权让利、承包经营、建立现代企业制度、建立现代国资监管体系等阶段的不断探索，基本建成有效的国资运行监督管理体系，在推进混合改革和国资证券化方面迈出重要步伐，做强做优做大一批国有企业集团，在基础性领域、战略性领域、公共性领域、国家安全领域等发展领域发挥了主导作用，体现了国企历史责任担当，为中国经济社会健康持续发展作出巨大贡献。

随着中国全方位高水平的开放和深层次改革的全面展开，今后一段时期，中国经济格局将发生巨大变化。从国家战略看，国有经济国民经济压舱石的作用不会削弱，只能增强。但在未来国际国内两个市场高度融合的新背景下，中国国有企业面临跨国企业的同台竞争。因此，中国国企必须居安思危，未雨绸缪，以预判未来的前瞻思维，布局国民经济发展的最前沿和新兴领域；引领新能源、新交通、先进制造业等重点领域的产业技术革命；在"一带一路"等重大国家倡议和战略以及供给侧结构性改革、促进"军民融合"、混合所有制改革等布局中发挥主导作用。围绕解放和发展生产力，坚持质量第一、效益优先，以供给侧结构性改革为主线，推动经济发展质量变革、效率变革、动力变革，提高全要素生产率，加快建设实体经济、科技创新、现代金融、人力资源协同发展的产业体系，构建市场机制有效、微观主体有活力、宏观调控有度的经济体制，不断增强我国经济创新力和竞争力，为夺取新时代中国特色社会主义伟大胜利、实现中华民族伟大复兴的"中国梦"发挥更大的主导作用，作出应有的贡献。

二 新时代国企改革发展的新任务

新时代新使命新任务，国有企业要以习近平新时代中国特色社会主义思想为引领，坚持"五位一体"总体布局和"四个全面"战略布局，深入践行新发展理念，贯彻落实中共中央、国务院《关于深化国有企业改革的指导意见》，在供给侧结构性改革、创新型国家建设、乡村振兴发展、区域协调发展、全面开放发展、改善和保障民生、国家经济安全等方面发力，着力解决人民日益增长的美好生活需要和不平衡不充分的发展之间的矛盾，聚力提高国家综合实力和抵御各种风险方面，实现更大作为，作出更大贡献。

第一，在供给侧结构性改革方面，将着力点放在实体经济上，把提高供给体系质量作为国企主攻方向，增强中国经济质量优势。进一步调整和优化国有经济布局和结构，优化存量资源配置，扩大优质增量供给。要发挥国企的大资本优势，加强水利、铁路、公路、水运、航空、管道、电网、信息、物流等基础设施网络建设，提供优质价稳安全的基础设施网络服务。要发挥国企的科技人才优势，大力发展高新低碳绿色先进制造业，发挥产业链作用，带动民营经济发展，促进传统产业转型升级，促进产业迈向全球价值链中高端，培育世界级先进制造业集群。要发挥国企的大平台网络优势，推动互联网、大数据、人工智能和实体经济深度融合，积极承担现代服务业供应商，培育中高端消费、创新引领、绿色低碳、共享经济、现代供应链、人力资本服务等领域培育新增长点、形成新动能，发挥现代服务业反向引导先进制造业发展的作用。

第二，在创新型国家建设方面，要坚持创新驱动发展战略，发挥国家体制机制和规模经济优势，聚力科技创新和成果转化，引领带动产业全面创新。要发挥国有企业养才蓄才用才的大环境作用，倡导创新文化，强化知识产权创造、保护、运用，培养造就一批具有国际水平的战略科技人才、科技领军人才、青年科技人才和高水平创新团队。要瞄准世界科技前沿，强化基础研究，实现前瞻性基础研究、引领性原创成果重大突破。加强应用基础研究，拓展实施国家重大科技项目，突出关键共性技术、前沿引领技术、现代工程技术、颠覆性技术创新，为建设科技强国、质量强国、航天强国、网络强国、交通强国、数字中国、智慧社会提供有力支撑。深化科技体制改革，建立以企业为主体、市场为导向、产学研深度融合的技术创新体系，推进科技创新体系建设，强化战略科技力量。发挥国企创新大平台、产业大网络的作用，扩大创新外溢效应，带动民营企业科技创新和产业发展。

第三，在乡村振兴发展方面，要坚持农业农村优先发展战略，推进农村产权合作和产业融合，促进农村产业向大农业、大旅游、大文化、大健康方向发展。要发挥国有经济公有制的体制优势，以产业大平台建设为切入点，以市场化契约方式，推进与农村及农户的产权合作，大力发展混合型经济，促进农村产业融合发展，提高农村经济发展效益。要发展国企的网络平台作用，带动农村经济平台化、专业化、市场化、社会化发展，构建形成农村现代农业产业体系、生产体系、经营体系、服务体系。促进农民创新创业。

第四，在区域协调发展方面，要发挥国有企业全国布局的优势，积极参与京津冀一体化、长江经济带、粤港澳大湾区建设，大力支持革命老区、民族地区、边疆地区、贫困地区加快发展，参与中西部经济发展和东北老工业基地振兴。要推进资源能源基地建设，促进资源能源富裕地区与市场消费地区形成供需市场。要布局面向全国的商贸物流平台，形成东南西北中各地信息流、商贸流、资金流。要坚持陆海统筹，加快建设海洋强国。

第五，在全面开放发展方面，要积极融入"一带一路"建设，形成陆海内外联动、东西双向互济的开放格局。要加强大港口、大通道建设，积极打通"一带一路"对外开放大通道。坚持引进来和走出去并重，拓展对外经贸合作，培育贸易新业态新模式。积极参与自有贸易区建设，探索建设自由贸易港。创新对外投资方式，促进国际产能合作，形成面向全球的贸易、投融资、生产、服务网络，加快培育国际经济合作和竞争新优势。

第三节　实现浙江国企改革发展新跨越

党的十九大提出建设现代化经济体系目标，包括建设多种生产要素协同发展的产业体系、加快完善社会主义市场经济体制，推动全面开放新格局，努力实现更高质量、更有效率、更加公平、更可持续的发展。浙江省委十四届二次全会通过了《高举新时代中国特色社会主义思想伟大旗帜　奋力推进"两个高水平"建设的决定》，提出了高水平全面建成小康社会、高水平全面建设社会主义现代化的"两个高水平"建设奋斗目标和总体部署，"秉持浙江精神、干在实处、走在前列、勇立潮头"。2018年9月11日，袁家军省长在省政府专题研究国资国企改革工作会议上强调，国资国企改革是一项事关全局、事关长远的重大改革。要全面落实习近平总书记关于国资国企改革的重要指示精神，聚焦落实省委、省政府重大战略任务和重大决策部署，坚定不移做强做优做大国有经济，加快培育充满活力、体现浙江竞争力的世界一流企业，为"两个高水平"建设贡献更大力量。与"两个高水平"建设相适宜的，是浙江将加快形成质量高、效率优、创新强、体制活、协调性好的具有鲜明浙江特点的现代化经济体系。浙江国有经济要站在这个新的历史方位上，统筹谋划、合理推进改革发展大计。

一　把握浙江新一轮国企改革发展的历史性机遇

未来十年是浙江国有经济加快结构调整、加快转型升级、加快做大做强做优、加快改革创新的战略机遇期。浙江国有企业应贯彻落实中共中央、国务院《关于深化国有企业改革的指导意见》和浙江省委、省政府《关于进一步深化国有企业改革的意见》，增强道路自信、理论自信、制度自信和文化自信，牢牢把握浙江国企发展历史机遇，更好发挥浙江国有经济主导作用，与其他多种所有制经济互相促进，共同发展，为浙江"两个高水平"建设作出更大贡献。

（一）抓住以供给侧结构性改革为主线加快经济转型升级的机遇

今后一个时期，浙江将把实体经济作为发展经济的着力点，把提高供给体系质量作为主攻方向，推进腾笼换鸟、凤凰涅槃，着力提升经济发展质量。制定实施加快培育发展新动能行动计划，超前谋划布局一批重量级未来产业，大力发展集成电路、软件等解决"缺芯少魂"问题的产业，打造数据强省、云上浙江，力争在互联网、物联网、大数据、人工智能等领域成为领跑者。推进先进制造业与现代服务业双轮驱动、融合发展，做大做强信息、环保、健康、旅游、时尚、金融、高端装备制造、文化等八大万亿产业，全面推进"中国制造2025"国家试点示范城市建设。加快实施全面改造提升传统制造业行动计划，大力推进以企业上市和并购重组为核心的"凤凰行动"，滚动实施小微企业三年成长计划，再创浙江制造新优势。联动推进标准强省、质量强省、品牌强省建设，打造"品字标浙江制造"

品牌。深入推进产业平台整合提升，着力建成若干"万亩千亿"级新产业平台。全力推进"1210交通强省行动"，培育综合交通产业，加快建成省域1小时交通圈，推进"四大交通走廊"建设，提速实施"百项千亿防洪排涝工程"，完善能源、信息、物流等现代化基础设施网络。坚持"三去一降一补"，坚决打破拖累转型升级的"坛坛罐罐"，淘汰落后产能。浙江加快转型升级的重大举措，既是国有企业应该承担的时代重任，也是加快国企转型升级、做强做优做大的重大机遇。

（二）抓住以超常规力度建设创新型省份的机遇

今后一个时期，浙江将抓住科技创新"牛鼻子"，聚焦产业创新主战场，强化现代化经济体系战略支撑。下大力气谋划实施一批重大科技项目，加快引进和建设一批国内顶尖、世界一流的大院名所和重大科学装置，全力推动之江实验室创建国家级实验室，实现前瞻性基础研究、引领性原创成果重大突破。积极推动国家信息经济示范区建设，深入实施"互联网＋"行动和大数据战略，培育发展信息经济新业态新模式。大力建设杭州城西科创大走廊、国家自主创新示范区、沪嘉杭金科创走廊等科创大平台，高水平打造国家科技成果转移转化示范区。大力发展科技金融，完善科技服务体系，加快建成一批产业创新服务综合体、制造业创新中心，强化知识产权创造、保护、运用，加快打造"产学研用金、才政介美云"十联动的创业创新生态系统。培养造就一批具有国际水平的战略科技人才、科技领军人才、青年科技人才和高水平创新团队。推进军民深度融合发展，加强军民融合产业集聚发展和军民两用技术协同创新，建设军民融合创新示范区。创新省份建设浙江国有经济、国有企业是主阵地、主力军，抓住这个战略机遇，就可以趁势而上，全面提升浙江国企创新能力，培植浙江国企的新技术、新业态、新模式、新动能。

（三）抓住全面实施乡村振兴战略高水平推进农业农村现代化行动计划的机遇

浙江省委、省政府已经正式印发实施贯彻落实乡村振兴战略、加快农业农村现代化建设行动计划。根据这个行动计划，浙江在未来五年将坚持农业农村优先发展，加快健全城乡融合发展体制机制和政策体系，推进"三农"全面转型发展。深化农业供给侧结构性改革，持续推进农业"两区"建设，完善现代农业产业体系、生产体系、经营体系，加快发展高效生态现代农业，促进农村第一、二、三产业融合发展，积极运用"互联网+"方式提升农业、发展农村、富裕农民。切实保障粮食安全，推进浙江渔场修复振兴，发展远洋渔业，推动畜牧业转型升级。深化农村土地制度和集体产权制度改革，推动农业社会化服务升级和农民合作经济壮大。深化美丽乡村建设，开展农村土地全域整理，加强农田水利和农村饮水等基础设施建设，推进万村景区化，加强古村落保护利用。加强农村基层基础工作，健全乡村治理体系，全面消除集体经济薄弱村。深度参与乡村振兴战略，是国有企业义不容辞的责任，也为国企发展找到了新的领域。国有企业可以利用自身在资金、技术、人才、信息和供应链等方面优势，深度介入乡村产业振兴，帮助乡村培育三产融合、产融结合的现代乡村产业体系。

（四）抓住谋划实施大湾区大花园大通道大都市区建设的机遇

浙江正在大力推进大湾区大花园大通道大都市区建设"四大"建设和中国（浙江）自贸试验区建设。正在制定实施大湾区大花园大通道建设行动计划，以杭州湾经济区为核心，联动推进甬台温临港产业带建设，加快打造一批世界级先进制造业集群；以浙西南生态旅游带为重点，推进生态功能区保护发展，把省域建成大花园；构建以义甬舟为主轴的开放通道、支撑大湾区创新发展的湾区通道、引领大花园建设的美丽通道，促进省域联动发展。大力加强杭州、宁波、温州、金义四大都市区建设，促进大中小城市和小城镇协调发展。实施"5211海洋强省行动"，深化海洋经济发展示范区和舟山群岛新区建设，打造以宁波舟山港为龙头的世界级港口集群。着力打造山海协作工程升级版。以重大合作项目为载体主动接轨上海、促进长三角率先发展一体化，积极参与长江经济带建设。这是国有经济发挥主导和引领作用的大舞台，国有企业可以抓住机遇，主动谋划一批具有全局性、战略性、带动性的大项目、好项目，当好"四大"建设排头兵。

（五）抓住以"最多跑一次"改革撬动各领域改革机遇

"最多跑一次"是浙江推动简政放权、规范行政权力行使，推动经济社会体制全面深化改革关键一招。"最多跑一次"改革已经形成了基于"互联网+政务服务"的整体性政府改革模式,取得了明显成效。下一步浙江将深化"最多跑一次"改革,更好地打破信息孤岛、推进数据共享,加快建设企业投资项目在线审批监管平台2.0版,从制度保障和技术执行上巩固改革成果,着力构建权界清晰、分工合理、权责一致、运转高效、法治保障的政府职责体系和组织体系。推进国有经济优化整合,推动国有资本做强做优做大,发展混合所有制经济,培育更具活力、更有效益的优秀企业。完善产权保护制度,激发民间投资活力,推动民营经济新飞跃。深化商事制度改革、要素市场化配置改革,完善促进消费体制机制,加快建立现代财政制度,深化投融资体制改革,深化社会诚信体系建设。抓好各类国家金融改革试点,推进钱塘江金融港湾建设,加快建设新兴金融中心。全面实施标准化战略,推进国家标准化综合改革试点。这一系列重大改革举措,将不断显现其强大的改革效应,再造浙江发展的体制机制优势。也为浙江国有经济进一步助力松绑,推进国企高质量高水平发展。

(六) 抓住以"一带一路"建设为统领构建全面开放新格局的机遇

浙江正在制定实施打造"一带一路"枢纽行动计划,加快建设国际现代物流枢纽、国际科创产业合作高地、国际贸易创新发展高地、国际新金融服务中心和国际人文交流中心。推动杭州国家临空经济示范区建设,创建宁波"一带一路"建设综合试验区,创新"义新欧"班列运行机制,建设"一带一路"捷克站。加快推进中国(浙江)自由贸易试验区和舟山江海联运服务中心建设,打造以油品为核心的世界级大宗商品储备加工交易中心,积极争取建设自由贸易港。推进新型贸易中心建设,培育贸易新业态新模式,高标准建设电子世界贸易平台,巩固扩大全球市场份额,积极扩大进口。以浙商回归为牵引,统筹利用外资、国资、民资,突出招引大项目好项目,建设好国际产业合作园。创新对外投资方式,推进境外经贸合作区建设,加强创新能力开放合作,大力培育本土跨国公司。继续办好中国—中东欧国家投资贸易博览会、世界油商大会、亚运会等重大国际交流合作活动。这是浙江国企加快走出去、引进来，在与全球优秀企业同台竞争中发展壮大自己，造就世界一流企业的崭新时代机遇。

二 接轨重大发展战略培育一流国有企业

面对未来，浙江国有企业将按照省第十四次党代会报告强调的"坚定不移把国有企业做强做优做大，积极发展混合所有制经济"的要求，贯彻落实2018年9月11日袁家军省长在省政府专题研究国资国企改革工作会上的讲话精神：牢固树立"四个强省"工作导向，紧紧围绕打赢三大攻坚战和实施富民强省十大行动计划，着力发挥国资国企对全省重大战略的支撑作用，争当高质量发展排头兵。发挥《浙江省省属企业改革发展"十三五"规划》的引导作用，积极构建竞争力强、带动力强、创新力强的省属国有经济，打造一批产业优、业绩优、制度优的省属企业集团，加快形成运营好、管控好、服务好的国资管理体制，省属国有经济的活力、影响力和抗风险能力明显增强。

（一）明晰产业发展导向，优化国有经济布局

一是做强做大基础保障产业。要充分发挥国企功能性主体作用，加快资源掌控和网络建设，完善优化基础性产业投融资体制，逐步构筑形成结构完整、布局全面、辐射纵深的产业体系，提升国企在浙江省经济转型发展中的基础保障作用，重点发展大交通、大能源、大港口及其他保障性产业。

能源：积极参与电力、油气市场竞争，加快调整电源结构，加大核电参股比例，大幅度提升清洁能源装机占总装机比重，实施好天然气管网"县县通"工程，加快推进风力发电、太阳能、固态氧化燃料电池、海洋能、生物质能等新型能源，充电桩、智慧电网、分布式能源综合供应站（网）、能源产业城、能源环境治理等能源新业态、新技术的培育发展。

交通：整合省属交通企业，组建省级交通投融资平台，加大全省交通基础设施投资建设力度，构建浙江更加四通八达的现代化立体交通网络，加大高铁、高速公路建设速度，基本形成功能明确、布局合理、安全高效的综合交通运输体系，为浙江省有效融入"一带一路"

等国家倡议战略和经济社会发展提供可靠的运力支撑。加快发展通用航空产业，在整合现有航空资源基础上，深入推进通用航空综合试点省建设，着力构建国内一流的通用机场体系。

海港：加快打造全省海洋港口投融资主平台、全球一流港口运营集团、全球重要航运综合服务提供商，建设全球一流现代化枢纽港、全球一流航运服务基地、全球一流大宗商品储运交易加工基地。加快推进省域港口有效整合、管理运行有机一体，加强国内外战略合作，拓展国内外港口业务，培育做强港航物流服务、航运金融保险服务、航运经纪服务、大宗商品交易服务等业务。

保障性产业：粮食产业实现功能完备的产业链布局和"产区—销区""国内—国际"经营区域布局，增强放心粮油供应能力。农产品产业完成全省农产品流通骨干网络布局，建成华东地区规模最大的农产品流通体系、全国有重要影响的农产品价格中心，建成农产品生产加工示范基地和农业科技创新基地，打造具有较强竞争力的大型农粮食品龙头企业。开展盐业生态二次开发，加快产品结构调整，突出海盐战略，切实保障盐产品稳定供应、安全供应。

二是做精做优传统优势产业。要进一步增强传统优势产业竞争力，推动制造业与服务业、信息化与工业化的深度融合，强化产品创新和模式创新，着力培育平台性集成性竞争优势，提升国企在浙江省经济转型发展中的服务带动作用，重点发展商贸流通、制造、旅游、建筑、安防等产业。

商贸流通：依托互联网、大数据、云平台等先进技术，推进流通4.0"平台化、集成化、金融化、智能化、国际化"落地实施。充分利用供应链金融以及其他金融创新手段，以贸易、实业、金融互融互促，进一步增强对资源、渠道、信息、物流、资金等全产业链掌控能力，提升商品贸易、仓储物流、供应链金融、信息服务等供应链集成服务能力。

旅游：大力发展"旅游+"产业，强化旅游业与医疗养生、健康保健、文创艺术、生态农业、工业、节能环保等产业的融合发展，打造旅游龙头企业。组建旅游产业投融资平台，吸引带动社会资本参与浙江省重大旅游项目投资和旅游业态创新。

制造：加大制造产业融合化、服务化与智能化发展，推动企业从生产型制造向服务型制造转变，逐步发展成为提供产品、服务、支持和知识的集合体。做强做大氟化工和石化新材料产业，积极发展装备制造业，加快开发低风速、大容量、智能化风力发电机组及海上风电机组，转型发展钢铁产业，推进产品高端化、差异化、特色化，全面提高产品技术、工艺装备和能效环保水平。

建筑工程：以提升项目管控水平、项目承接品质及培育工程总承包能力为重点，加快开拓两外市场，提升全产业链布局，以基础设施建设、新型城镇化、环保设施、绿色节能建筑、建筑工业为重点，建立"投资—设计—采购—施工—运营"总承包模式，实现建筑施工向投资施工多元化转型。

安防：积极参与社会治安防控体系建设，开发安全评估、随身护卫、大型活动安保、电子监控、报警运营、智能化安防等新型业务，积极拓展国内国际市场。

三是培育发展战略性新兴产业。利用浙江省打造八大万亿级产业重大契机，依托国企产业基础，积极拓展产业新领域，努力使战略性、先导性产业加快成长为国企长期可持续发展的有效支撑。重点发展金融、信息、医疗健康、节能环保、科技服务等前瞻性新兴产业。

金融：加大金融资源整合力度，打造省属金融控股集团。围绕证券、期货、保险、信托、产业基金、财务公司、股份制银行、产权交易和租赁典当等金融业务，着力提升资产规模和客户总数，依托产业链和价值链，加快业务转型，大力提升金融产业服务实体产业的能力和水平，实现"产融互动""产融结合"。

信息：利用浙江省信息经济发展先行区的优势，加大信息技术研发和应用，整合线上线下资源，积极拓展物联网、云计算、大数据分析、智慧高速平台等产业领域，组建省级政府数据管理公司，开展数据商业化运营服务。

医疗健康：组建省属医疗健康集团，聚焦医疗服务、生物制药、医疗器械、健康服务等领域，致力于大健康全产业链和全价值链的投资和管理，持续构建线上线下联动的医疗服务和供应链体系，加强与境内外医药巨头在研发、制造和健康服务方面的合作，推动医疗和医药、旅游、养老养生、保健、保险、金融等产业相融合，实现专业发展、融合发展。

节能环保：依托省属企业规模优势和渠道优势，打造从投资、设计、制造、施工到运营维护的节能环保全产业链布局。加强脱硝催化剂再生技术、废弃处置，污泥、垃圾发电，噪声治理，水处理技术等应用研究，拓展提升大气治理、静脉园区、固废处理、污水处理、环境监测等业务，强化自主核心技术研发，发展环保设备制造业，抢占固废综合利用基地建设市场份额，培育国内一流的综合环境服务商。

科技服务：整合国企科技资源，培育科研实力强、市场化程度高、综合绩效好的科技服务集团，为全省经济转型升级提供支持服务。鼓励企业加大资源整合和并购重组力度，重点发展研究开发、技术转移、勘探设计、创业孵化、检验检测认证、科技咨询等领域，提升科技企业专业化发展水平。

（二）实施重大战略举措，增强国企核心竞争力

聚焦国家现代经济体系建设，聚焦浙江"四大"建设和八大万亿产业，瞄准重大科技创新和产业革命，实施浙江国企一系列重大举措，使浙江国企整体核心竞争力取得重大突破和显著提升。

一是实施创新示范工程。完善创新制度体系。梳理确立企业创新发展目标体系，制定企业创新规划和创新管理办法，完善企业创新体制机制，完善企业为主的科技创新投入机制，鼓励企业建立健全创新投入预算保障制度，确保研发投入预算刚性约束。鼓励有条件的企业设立双创基金，探索利用风险投资基金、保险基金、私募股权基金和知识产权资本化等方式，筹集创新资金。支持企业探索建立科技成果、知识产权归属和利益分享机制，促进技术创新成果转化。

实施企业创新平台倍增计划。通过引进外部科技资源、整合自身资源设立、参与科研院所重组改制等方式，力争到2020年省属企业各类创新平台数量翻一番。强化与高校、咨询机构等战略合作，鼓励企业内部有条件的子企业创建技术中心（实验室），从事应用性项目研究开发。鼓励有条件的企业与国内国际高新技术企业和跨国公司研发中心开展合作，积极获取国内外高新技术，强化国内外创新资源链接整合。强化龙头企业强强联合、省属企业抱团创新，加快建立产业

集群创新联盟。

实施"互联网+"行动计划。顺应全球化、互联网和新技术发展趋势,积极开展商业模式创新,促进互联网和实体经济融合发展。以市场为核心、以用户需求为导向,推进供应链、物流链、资金链重构和创新,提升价值创造能力。依托线下产业优势,完善现有电商平台,推进大宗商品电商平台、企业众创众筹平台、数据信息平台等互联网平台建设,实现制造与服务、科技与市场、产业与资本、线上与线下融合发展。

二是实施整体上市工程。大力推进企业上市。推动存量资产股份制改革,积极推进集团整体上市或分板块上市。鼓励有条件的企业集团将全部资产业务注入上市公司,实现整体上市。鼓励企业根据主业发展情况和结构调整要求,实行板块重组整合,加快理顺产权关系、解决历史遗留问题、规范内部管理,加大对集团资产的系统梳理,对不具备上市条件的资产进行统筹处置和资源整合。利用多层次资本市场,推进省属企业分层次实现上市。利用境外资本市场尤其是香港资本市场优势,推进企业资产赴境外上市。鼓励有条件的企业加大对目标上市公司的股权投资和并购重组,积极获取新增上市平台。加强对经营情况不理想、流通市值不高的上市壳资源的持续跟踪和调查研究,适时启动收购程序。

强化上市公司管理。依托上市公司平台,优化公司股权结构和公司治理结构,促进企业转换经营机制,放大国有资本功能,提高国有资本配置和运行效率。发挥上市公司再融资功能,进一步优化债务结构,降低资本成本。有效利用资本市场,加大资本运作力度,盘活国有存量资产。着力打造上市公司整体运作品牌,提升企业经营理念和运作水平。

三是实施资源重组工程。创新发展一批项目。鼓励企业加大对符合国家和浙江省发展战略的战略性、关键性领域的投资力度,加快发展战略性新兴产业,积极培育新的经济增长点。积极参与钱塘江金融港湾、特色小镇、舟山江海联运服务中心和义甬舟开放通道等重大战略平台建设;着力规划实施一批以能源、公路、铁路、机场、港口等为重点的重大基础项目,着力推进实施一批转型升级和提升优化项目，着力培育实施一批信息化、智能化、高端化的战略性、先导性产业项目。筹建浙江省铁路、高速公路、机场、海洋经济等基础设施建设发展基金，推进具有产业优势的企业探索发起或联合发起设立产业投资基金、并购基金、引导基金，重点投向全省基础产业、特色产业、优势产业和战略性产业，带动社会资本投入全省经济重大领域项目建设。

重组整合一批企业。加大省、市、县三级经营性国有资产联合重组力度，重点围绕高速公路、港口、航空等基础设施建设领域，推动纵向整合与横向联动。加大省属企业间资源整合重组力度，重点围绕金融、交通、海运、旅游、医疗、职业教育、民爆等产业板块，鼓励行业龙头企业整合其他企业集团中产业相近、技术相关的业务板块。加大省属企业内部资源整合重组力度，推动重点骨干企业按照业务模块加快内部重组，成为系统总集成商和工程总承包商，提升行业影响力和专业化协作水平。加大省级经营性国有资产重组整合力度，积极推动符合国家和全省产业改革发展方向、有利于形成产业协同效应的省属经营性国有资产，整合重组至现有省属企业。

清理退出一批企业或业务。加大供给侧结构性改革力度，加快退出非主业、劣势产业，加快淘汰落后产能和化解过剩产能。适度降低房地产、传统商贸流通、低端制造等产业的国资比重。加大"僵尸企业"处置力度，鼓励企业通过兼并重组、债务重组及破产清算实现市场出清，实现国有资本形态转换。

四是实施平台打造工程。做强做优国有资本运营公司。通过理顺省国资运营公司管理体制，明确省国资运营公司作为省属国有资本运营平台，原则上持有竞争类省属企业国有股权，接收功能类企业、拟上市公司剥离资产和其他部门脱钩企业资产，统一运作管理整体上市或股权多元化企业的国有股权，提升其资本实力和投融资能力，支持和推动省国资运营公司通过资本运作收益、市场化融资、产业基金等途径，打造千亿级投融资平台。打造实力强大的省级国有资本运营平台。

探索改组国有资本投资公司。在若干主业优势明显、治理结构完善、管控模式健全的功能类企业，开展国有资本投资公司改组试点。构建市场化的产业投资和运营体系，通过投融资、产业培育、资源整合、股权管理，实现产业培育、价值管理和有序进退，优化国有资本布局结构，服务浙江省重大基础设施建设、战略性新兴产业发展等重大战略领域。

（三）加快走出去步伐，提升浙江国企全球资源配置能力

创新浙江国企"走出去"发展方式。统筹投资、贸易、品牌、工程承包、劳务输出等多种途径，加快产业链价值链全球布局，逐步形成以跨国经营为主推进国际优势产能和业务合作的新模式。鼓励有条件的企业围绕高新技术、重大资源、知名品牌和营销网络，积极开展跨地区、跨所有制、跨国（境）兼并收购，提高企业全球资源配置能力。努力建设一批大宗商品生产基地，建立一批境外研发设计中心，打造一批海外知名品牌，构建一批本土营销网络，培育一批国际化经营人才。

搭建"走出去"合作平台。鼓励有条件的省属企业抓住"一带一路"倡议实施和自贸区建设等机遇，面向国际国内两个市场优化配置资源，积极开展跨区域经营与竞争合作，从区域性企业逐步发展成为全国性、国际化企业。鼓励省属企业加强与世界500强企业、跨国公司、国际行业龙头企业的对接合作，推动构建优势产业合作平台、商产融结合平台和跨国并购重组平台，推动企业联合出海、抱团发展，打造省属企业走出去集群竞争力。

完善国际化运营管理机制。引导省属企业树立全球化视野和国际化思维，加强对国际化营运的法律与市场环境、投融资、治理管控、人才激励约束等方面的学习研究，加快推进跨国经营业务"本地化、区域化、规模化"建设，着力提高国际化营运能力和风险防范能力。强化对重大境外投资项目的管控监督，建立健全境外风险防控机制、经营考核机制、安全生产责任制，进一步提升国际化经营能力。

三　深化体制机制改革再造国企发展新优势

改革是浙江国有企业发展的生命线。浙江国有企业改革发展40年，特别是实施"八八战略"以来的实践证明，只有坚持和加强党的领导，深化国有企业改革，才能破除企业发展中的阻碍，不断创造浙江国有企业发展新优势。2016年10月召开的全国国有企业党的建

设工作会议和2017年6月召开的浙江全省国有企业党的建设工作会议，为浙江国有企业深化体制机制改革，再造国有企业发展新优势，指明了改革发展方向，提供了强大的精神动力。2018年9月11日，浙江省政府召开专题研究国资国企改革工作会议，袁家军省长指出：要聚焦聚力高质量、竞争力、现代化，加快构建指标体系、工作体系、政策体系、评价体系，大力实施国资统一监管、国企改革转型、布局优化整合、公司治理完善、监管职能转变、国企党建强化等"六大攻坚"；要把深化改革与有效管控结合起来，建立省市县统一监管体系，完善部门协调机制，强化国企内控制度，做到分类监管；要深化"放管服"改革，"管"要管得好，"放"要放到位，探索健全容错纠错、激励奖励等机制，进一步激发国有企业创新发展活力。

面对新时代国有企业发展的新使命、新任务、新形势，浙江国有企业应贯彻落实中共中央办公厅《关于在深化国有企业改革中坚持党的领导加强党的建设的若干意见》的文件精神，贯彻落实袁家军省长2018年9月11日在省政府召开专题研究国资国企改革工作会议上的讲话精神，按照浙江省深化国有企业改革领导小组办公室和浙江省国资委出台的《加快推进省属企业深化改革重要工作安排》和《省属企业"一企一策"深化改革方案》的改革要求，加快深化国有企业分类改革，优化国有资本布局结构，坚定不移做强做优做大国有资本，积极发展混合所有制经济，培育具有核心竞争力的一流企业。

（一）加强党对国有企业的领导，强化企业发展的政治保障

按照浙江省委组织、省国资委党委印发的《浙江省国有企业党建工作责任制实施办法》，坚持从严治党、思想建党、制度治党，在企业改革发展中推进党的建设同步谋划、党的组织及工作机构同步设置、党组织负责人及党务工作人员同步配备、党的工作同步开展，实现体制对接、机制对接、制度对接和工作对接。坚持和完善双向进入、交叉任职的领导体制，健全完善和严格执行"三重一大"决策制度。严格落实党建工作责任制和党委意识形态工作责任制，深入开展"四强四优"基层党组织建设，进一步完善以"一张清单、双层述职、三项评价"为重点的企业党建工作考核评价体系，创建一批富有省属企业特色、具有借鉴推广价值的党建品牌。坚持"五个不变"

原则，积极推进混合所有制企业党建工作。扎实推进"廉洁国企"建设，落实企业党委主体责任和纪委监督责任，加强党性教育、法治教育、警示教育，加大监督执纪问责力度，坚持不懈纠治"四风"，严肃查处违纪违法案件。完善反腐倡廉制度体系，巩固深化正风反腐成果，构建企业领导人员不敢腐、不能腐、不想腐的有效机制，为省属企业改革发展营造良好政治生态。

(二) 加快发展混合所有制经济，更好实现国企民企共生共荣

加快推进公司制股份制改造，根据不同企业功能定位，逐步调整国有股权比例。功能类企业，保持国有独资或国有资本控股，根据企业实际支持非国有资本参股；竞争类企业，国有资本可保持绝对控股、相对控股或者参股。着力推进企业整体资产或核心业务资产上市，提高资产证券化水平。鼓励国有资本以多种方式入股发展潜力大、成长性强的非国有企业。探索混合所有制企业员工持股，优先支持人才资本和技术要素贡献占比较高的转制科研院所、高新技术企业、科技服务型企业开展员工持股试点。依法保护各类出资人产权，切实做到依法依规、权责对等。

(三) 进一步完善现代企业制度，优化企业内部治理

建立健全企业决策机制、执行机制、监督机制和风险管理机制，全面推进企业公司治理体系和治理能力现代化。进一步健全法人治理结构，完善权责对等、运转协调、有效制衡的决策执行监督机制，充分发挥董事会科学决策作用、监事会有效监督作用、经理层高效执行作用、党组织政治核心作用，为企业健康持续发展提供制度保障。加强董事会建设，进一步落实董事会依法行使重大决策、选人用人、薪酬分配等权利。加强董事会内部制衡约束，更好发挥专业委员会作用。强化对董事的考核评价和管理，增强董事履职意识和责任意识。加强外部董事制度建设，拓宽外部董事来源渠道，建立充实外部董事人选库，逐步推进外部董事制度试点。做实监事会工作，落实《省属企业监事会工作指引》，进一步发挥监事会事前、事中、事后全过程监督作用，增强监事会的独立性和权威性。完善党组织参与公司治理制度规则，实现党组织与公司治理有机统一。出台《关于推进省属企业职业经理人制度建设的试行意见》，拓宽职业经理人制度覆盖面，

完善职业经理人选聘、考核、退出机制。完善集团管控模式，推进企业内部资源集成化管理，强化集团总部战略引领和管控能力。进一步转换企业经营机制，加快形成内控制度健全、激励约束有效、业务流程科学、市场反应灵敏的经营管理模式。全面推进依法治企建设，打造对外依法经营、对内依法治理的法治社会模范企业。

（四）优化国资监管体制，提升国资监管效能

加快以管资本为主推进国资监管机构职能转变，按照市场经济规则和现代企业制度要求，科学界定国有资产出资人监管边界。落实各级出资人职责，将依法由企业自主决策的事项归位于企业，将延伸到子企业的管理事项原则上归位于一级企业，将配合承担的公共管理职能归位于相关政府部门和单位。管好资本布局，重点管好国资进退，加大体现国资功能领域的投入。规范资本运作，打造国有资本市场化运作专业平台，盘活存量、优化配置、加强管理。提高资本回报，大力推进提质增效，提高企业核心竞争力。维护资本安全，强化出资人主动管控风险机制，健全经济运行监测、风险评估预警、事中事后监管体系。推动省级经营性国有资产集中统一监管，基本实现经营性国有资产监管全覆盖。

系统梳理国资监管机构职责，调整省国资委内部组织设置和职能配置，调整、精简、优化国资监管事项，建立监管权力清单和责任清单。按照规范的公司治理规则行使股东权利，建立国资监管制度、公司章程、企业内部管理制度有机衔接的制度体系。强化重大财务事项监督，探索开展省属企业总会计师由省政府直接委派试点。建立省国资委稽查办公室，强化企业经营投资资产损失责任追究，健全相配套的财务审计、信息披露、延期支付、追索扣回等制度，对企业非正常经营损失一律追究相关责任。加强监事会监督检查成果运用，建立健全检查发现问题分类处置、线索移交和整改落实机制。进一步整合监督资源，增强监督合力，建立出资人监督和审计、企业内部监督、审计纪检监察、巡视等监督工作会商机制。优化完善国资监管数据平台，实现信息互通和在线协同。

强化全面风险管控。加强企业对宏观环境、产业趋势、竞争伙伴、重大风险等重大问题的基础研究，推进研究机制常态化、持续

化,为企业重大决策提供有效支撑。切实防范经营风险,健全全面风险管理体系,加强重点领域风险防控。严格规范决策程序,落实"三重一大"决策制度,落实重大决策向出资人报告制度。做好负债规模和负债率双重管控,防止盲目扩张、贪大求全。强化投资项目风险管控,加大项目组织实施的管理、技术、投融资和人力资源保障力度,强化投资项目后评价和重大投资损失责任追究。加强对大宗商品贸易、融资性贸易、委托担保、垫资建设、信托、金融衍生品等业务的管控。完善企业总法律顾问制度,加强企业法律事务建设,切实防范法律风险。建立风险预警和应急处置机制,完善各类风险应急处置预案。

四 弘扬工匠精神造就一支卓越的企业家队伍

企业家是经济活动的重要主体。企业家是浙江国企改革发展的参与者、推动者,长期以来为浙江国有经济做强做优做大作出重要贡献。企业家强则企业强,企业强则浙江经济强。在新时代,浙江国企改革发展要履行好新使命、完成新任务、实现新跨越,需要造就一支卓越的国企企业家队伍。2017 年 11 月 26 日,中共浙江省委、浙江省人民政府下发《关于进一步营造企业家健康成长环境弘扬优秀企业家精神更好发挥企业家作用的实施意见》(以下简称《实施意见》),提出要着力营造有利于企业家创业创新的法制环境、市场环境和社会氛围,让企业家真正有地位、有荣誉、受尊重,切实增强企业家的安全感、使命感、自豪感,调动广大企业家的积极性、主动性、创造性。鼓励和支持广大企业家继续秉持浙江精神,弘扬新时代浙商精神,干在实处、走在前列、勇立潮头,自觉投身到"两个高水平"建设、解决发展不平衡不充分问题的具体实践,勇当新时代中国特色社会主义市场经济的弄潮儿,争做新发展理念的实践者、转型升级的引领者、"义行天下"的践行者,切实肩负起兴业报国、富民强省、民族复兴的应有责任,与全体人民共享发展成果和国家繁荣富强的伟大荣光。

真正在实践中落实好《实施意见》,必将极大地优化保护企业家的法制环境,营造有利于企业家干事创业的市场环境和社会氛围,进一步鼓励支持企业家创新发展、专注品质、追求卓越，增强企业家家国情怀，进一步引导企业家带头爱国敬业、遵纪守法、艰苦奋斗、履行责任、服务社会，不断发展壮大浙商优秀企业家群体。要认真贯彻落实好《实施意见》精神，大力弘扬工匠精神，造就一支堪当新时代浙江国企改革发展重任的卓越企业家队伍。

（一）切实加强和完善国企党建

以改革创新精神全面提升国企党建科学化水平。坚持加强党的领导和完善公司治理相统一，全面加强国有企业党的建设，发挥国有企业党组织领导作用。明确党组织在公司法人治理结构中的法定地位，将党建工作总体要求纳入企业章程，创新党组织发挥政治核心作用的途径和方式。落实全面从严管党治党责任，强化基层党组织整体功能，发挥战斗堡垒作用和党员先锋模范作用。深化完善国有企业"双向进入、交叉任职"的领导体制，完善具有国有企业特点、符合浙江实际的企业家内部选聘、外部寻聘、公开招聘方式，畅通不适合人员退出机制。增强国有企业家坚持党的领导、主动抓企业党建意识。加强企业领导班子建设，强化党组织在企业领导人员选拔任用、培养教育、管理监督中的责任。

加强"好班长、好班子、好梯队"建设，推动企业领导人员牢固树立政治意识、法治意识、担当意识、精准履职意识和表率意识，着力打造"狮子型"团队。坚持党管干部原则，以市场化为导向创新企业领导人员选拔任用机制，因企制宜采取竞争上岗、公开招聘、委托推荐等多种方式加大市场化选聘经理层力度。加强上级党组织对董事会选聘工作的监督指导，明确选人用人标准，规范选聘程序，完善相关配套政策。全面实行企业领导人员任期制管理，有序推进企业领导能上能下、能进能出，不断增强领导班子活力、战斗力和担当精神。加大不同企业间领导人员交流力度，拓宽领导班子后备领导人员选拔视野和渠道，健全优秀年轻领导人员常态化选拔工作机制。

（二）完善正向激励的保障机制

完善国企经营班子考核导向机制，强化激励约束的政策保障。按照分类定责、分类考核的要求，完善分类考核与薪酬分配体系。功能类企业以促进功能发挥、职责履行为导向，在合理保证国有资产保值增值的基础上，重点考核企业履行功能职责、推进重大政策与战略任务的完成情况以及运营管理效率，引导企业切实履行功能职责，提高经营效率和质量；竞争类企业以增强国有经济活力、实现国有资产保值增值为导向，重点考核企业经济效益和国有资本保值增值，引导企业增强盈利能力，提高资产经营效率，提升价值创造水平。对已建立规范董事会的省属企业探索授权董事会对经理层进行考核。引入经济增加值考核，进一步强化对非经常性损益风险指标的考核力度，加大对科技创新、转型升级的考核支持力度。优化工资分配监管方式，完善工资总额管理模式，严肃收入分配纪律，推动企业改革优化内部分配结构，调整不合理低效分配机制，构建收入能增能减、激励约束有效、关系公平和谐的分配格局。严格执行企业领导人员履职待遇和业务支出管理制度。

健全分配激励机制。完善人力资本参与企业分配机制，鼓励企业实施科技成果入股、管理团队入股、股票期权、激励基金、岗位分红权、专项奖励等激励方式。探索实行混合所有制企业员工持股，强化对企业经营管理者、核心技术人员和业务骨干的股权激励。鼓励发展目标明确、具备再融资能力的国有控股上市公司，依法依规实施股权激励、限制性股票或激励基金计划。对战略性新兴产业项目，鼓励采用项目团队跟投、市场化项目收益分成等激励方式。

选树优秀企业家典型，弘扬新时代浙商精神。加强优秀国企企业家先进事迹的总结宣传，深入开展最美浙商、优秀企业家等选树活动，推选新时代优秀国企企业家为身边好人、感动人物、道德模范、时代楷模等各个层次"最美人物"，深入宣传国有企业和国有企业领导干部廉洁自律、全身心投入企业经营和发展、为全省经济社会发展作出重大贡献的先进事迹，让优秀企业家有社会荣誉感，让其他企业家学有榜样、赶有目标，大力营造国有企业创业创新的良好环境和浓厚氛围。

（三）弘扬创业精神，激发企业家创造活力

引导企业家认真学习贯彻党的十九大精神，高举习近平新时代中国特色社会主义思想伟大旗帜，在新时代的历史机遇下敢于担当、勇于作为，努力做到政治上自信、发展上自强、守法上自觉，坚定对习近平新时代中国特色社会主义的信念，自觉践行社会主义核心价值观，增强国家使命感和民族自豪感，把个人理想融入民族复兴的伟大实践，为全面建成小康社会、建设富强民主文明和谐美丽的社会主义现代化强国作出更大贡献。

鼓励企业家推动关键核心技术研发，推动引资与引智相结合，推动科技成果产业化，推动信息化和工业化深度融合。积极落实企业研发费用加计扣除、高新技术企业税收优惠等政策，激励企业不断开发新技术、新产品、新工艺，提高产品科技含量和市场竞争力。支持企业家积极参与杭州城西科创大走廊、国家自主创新示范区、国家和省级高新区、产业创新服务综合体、重点实验室（工程技术中心）、制造业创新中心、孵化器和特色小镇等产业重大创新载体建设。

在国有企业中弘扬工匠精神，鼓励支持企业家坚守实业、突出主业，强化"以质取胜"的战略意识，建立健全质量激励制度，树立具有一流质量标准和品牌价值的样板企业。推进"浙江好产品"行动，实施质量提升行动计划，做好"品字标浙江制造"品牌和"浙江制造精品"推广，提升产品品质。开展"浙江工匠"选树，鼓励企业建立优秀工匠奖励制度和设立首席工匠制度，推动弘扬"热爱本职、专心制造、精益求精、创造精良"的工匠精神。

（四）实施人才强企工程，建设优秀企业家梯队

加强对国企企业家队伍建设的统筹规划推进。深化落实浙江人才新政，制定实施企业家队伍建设行动纲要，遵循企业家成长规律，注重新生代企业家培育，加强部门协作，创新工作方法，将培养企业家队伍与实施国家重大战略同步谋划、同步推进，聚焦传统产业改造提升和高新技术产业培育发展，在实践中培养一批具有全球战略眼光、市场开拓精神、管理创新能力和社会责任感的优秀企业家。突出企业家核心作用，着力培养造就一批德才兼备、善于经营、充满活力、敢于担当的优秀企业家。加强企业内部培养，有计划、系统性地培养企业家后备队伍，逐步形成企业内部培养梯队。有效利用人力资源市场，合理引进有丰富实践经验、创新意识和市场敏锐度的企业家人才。加强与国内外人才服务机构的合作，着力完善国内外高层次管理团队的发现、评估与培养机制。大力弘扬企业家精神，激励企业各级

负责人干事创业、担当作为，努力营造良好氛围。

加强企业家教育培训和新生代企业家培养。大力实施国企"名家"计划，培育一批具有全球视野、跨国经营能力强、国际影响力大的知名企业家，提升国有企业经营者专业化能力和水平，打造浙江国有企业家红色队伍。重点开展新发展理念、现代科技、现代金融、现代管理等知识培训，全面增强企业家发现机会、整合资源、持续创新、创造价值、回馈社会的能力。实施新生代企业家培养成长计划，引导新生代企业家继承发扬老一代企业家的创业精神和优良传统，艰苦奋斗、坚守实业，努力培育政治上有方向、经营上有本事、责任上有担当、文化上有内涵、有创业创新活力的高素质新生代企业家。

培育高素质人才队伍。推进国有企业设立人才发展专项资金，着力完善人才引进培养机制、人才评价使用机制和人才服务保障机制，优化人才引进培养使用环境，促进各类人才协调发展。全面启动"领航人才"、"浙江制造2025人才"、"互联网＋"人才、金融人才四项行动计划，着力培育各类高素质人才。推进省属企业职业教育资源整合，探索形成"以行业企业为主体、职业院校为依托、政府推动和社会支持相结合"的集团化办学新模式，打造省级示范性职业教育集团，推进职业院校一体化教学改革，打造产教融合平台，为省属企业和全省经济社会发展输送高素质人才。

（五）建立保障企业家干事创业免责容错机制

建立改革发展创新考核免责机制，尊重企业首创精神，支持鼓励企业在法律法规和政策框架下，充分借鉴先进经验，积极探索、大胆实践。营造鼓励创新、宽容失败的氛围，按照"三个区分开来"的原则，合理界定容错界限。把创造性地执行省委、省政府决策部署及相关政策，与主观故意违反政策区别开来；把改革创新中缺乏经验、先行先试导致的失误，与盲目决策、以权谋私区别开来；把因不可抗力或难以预见客观因素造成损失，与未尽职尽责、消极无为区别开来。支持和鼓励企业进一步解放思想，大胆探索，营造干事创业、开拓创新、勇于担当的进取氛围。保护改革者，支持创新者，宽容失误者，大力宣传深化改革推进发展的方针政策、典型案例和有效经验，营造有利于国资国企改革发展的良好氛围。

改革开放 40 年，特别是实施"八八战略"15 年来，浙江国企改革发展取得辉煌成就，为浙江政治经济社会文化生态文明建设作出巨大贡献。浙江国有企业改革发展走在全国前列，创造了令人瞩目的浙江经验。进入新时代，浙江国有经济正处在一个大有可为的战略机遇期，同时也面临转型升级的挑战和压力。浙江国企改革发展在这个关键的历史节点上，认真总结自身发展中经历的经验教训，对标国内优秀企业，综观全球发展大势，坚定不移按照习近平总书记当年为浙江国企改革发展指明的道路前行，就一定能够履行好浙江国企新使命，再创浙江国企新辉煌，谱写浙江国企发展新华章，无愧于这个伟大的新时代。

参考文献

习近平：《干在实处　走在前列——推进浙江新发展的思考与实践》，中共中央党校出版社 2006 年版。

习近平：《之江新语》，浙江人民出版社 2013 年版。

习近平：《习近平谈治国理政》（第一卷），外文出版社 2014 年版。

习近平：《习近平谈治国理政》（第二卷），外文出版社 2017 年版。

习近平：《决胜全面建成小康社会　夺取新时代中国特色社会主义伟大胜利——在中国共产党第十九次全国代表大会上的报告》，人民出版社 2017 年版。

习近平：《充分发挥"八个优势"深入实施"八项举措"扎实推进浙江全面、协调、可持续发展——在省委十一届五次全体（扩大）会议上的报告》，《今日浙江》2004 年第 1 期。

习近平：《以科学发展观统领全局　推进"八八战略"的深入实施——在全省经济工作会议上的讲话》，《政策瞭望》2005 年第 1 期。

习近平：《发挥海洋资源优势　建设海洋经济强省——在全省海洋经济工作会议上的讲话》，《浙江经济》2003 年第 16 期。

习近平：《坚持"两个毫不动摇"推动民营经济发展实现新飞跃》，《政策瞭望》2004 年第 10 期。

习近平：《推进浙江精神与时俱进　增强浙江发展强劲动力》，《今日浙江》2006 年第 4 期。

习近平：《抓住根本加强党的建设》，《今日浙江》2003 年第 13 期。

白永秀等：《试论国有企业定位与国企改革实质》，《经济学家》2004

年第 6 期。

柏培文：《国有企业双层分配关系的公平与效率研究》，《统计研究》2015 年第 10 期。

蔡宁等：《协同创新：浙江国有企业发展之路》，浙江大学出版社 2008 年版。

车俊：《大力弘扬"红船精神"奋力走在新时代前列》，《光明日报》2017 年 12 月 11 日第 6 版。

车俊：《高举改革大旗　扛起改革担当　当好新时代全面深化改革的排头兵》，《政策瞭望》2018 年第 2 期。

车俊：《坚定不移沿着"八八战略"指引的路子走下去　高水平谱写实现"两个一百年"奋斗目标的浙江篇章》，《浙江日报》2017 年 6 月 19 日第 1 版。

陈畴镛等：《推进浙江国有企业改革和战略性改组的探讨》，《数量经济技术经济研究》2002 年第 6 期。

陈国平：《透视浙江：市场化与政府改革》，中共中央党校出版社 2007 年版。

陈永毅：《增强国有经济控制力和影响力——浙江国资委监管五年工作综述》，《今日浙江》2009 年第 16 期。

陈正兴：《坚持"两个毫不动摇"方针　加快发展浙江国有经济》，《今日浙江》2006 年第 19 期。

陈正兴：《深化完善国有资产监管体制　坚定有移发展壮大国有经济》，《国有资产管理》2010 年第 7 期。

陈正兴：《转型强体　创新强企——浙江省属企业深入实施"双强"发展战略》，《今日浙江》2011 年第 9 期。

陈正兴：《着力"五个创新"推进国有企业转型升级》，《今日浙江》2008 年第 24 期。

单东：《浙江民营经济 30 年：发展历程与宝贵经验》，《浙江经济》2008 年第 21 期。

董敬怡：《大战略：深化国有企业改革研究》，中国言实出版社 2015 年版。

冯波声：《把握好国资国企工作主动权》，《今日浙江》2015 年第

9 期。

冯波声：《把握好"十三五"的发展新坐标》，《国资报告》2017 年第 4 期。

冯波声：《全面深化国资国企改革》，《今日浙江》2014 年第 14 期。

郭飞：《中国国有企业改革：理论创新与实践创新》，《马克思主义》2014 年第 4 期。

郭敬生：《论经济新常态下的国有企业改革发展——以习近平系列重要讲话精神为主线》，《马克思主义研究》2017 年第 3 期。

郭占恒：《改革与转型：探索浙江发展的方位和未来》，红旗出版社 2017 年版。

郝云宏等：《分类改革背景下国有企业党组织治理效果研究——兼论国有企业党组织嵌入公司治理模式选择》，《当代财经》2018 年第 6 期。

黄慧群等：《国有企业改革新进展与趋势观察》，《改革》2017 年第 5 期。

黄清：《国有企业整体上市研究——国有企业分拆上市和整体上市模式的案例分析》，《管理世界》2004 年第 2 期。

《坚定不移做强做优做大国有企业——五年来浙江国企国资改革发展回顾》，《浙江日报》2017 年 10 月 13 日第 13 版。

江诗松等：《转型经济中后发企业的创新能力追赶路径：国有企业和民营企业的双城故事》，《管理世界》2011 年第 11 期。

姜付秀等：《国有企业的经理激励契约更不看重绩效吗？》，《管理世界》2014 年第 9 期。

金碚等：《"新型国有企业"现象初步研究》，《中国工业经济》2005 年第 6 期。

蓝蔚青：《"浙江现象"与中国特色社会主义》，《中国特色社会主义研究》2007 年第 5 期。

李春琦：《国有企业经营者的声誉激励问题研究》，《财经研究》2002 年第 12 期。

李峰等：《混合所有制改革视角下国有企业"管资本"研究：内涵与体系》，《山东大学学报》2018 年第 5 期。

李钢:《国有企业效率研究》,《经济管理》2007 年第 1 期。

李利英:《中国国有企业的效率悖论:经验分析与理论解释》,中国经济出版社 2006 年版。

李泽众:《探索浙江国有企业改革新路径》,《浙江经济》2015 年第 21 期。

李政:《"国进民退"之争的回顾与澄清——国有经济功能决定国有企业必须有"进"有"退"》,《社会科学辑刊》2010 年第 5 期。

廖冠民等:《国有企业的政策性负担:动因、后果及治理》,《中国工业经济》2014 年第 6 期。

刘凤义:《中国国有企业 60 年:理论探索与政策演进》,《经济学家》2010 年第 1 期。

刘慧龙等:《国有企业改制、董事会独立性与投资效率》,《金融研究》2012 年第 9 期。

刘戒骄:《关于国有企业存在依据的新思考》,《经济管理》2016 年第 10 期。

刘美平:《国有企业改革的理论基础与路径选择》,《当代经济研究》2006 年第 6 期。

刘明越:《国企产权制度改革的逻辑与问题研究》,博士学位论文,复旦大学,2013 年。

刘瑞民等:《中国的国有企业效率:一个文献综述》,《世界经济》2013 年第 11 期。

刘世锦:《经济体制分析效率导论:一个理论框架及其对中国国有企业体制改革问题的应用研究》,格致出版社 2016 年版。

刘小玄:《国有企业改制模式选择的理论基础》,《管理世界》2005 年第 1 期。

刘元春:《国有企业宏观效率论——理论及其验证》,《中国社会科学》2001 年第 9 期。

吕政:《中国国有企业改革 30 年研究》,经济管理出版社 2008 年版。

[澳] 罗斯·加尔诺等:《中国国有企业改革的影响和意义》,《国外理论动态》2006 年第 7 期。

罗新宇:《国资大变革:上海国资国企改革发展纪实》,上海交通大学出版社 2012 年版。

罗仲伟:《中国国有企业改革:方法论和策略》,《中国工业经济》2009 年第 1 期。

马连福等:《中国国有企业党组织治理效应研究——基于"内部人控制"的视角》,《中国工业经济》2012 年第 8 期。

戚津东等:《深化国有企业改革的方向和路径——"深化国有企业改革研讨会"观点综述》,《中国工业经济》2013 年第 12 期。

齐震等:《渐进式转型经济中的国有企业监管:理论框架和中国实践》,《世界经济》2017 年第 8 期。

祁鸣:《国企的历史性与现代性:对新自由主义意识的反思和批判》,云南人民出版社 2013 年版。

綦好东等:《国有企业混合所有制改革:动力、阻力与实现路径》,《管理世界》2017 年第 10 期。

沈志渔等:《21 世纪初国有企业发展和改革》,经济管理出版社 2005 年版。

盛世豪:《打造浙江样本 彰显中国智慧》,《浙江日报》2017 年 2 月 27 日第 11 版。

盛世豪等:《竞争优势:浙江产业集群演变和发展研究》,浙江大学出版社 2009 年版。

盛世豪:《认识新时代 把握新方位》,《浙江经济》2017 年第 11 期。

宋文阁等:《混合所有制的逻辑:新常态下的国企改革和民企机遇》,中华工商联合出版社 2014 年版。

孙永风等:《转型经济时期国有企业市场导向型战略与绩效的实证分析》,《中国软科学》2003 年第 7 期。

王冠杰:《挑战与应对:中国国有企业的政治功能研究》,博士学位论文,吉林大学,2012 年。

王建铆等:《国有企业改革:中国的实践与西班牙的经验》,上海远东出版社 2003 年版。

王旻:《浙江改革开放 30 年口述史》,浙江科学技术出版社 2008 年版。

王明亮:《中国国有企业治理制度研究》,湖南师范大学出版社 2008

年版。

魏成龙等：《国有企业整体上市绩效及其影响因素分析》，《中国工业经济》2011年第10期。

萧冬连：《国有企业改革之路：从"放权让利"到"制度创新"》，《中共党史研究》2014年第3期。

辛清泉等：《市场化改革、企业业绩与国有企业经理薪酬》，《经济研究》2009年第11期。

许宗荣：《退出成本、经理行为与国有企业改革》，《中国工业经济》2007年第8期。

薛利：《健全国有企业经营者的激励与约束机制》，《管理世界》2004年第1期。

杨惠馨等：《进入退出与国有企业的退出问题研究》，《南开管理评论》2004年第8期。

余红胜：《国有企业国际竞争力研究》，合肥工业大学出版社2004年版。

余菁：《从浙江实践看我国国有企业改革的方向》，《经济管理》2006年第19期。

余菁等：《国有企业公司治理问题研究：目标、治理与绩效》，经济管理出版社2009年版。

袁恩桢：《社会主义市场经济与国有企业改革——再论加快国有企业改革所涉及的几个理论问题》，《毛泽东邓小平理论研究》2016年第5期。

袁家军：《牢牢把握历史新方位　推动发改工作迈向高水平》，《浙江经济》2017年第1期。

袁家军：《实施"凤凰行动"加快转型升级》，《政策瞭望》2017年第10期。

袁家军：《数字经济引领浙江创新发展》，《浙江经济》2017年第12期。

张晨等：《国有企业是低效率的吗》，《经济学家》2011年第2期。

张存刚：《国有企业内外部关系改革研究》，兰州大学出版社2003年版。

张军等：《权威、企业绩效与国有企业改革》，《中国社会科学》2004年第9期。

张军等：《市场结构、成本差异与国有企业的民营化进程》，《中国社会科学》2003年第9期。

张明晖：《中国国有企业改革的逻辑》，山西经济出版社1998年版。

张天华等：《偏向性政策、资源配置与国有企业效率》，《经济研究》2016年第2期。

张险峰：《影响国有企业绩效的理论及实证研究》，博士学位论文，吉林大学，2011年。

张卓元：《中国国有企业改革三十年：重大进展、基本经验和攻坚展望》，《经济与管理研究》2008年第10期。

赵奇伟等：《所有权结构、隶属关系与国有企业生存分析》，《经济评论》2015年第1期。

《浙江国资国企改革发展十年》，《浙江日报》2014年7月14日第12版。

浙江省发改委、浙江省国资委编：《浙江省省属企业改革发展"十三五"规划》，2015年。

浙江省国资委：《构建浙江特色国资监管新体制 加快推进新一轮省属国企改革——省国资委成立一周年国资监管和国企改革卓有成效》，《今日浙江》2005年第13期。

浙江省国资委：《浙江国资国企改革11样本》，浙江省国资国企改革发展研究中心2017年编。

浙江通志编委会：《浙江通志·国有资产管理志》，浙江省国有资产监督管理委员会2017年编。

郑林：《中国国有企业法人治理结构研究》，博士学位论文，西北农林科技大学，2001年。

中共浙江省委党校研究室：《浙江改革开放30年大事纪要》，浙江人民出版社2008年版。

朱耀斌：《新时期国有企业思想政治工作研究：一个历史与逻辑分析的视角》，世界图书出版社2013年版。

卓勇良：《增强国有科研活力》，《浙江经济》2014年第9期。

后 记

一个时期以来，国有企业怀疑论、否定论甚嚣尘上。国有企业遭遇困难时期，批评它效率不高、效益低下；国有企业效益好了，又骂它资源垄断、与民争利。原国务院国资委主任李荣融说："我想不明白，为什么国企搞不好的时候你们骂我，现在我们国企搞好了你们还是骂呢？"

事实上，从国家整体发展来看，国企和民企都是中国经济的主体，是"一荣俱荣、一损俱损"的中国经济共同体，在国家利益上具有高度一致性。国企和民企在经济发展过程中，各自发挥自己的优势和长项，共同推进经济和社会的发展，实现共生共荣、共赢共进，中国经济大发展大飞跃才有更加坚实的基础。撇开阴谋论的假设，分析产生诟病国有企业舆论原因，一方面是因为国有经济与其他任何所有制经济一样，的确都有体制机制不足问题需要不断改革完善；另一方面也与长期以来对国有经济和国有企业理论研究缺失、实践总结不够、正面宣传不到位有很大关系。加强中国国企改革发展经验总结和理论研究，对新时代统一思想认识，坚持"两个毫不动摇"，发挥多种所有制经济优势，加快构建中国现代化经济体系，共筑民族复兴中国梦具有深远意义。特别是在当前国际新保守主义泛滥、逆经济全球化盛行的背景下，在理论和实践上为国企正名，对中国国企以更加积极主动的姿态参与国际市场合作竞争、参与全球经济治理、推动建设开放型世界经济、构建人类命运共同体等贡献中国智慧和力量，无疑具有重要意义。

我于1975年12月参加工作，1978年年底到浙江省省属国企工作,1996年8月到2005年7月调任省委、省政府有关部门,2005年8月到2016年4月任浙江省农村发展集团董事长、党委书记,目前担任浙江省现代农业研究会常务副会长,重点从事"三农"研究工作。在整个职业生涯中,在国企岗位工作时间长达30年,见证了中国国企改革发展全过程,亲历了浙江国企改革的曲折艰难历程。特别是,回望实施"八八战略"15年来,浙江按照习近平总书记当年对国企改革高屋建瓴的系统谋划,持续深化改革、积极开拓创新,取得显著发展成就,阔步走在全国前列,形成了国企改革发展的"浙江现象",走出了一条国企改革发展的"浙江路径",积累了国企改革发展的"浙江经验"。长期奋斗在国企经营管理岗位上,我对浙江国有企业满怀深情,对浙江国企改革发展成就深感自豪,对浙江国企未来发展充满期待。展望未来,党的十九大开启了中华民族伟大复兴新征程,浙江国有企业要在实现全省"两个高水平"奋斗目标更好地发挥龙头引领作用,要为推动全省实施共建"一带一路"倡议、积极参与全球经济治理更好发挥浙江国企主力军作用,浙江国企改革发展使命光荣、任务艰巨。

鉴以往,知未来。在浙江省社科联和省国资委领导大力支持下,我牵头组织有关专家学者,开展本课题研究,并列入了浙江文化研究工程(第二期)重大课题的项目。我们希望通过本课题的扎实研究,能够全面回顾和梳理出40年来浙江省国企改革发展的清晰路径,系统总结浙江国企改革政策创新和方法举措,提炼出在"八八战略"指引下,浙江国资国企战线按照习近平总书记当年亲自谋划的改革发展蓝图,通过克难攻坚、砥砺奋进,一步步将蓝图变成现实的主要做法和基本经验,为推进新时代浙江国企高水平发展提供历史启迪,为深化新时代中国国企改革提供浙江范例。课题组采用田野调查方式掌握了大量第一手资料,查阅了改革开放以来中央和浙江省关于国资国企改革的政策文献,还查阅了有关专家学者的研究成果,为顺利完成课题研究奠定了坚实基础。

本课题由浙江师范大学整体承担,由我和郭占恒先生担任总指导,负责总体策划、课题调研和质量把关,由浙江师范大学浙中发展研究院常务副院长黄中伟教授和农发集团副总经理傅德荣任课题负责人，抽调浙师大、浙江省现代农业研究会和省农发集团有关人员组成课题组。自2017年8月启动课题研究以来，先后召开15次课题组会议，研究讨论课题大纲、调研提纲、汇总调研成果、课题报告撰写分工、书稿修改完善等事宜。2017年9、10月，课题组用了一个多月时间，先后深入浙江省农发集团、杭州钢铁集团、物产中大集团、浙江省能源集团、萧山机场集团、浙江省商业集团、浙江省机电集团、浙江省海港集团、浙江省国贸集团、浙江省交通集团、浙江省国资集团、浙江省旅游集团等省属国企和省国资国企改革发展研究中心，通过召开座谈会、访谈企业主要负责人、查阅资料等形式，了解浙江国资系统和各企业深化改革的举措、效果、经验和未来打算，还请原浙江国资委主任陈正兴详细介绍了习近平同志当年谋划推动浙江国企改革发展的经历，最后形成13篇共计20多万字的调研资料。在此基础上，课题组认真研究梳理浙江国企改革发展的实践成果，科学总结"浙江现象"背后的发展逻辑，并努力提炼具有普遍意义的基本经验。初稿形成后，课题组在省社科联支持下，分别以论证会、座谈会和个别征求意见方式，多方面听取对课题成果的意见建议，先后八易其稿。

本课题成果由绪论和六章组成：绪论由郭占恒撰写，第一章由傅德荣、黄中伟、叶挺、吕航撰写，第二章由吴其川、林燕、魏俊杰、吴朝阳撰写，第三章、第四章由李杰义、张贡、何亚云、孟秀兰、翁鑫浩撰写，第五章由黄中伟、韩森、陈德仙、胡中慧撰写，第六章由傅德荣、黄中伟、叶挺、袁洋撰写，黄中伟、傅德荣负责全书统稿，最后由郭占恒和我审核定稿。课题成果凝聚了课题组全体成员的劳动心血，体现了相互配合、取长补短的团队意识和认真严谨、一丝不苟的学术精神。当然，由于本课题是首次对浙江国资国企改革发展作全面系统的研究，可以借鉴参考的研究成果不多，加上课题涉及面广、时间跨度长、政策敏感性强，给研究带来诸多困难和挑战，难免存在不当和疏漏之处，敬请广大读者批评指正。

本书在研究、写作、修改过程中，得到浙江省社科联、浙江省国资委主管部门和浙江省农发集团、杭州钢铁集团、物产中大集团、浙江省能源集团、萧山机场集团、浙江省商业集团、浙江省机电集团、浙江省海港集团、浙江省国贸集团、浙江省交通集团、浙江省国资集团、浙江省旅游集团等省属国企的大力支持和帮助。在浙江社科规划办的组织下，课题研究得到盛世豪、陆立军、蓝蔚青、史晋川、徐志宏、邵清、俞晓光、董希望、王明琳、郭金喜、袁兵等专家学者的指导，在此表示衷心感谢。

  习近平总书记指出："国有企业是壮大国家综合实力、保障人民共同利益的重要力量，必须理直气壮做强做优做大。"国企改革发展是一个与时俱进的过程，面对经济全球化和中国经济发展新常态，如何培育具有全球竞争力的世界一流国企，如何完善各类国有资产管理体制、改革国有资本授权经营体制、进一步激发国企发展活力，如何加快国有经济布局优化、结构调整、战略性重组，更好发挥国有经济主导作用，是需要不断探索实践的重大课题。我们真诚希望广大读者关心国企改革发展，继续深化这方面研究，助力浙江国资国企深化改革，不断创造新时代浙江国企改革发展的新经验，不断书写新时代浙江国企改革发展的新篇章。

楼永志
2018 年 8 月于杭州吴山